高等学校新文科教材
数字化管理系列

市场调查与分析

大数据融合的视角

（数字教材版）

主 编 / 雷晶 孙建敏 刘影
副主编 / 张静 谭萍 刘振坤

MARKETING RESEARCH AND ANALYSIS

中国人民大学出版社
·北京·

前言

随着大数据及相关技术的迅猛发展，市场调查行业正经历大变革。大数据技术实时抓取海量数据，可为市场调查提供更为丰富全面的数据源；数据分析算法的进步使从复杂数据中挖掘有价值信息的能力大大提高，提升了市场调查的准确性和预见性。然而，技术进步的核心目的始终是服务企业和市场的需求，市场调查与分析的核心功能依然是为企业的市场决策提供科学依据。没有调查就没有发言权，调查研究在决策中的重要性不言而喻。习近平总书记强调，“调查研究是谋事之基、成事之道”，进一步明确了调查研究在实践中的决定性作用。

鉴于此，本教材紧扣市场调查服务决策的核心功能，以具体市场问题为导向，系统而详细地介绍了市场调查的核心方法体系。此外，我们还穿插了丰富的营销洞察案例，这些案例均来源于实际市场活动或商业观察，旨在帮助学生更深入地理解和灵活应用市场调查理论知识与研究方法。同时，我们还为教材配备了丰富的数字化教学资源，以满足同类课程的教学需求，并方便读者自学。

本教材的另一特色是以全国大学生市场调查与分析大赛的获奖作品为实例。作为金牌指导教师团队，我们精选了近几年指导的获奖作品，将其改写成教学案例，用于演示系统化的市场调查方法如何助力企业决策，使学生能够在实践中深化对市场调查与分析的理解和应用。

本教材的编写工作分工如下：前言由雷晶编写，第 1 章由雷晶、刘心茹编写，第 2 章由孙建敏、夏子欣编写，第 3 章由雷晶、刘心茹编写，第 4 章由张静、夏子欣编写，第 5 章由谭萍、刘心茹编写，第 6 章由雷晶、刘影、刘心茹编写，第 7 章由张静、孙建敏、刘心茹编写，第 8 章由雷晶、刘影、夏子欣编写，第 9 章由谭萍、夏子欣编写，第 10 章、第 11 章由雷晶、刘振坤、石子凡编写，第 12 章由孙建敏、雷晶、石子凡编写。雷晶和孙建敏负责全书的统稿，并对全书的所有内容负责。

在编写过程中，我们参考了多位学者的著作，借鉴了大量的业界案例和大赛获奖作品，在此向所有提供帮助的学者和业界人士表示衷心的感谢！同时，我们也要感谢中国人民大学出版社的各位编辑对本教材的修改提出的宝贵建议和指导。

本教材适合经济管理类相关专业的教学使用，也是市场调查类竞赛实践的得力助手。无论是本科、专科还是 MBA 教学，都能从中找到适用的内容和案例。我们深知本教材可能存在不足之处，诚挚欢迎读者、同行和专业人士提出批评和建议。我们将积极改进，不断完善和优化，努力使其成为市场调查与分析领域的一本优秀教材。

雷　晶

目录

// 第 1 章 //

大数据时代的市场调查概述 **001**

第 1 节　大数据时代的市场调查 …… 003
第 2 节　市场调查的类型 …… 011
第 3 节　市场调查行业简介 …… 014
案例分析　全球著名市场监测和数据分析公司尼尔森 …… 021

// 第 2 章 //

大数据时代的二手资料调查 **023**

第 1 节　大数据时代二手资料调查概述 …… 025
第 2 节　大数据时代二手资料的来源 …… 027
第 3 节　大数据时代二手资料的评估与应用 …… 030
案例分析　转转的故事 …… 034

// 第 3 章 //

市场调查设计 **036**

第 1 节　定义调查的问题 …… 038
第 2 节　市场调查设计的三阶段 …… 042
第 3 节　市场调查建议书 …… 051

案例分析　小鹏汽车的困境与突破——2023 年的“上甘岭”之战 …… 056

// 第 4 章 //

定性研究方法 058

第 1 节　个人深度访谈法 …… 060
第 2 节　焦点小组讨论法 …… 063
第 3 节　投射法 …… 068
第 4 节　定性研究方法总结 …… 071
案例分析　小鹏汽车开启变革之旅 …… 073

// 第 5 章 //

调查访问法和观察法 075

第 1 节　调查访问法 …… 077
第 2 节　观察法 …… 085
案例分析　滴滴出行的市场调查 …… 090

// 第 6 章 //

实验法 092

第 1 节　实验法概述 …… 094
第 2 节　实验研究中的重要概念 …… 098
第 3 节　实验设计 …… 103
案例分析　探究原产国效应：心理距离与消费者产品评价的实验研究 …… 110

// 第 7 章 //

态度的测量 112

第 1 节　态度的测量概述 …… 114
第 2 节　四类测量尺度及其应用 …… 117
第 3 节　测量量表 …… 121
案例分析　我国新能源汽车产业创新发展对策研究——基于中德日韩美五国的问卷调查 …… 127

// 第 8 章 //

问卷设计 129

第 1 节　问卷概述 …… 131

第 2 节　问卷设计流程 …………………………… 135
第 3 节　计算机辅助问卷设计 ……………………… 138
第 4 节　问卷的信效度检验 ………………………… 140
案例分析　××智能家居品牌市场调查问卷初稿 ……… 145

// 第 9 章 //

抽样设计　147

第 1 节　抽样设计概述 ……………………………… 149
第 2 节　抽样方法 …………………………………… 152
第 3 节　设计抽样方案 ……………………………… 165
案例分析　汽车消费市场的抽样调查方案 ………… 167

// 第 10 章 //

数据分析的基础工作　170

第 1 节　数据的初步审核与处理 …………………… 172
第 2 节　数据编码 …………………………………… 175
第 3 节　数据表格化 ………………………………… 181
案例分析　"智慧商城"项目的数据分析基础工作 …… 185

// 第 11 章 //

数据分析　186

第 1 节　描述统计 …………………………………… 188
第 2 节　推断统计 …………………………………… 202
第 3 节　SPSS 操作 ………………………………… 208
案例分析　鸿星尔克的升级之路 …………………… 225

// 第 12 章 //

市场调查报告撰写　227

第 1 节　调查报告的写作要求和基本结构 ………… 229
第 2 节　调查报告的写作程序与智能化辅助写作 …… 232
第 3 节　调查报告的口头汇报 ……………………… 237
案例分析　华为智能手机市场洞察与策略建议——基于消费者偏好与市场竞争格局的深度分析 …… 240

参考文献 …………………………………………… 243

// 第 1 章 //

大数据时代的市场调查概述

知识目标

- 掌握大数据时代市场调查的基本概念，理解市场调查的分类。——重点
- 了解市场调查行业演变过程、当前的行业结构与发展现状。——重点
- 熟悉市场调查的伦理准则和伦理的构建。

能力目标

- 能够理解并阐述市场调查对市场决策的作用。——重点
- 能够根据不同的市场决策情境选择适用的市场调查类型和市场调查方法。——难点
- 能够理解并遵循市场调查伦理的本质。——提升点

素养与价值目标

- 注重市场调查在企业制定市场策略中的作用，培养调查先行和数据驱动的思维习惯。
- 培养科学、客观、符合伦理的市场调查态度，注重数据的真实性和准确性，遵守市场调查的伦理规范。

思维导图

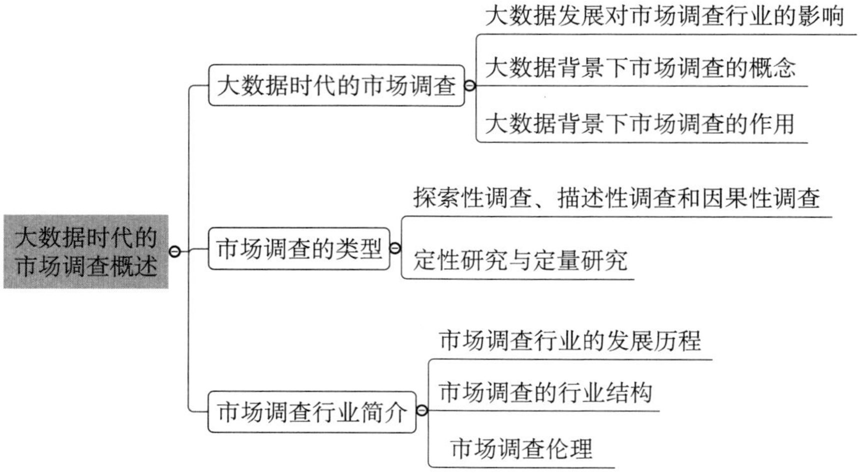

引例

果茶酒市场新机会洞察

随着健康饮食风尚的兴起，消费者在饮品的选择上愈发倾向于健康、低糖以及多元化。在这种背景下，低度果茶酒凭借其独特的口感和健康属性，逐渐成为市场的宠儿。某企业凭借其葡萄酒与茶叶的核心产品优势，敏锐地捕捉到了这一市场趋势，决定进军低度果茶酒领域，以拓展其产品线，满足日益增长的消费者需求。

然而，在大型商超的酒类销售区域，调查人员通过拦截访问 15 位消费者发现，市场似乎对新进入者并不持乐观态度。多数消费者认为茶饮市场竞争激烈，已有知名品牌如锐澳（RIO）等深耕市场多年，新品牌难以在有限的市场份额中分得一杯羹。此外，他们还提到茶酒类产品的口味差异不大，消费者对品牌的忠诚度较高，新品牌进入市场的机会似乎渺茫。

然而，相关的行业研报数据却给出了不同的答案。解数咨询在《2022 低度酒行业分析》中明确指出，中国低度酒行业市场规模已突破 4 000 亿元，展现出巨大的市场潜力。同时，天猫新品创新中心（TMIC）与凯度联合发布的《2022 年低度潮饮趋势报告》也预测低度潮饮酒市场将呈高速增长的态势。这些数据表明，低度酒市场并没有消费者所想象的那样饱和，反而存在巨大的发展空间。特别是将关注点放到果酒市场时，博晓通科技发布的《2022 年果酒行业蓝皮书》揭示了一个有趣的现象：果酒电商渠道的市场集中度较低，处于低集中竞争型阶段。这意味着目前果酒市场尚未形成品牌垄断的局面，而是呈现出小众分散的特点。这为新品牌提供了宝贵的市场机会，使其有可能通过独特的产品定位和营销策略，迅速脱颖而出。

基于以上洞察，调查人员为该企业提供以下建议：首先，应充分利用其在葡萄酒与茶叶领域的专业优势，研发出具有独特口感和健康属性的低度果茶酒产品；其次，通过精准的市场定位和营销策略，吸引目标消费者的关注；最后，借助电商等新兴渠道，扩大品牌影响力，迅速打开市场局面。通过这些努力，该企业有望在低度果茶酒市场中发掘出新的市场机会，实现业务的快速增长。

资料来源：根据全国大学生市场调查与分析大赛国赛一等奖作品整理。

思考：在上述果茶酒市场新机会洞察的案例中，市场调查是如何发挥作用的？

第 1 节　大数据时代的市场调查

大数据这个词最早出现在 1980 年托夫勒的作品《第三次浪潮》中。随着第三次信息化浪潮的到来，大数据技术快速发展，对市场调查行业产生了深远的影响。

一、大数据发展对市场调查行业的影响

首先，大数据极大地丰富了市场调查的数据来源。通过互联网、社交媒体、移动应用等渠道，企业能够收集到海量的用户行为数据、消费者意见和反馈等信息。数据来源的多样化和丰富化，使市场调查更加全面和深入。

其次，大数据技术的崛起提升了市场调查的数据分析能力。数据挖掘、机器学习等技术使得市场研究人员能够从庞大的数据集中提取出有价值的信息和洞察，进而做出更准确的市场分析和预测。这种能力的提升，让市场研究人员能够更好地把握市场动态和消费者行为。

最后，大数据增强了市场调查的预测能力。通过对大数据的深入分析，企业能够更准确地预测市场走向和客户需求，从而制定更加科学合理的战略规划。此外，大数据还可以实时监测市场变化，及时调整营销策略，保持企业的竞争力。

市场调查是指为了提高产品销售决策的质量，解决产品销售中存在的问题，或根据具体决策问题，采用科学的方法，有目的地收集、统计数据和汇报调查

结果的工作过程。市场调查在企业战略决策和营销活动中起着至关重要的作用。它可以帮助企业了解市场现状和变化趋势，识别市场机会和风险，制定合理的市场策略和行动计划。市场调查不仅有助于企业避免营销决策失误，还能把握市场变化的风向，促进企业经营纠偏，并为品牌宣传助阵。

总之，大数据浪潮的到来，为市场调查行业带来了前所未有的机遇和挑战。通过充分利用大数据技术，市场调查行业将能够更加精准地洞察市场和消费者需求，为企业的发展提供强有力的支持。

二、大数据背景下市场调查的概念

提到市场调查，初学者常会产生类似“市场调查是不是就是问卷调查”“让消费者填填问卷就能知道他们的想法吗”等的疑问。事实上，市场调查起源于美国，对应的英文是 marketing research，指针对企业特定的市场问题，采用科学的研究方法，系统客观地收集、整理、分析、解释和沟通有关市场调查各方面的信息，为市场管理者制定、评估和改进决策提供依据。由此可见，市场调查的目的是获取帮助企业进行市场决策的信息。简单来说，市场调查是帮助企业获取市场决策信息的系统性过程。

在当前的大数据背景下，市场调查的概念得到了进一步拓展，主要体现在以下三方面：

（1）研究视角。大数据时代，市场调查的重点从探寻因果关系向注重相互关系转变。对大数据进行分析，可以揭示不同市场现象之间的相互影响，从而更准确地把握市场动态和消费者行为。此外，大数据还使得市场划分更加精细化。通过细分市场和目标群体，企业能够更精准地制定营销策略，满足消费者需求。这种精细化的市场划分有助于提高营销效率和客户忠诚度。

（2）数据体量和类型。大数据可以覆盖更广泛的消费者群体，提供更全面的市场信息。这些数据可能来源于互联网、社交媒体、物联网、移动设备等多种渠道，涵盖了消费者的购买行为、喜好偏好、社交网络、地理位置等多个维度。

（3）数据分析技术。大数据技术可以自动化收集、处理和分析数据，大大减少了对人力的需求，提高了市场调查的效率。同时，大数据的全样本分析特性使得结果更加准确和可靠。此外，大数据技术和算法的发展使得市场研究人员能够更好地处理和分析大规模的数据。通过数据挖掘、机器学习等技术，市场研究人员可以从庞大的数据集中提取出有价值的信息和洞察，进而做出更准确的市场分析和预测。例如，通过分析消费者的购物习惯和偏好，企业可以预测哪些产品将会热销，进而提前增加库存或调整生产计划。

由此，大数据背景下的市场调查概念可以概括为：一个利用大数据的体量、类型和分析技术，通过转变研究视角、拓宽数据来源、革新分析方法，以实现对市场信息的全面、深入、实时洞察，从而为企业制定、评估和改进市场决策提供科学依据的系统性过程。

三、大数据背景下市场调查的作用

在大数据的浪潮下，市场调查作为市场决策的重要信息来源，其地位和作用更加显著。大数据不仅为市场调查提供了更丰富、更全面的数据资源，还推动了调查方法的革新和效率的提升，使得市场调查在企业的市场经营与管理中发挥着更加关键的作用。以下从市场决策过程和营销管理过程两个方面，详细阐述大数据背景下市场调查的作用。

（一）在市场决策过程中的作用

为了帮助企业获取准确的决策信息，市场研究人员需要了解企业管理者的决策过程。通常市场决策要经历辨识决策情况、定义决策问题、确认可供选择的行为方案、评估行为方案、选择行为方案等一系列的子过程。这个过程所需信息主要有两个来源：决策者自身的管理经验和基本判断，以及企业的营销调查系统。其中，营销调查系统是设计、收集、分析和提供与特定的营销问题相关的数据资料的企业信息系统。

企业管理者依据输入的信息，按照决策流程进行市场决策。决策作用于企业的市场营销系统，系统的运行结果又进一步影响企业市场决策的信息输入，由此形成闭环，具体如图 1－1 所示。

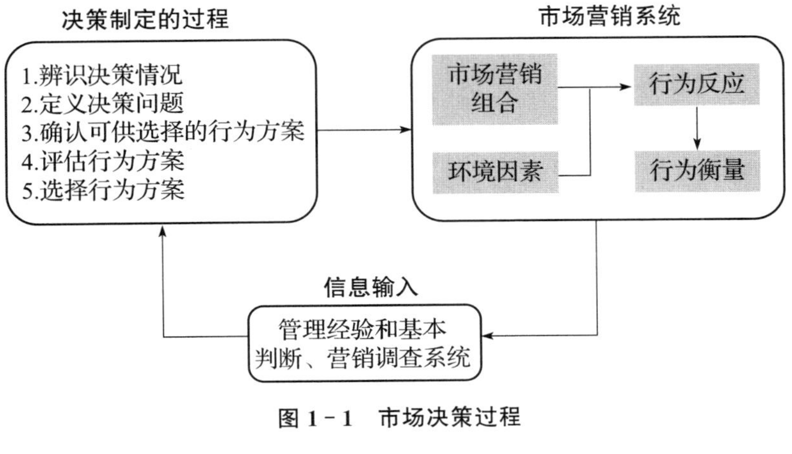

图 1－1　市场决策过程

1. 市场营销系统

市场营销是企业的基本职能之一，市场营销系统承担创造顾客价值，实现价值交换的职能。市场营销系统模型包括作为输入变量的自变量和作为输出变量的因变量两个部分。自变量包括市场营销组合和环境因素。因变量则分为行为反应和行为衡量，它们是这个系统的输出变量，也就是结果变量。整个系统的具体情况如图 1－2 所示。

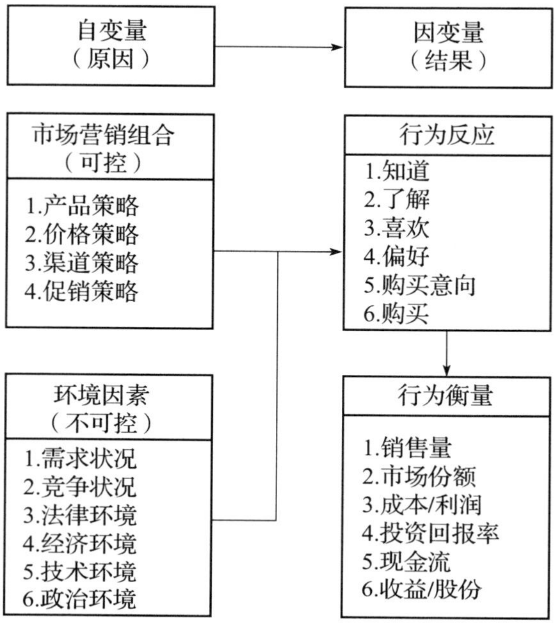

图 1－2　市场营销系统

（1）自变量。

企业可以根据对经营环境的深入分析、对自身实力的全面把握以及对竞争对手的详尽了解，自主制定并实施营销组合策略。因此，市场营销组合可以被视为企业相对可控的输入变量，它直接受企业内部决策和策略影响。

环境因素则涵盖了更为广泛的内容，既包括法律环境、经济环境、技术环境、政治环境等宏观层面的因素，也涉及需求状况、竞争状况等微观层面的因素。企业需要深入研究并了解这些环境因素，以便更好地适应其发展变化，甚至在某些情况下，企业还可以通过自身的营销活动去影响和改变环境因素。

尤为重要的是，企业必须基于对消费者需求及其变化的深入研究，向市场提供能够满足消费者需求的产品或服务，这样，企业才能获得较高的顾客满意度或顾客忠诚度。因此，环境因素可以被视为企业相对无法完全控制的输入变量，它对企业营销活动的影响是复杂而多变的。

（2）因变量。

因变量，作为市场营销系统的输出变量，也被称为结果变量。通常，相较于输入变量，系统的输出结果会展现出一定的滞后性。这种滞后性可以进一步区分为两种类型：较快显现的行为反应和相对滞后显现的行为衡量。具体而言，自变量的直接作用结果体现为行为反应，而间接作用结果则体现为行为衡量。

行为反应主要体现在消费者的多个直接行为指标上，包括认知（即是否知道）、情感（如喜欢、偏好）、行为倾向（如购买意向）以及实际行为（如购买行为）。

行为衡量则是对企业市场整体表现的全面反映，它涵盖了多个关键指标，如产品的销售量、市场份额、企业的成本结构、利润水平、投资回报率（也称投资回收率）、现金流以及收益/股份等。这些指标共同构成了衡量企业市场表现的重要维度。

2. 决策问题的复杂程度

决策问题的信息需求会随着决策环境或问题复杂度的不同而有所差异。在相对简单的决策环境中，或面对较为简单的决策问题时，决策者所需的信息量相对较少，往往可以依赖自身的管理经验和基本判断来做出决策。例如，在梅雨季来临前，某社区零售店考虑是否在收银台附近货架摆放雨具，此时只需查看天气预报或依据经验就可做出判断。同样，某菜市场早餐店老板在考虑是否装修店面时，只需根据自身经验进行基本的成本收益核算即可做出决定。

然而，在面对相对复杂、竞争激烈的市场环境，或难度较高的决策问题时，仅凭决策者的管理经验和基本判断往往无法保证决策的准确性，也难以有效降低决策风险。此时，需要借助更为充分的额外信息来辅助决策。这类额外信息既可以来源于企业营销调查系统获取的常规信息，也可以通过外部专业机构所做的专项调查来获取。大数据使得市场调查能够获取到更多关于消费者行为、偏好、需求等的信息，这些信息为企业管理者提供了更为丰富的决策依据。通过大数据分析，企业可以更准确地了解市场动态和趋势，预测未来市场走向，从而制定更为科学的决策策略。

需要强调的是，除非进行定制化的专项调查，否则企业为决策而获取的数据中可能包含大量无关内容。因此，需要对获取的数据进行整理、清洗，以排除“噪声”，并筛选出与企业决策高度相关的数据，这部分数据即为“信息”。换句话说，数据是信息的基础，是为辅助决策而获取的所有资料。经过清洗、排除“噪声”后的数据，才构成真正的信息。大数据技术和算法的发展，使得市场调查能够实现对海量数据的实时降噪、深度挖掘和分析。通过数据挖掘、机器学习等技术手段，企业可以从大数据中发现隐藏的模式、趋势和关联关系，为决策提供更为精准的信息支持。因此，市场研究人员的基本工作可以概括为：获取数据，筛选出信息，为市场决策提供信息支持。

营销洞察

泡泡玛特对市场的观察和反应

泡泡玛特作为中国最早入局潮玩行业的企业之一，到现在已走过 14 年，但相较于国内市场上强劲的老牌参与者迪士尼、三丽鸥来说，这个时间还远远不够长。事实上，盲盒这一新式玩法带来的高速业绩增长红利已逐渐平淡，而泡泡玛特也从此前以零售为主的企业，变成一家愈发考验综合能力的 IP 运营公司。在这一背景下，挑战泡泡玛特的不仅有老牌 IP 运营选手，还有米哈游等游戏行业参与者。面对日益变化的市场环境，泡泡玛特不仅在线上渠道大展拳脚，还通过深入的市场调查，对线下门店的经营策略进行了细致的调整和优化。

在线上领域，泡泡玛特内部成立了一个专门的小组，和前线渠道工作在一起，共同讨论需求并分析数据，此外还有一个团队专门负责线上线下所有门店商品的持续调度。与传统零售企业内选品、渠道、运营等各自分开的模式相比，泡泡玛特的这些团队更像一个强大的中枢发动机，通过各种数据与预测模型，随时做出决策。泡泡玛特凭借对电商平台的精准把握，成功实现了销售的快速增长。通过抖音、天猫、小程序等多渠道的布局，泡泡玛特不仅提高了品牌的曝光度，还通过精细化的运营策略提升了消费者的购物体验。特别是在抖音平台上，泡泡玛特采取多点触达的策略，根据商品垂类、IP 属性等开通不同品类、不同使用场景的直播间，有效吸引了目标用户群体的关注，提升了转化率。

与线上渠道的高举高打形成对比的是泡泡玛特在线下的谨慎。在对上百家门店进行了深入观察和调查后，泡泡玛特发现消费者的购物行为正在发生变化。顾客在店内停留的时间虽然变长，但购买意愿却变得不太确定。针对这一现象，泡泡玛特决定对线下门店的经营策略进行调整，更加注重提升效率而非单纯追求规模扩张。泡泡玛特自 2022 年起线下开店速度放缓，2023 年它在中国内地新开 55 家线下门店，门店数量增至 363 家。从效率提升方面来说，泡泡玛特通过优化店铺点位、增加首城数量等举措，提高了门店的覆盖率和盈利能力。同时，泡泡玛特还加强了对门店员工的培训和管理，提升了服务质量和顾客的购物体验。此外，泡泡玛特还注重线上线下渠道的联动，通过打造消费闭环，提升品牌的整体竞争力。

泡泡玛特根据市场需求和消费者的反馈不断调整经营策略。基于对中国零售环境变化的跟踪研究，泡泡玛特采用更为灵活的经营方式，从而能够迅速应对市场变化，保持领先地位。

资料来源：作者根据网络资源整理。

思考：市场调查是如何帮助泡泡玛特制定线上和线下的营销策略的？

（二）在营销管理过程中的作用

企业的市场决策涉及整个市场营销管理过程。市场营销管理过程通常包括三个阶段：第一阶段是市场环境分析，第二阶段是营销战略与营销策略形成，第三阶段是营销方案的实施与控制。每个阶段紧密相连，并依赖市场调查得到的准确信息来辅助决策，具体如图 1-3 所示。

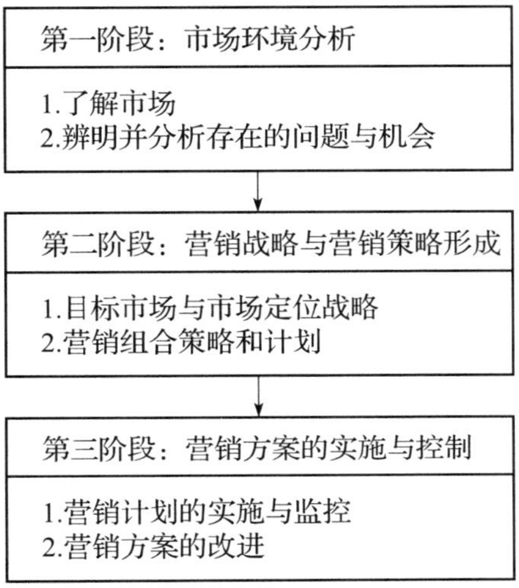

图 1-3　营销管理三阶段

第一阶段：市场环境分析

在这一阶段，企业需要对所处的宏观和微观环境、市场竞争状况进行深入分析。特别需要掌握主要竞争对手的决策，关注消费者需求状况及其变化的规律或趋势。这些都需要企业获取大量准确的信息。市场环境分析的基本目的是发现市场中的机会和威胁，并结合企业自身的优势和劣势进行决策，从而扬长避短，趋利避害。市场调查在这一阶段的作用至关重要，它帮助企业了解环境，辨明并分析存在的问题与机会，为企业设计营销战略和营销策略提供基础。

大数据技术的发展极大提升了市场环境分析的精准度与效率。企业能借此精准预测宏观经济走势，捕捉微观市场变化，如消费者偏好动态与新兴热点。通过整合分析竞争对手的多维度信息，构建详尽画像，助力差异化竞争策略的制定。深度挖掘消费者行为数据，企业能精准识别个性化需求，预测趋势，引导创新。更重要的是，结合人工智能（AI）技术，大数据助力建立风险预警系统，及时应对市场威胁，并挖掘隐藏机遇，为战略规划和营销策略提供坚实的数据基础。这使企业能在复杂多变的市场中，基于数据洞察做出更明智、更具前瞻性的决策，确保竞争优势。

第二阶段：营销战略与营销策略形成

营销管理第二阶段的主要任务是制定市场营销战略和营销策略。市场营销战略通常指 STP，即市场细分（segmentation）、目标市场选择（targeting）和市场定位（positioning）。市场营销策略则通常指 4P，即产品（product）、价格（price）、渠道（place）、促销（promotion）。企业要制定准确的 STP 战略和详细的 4P 策略，需要有市场调查的支持，以深入了解市场和消费者。同时，营销战略和营销策略的匹配也是企业营销成功的关键，这同样需要借助市场调查来实现。

大数据使得企业能够更精细地划分市场，识别出不同的消费者群体和市场需求。通过对大数据的分析，企业可以更准确地了解各细分市场的特征、规模和潜力，为制定个性化的营销策略提供基础。同时，大数据能帮助企业识别出不同的消费者群体和市场需求，从而在产品设计和创新方面取得突破。

第三阶段：营销方案的实施与控制

决策者经过了前期的市场环境分析，以及营销战略和营销策略的制定，形成了营销计划，接下来就到了实施与控制的阶段。企业需要关注营销计划的执行情况，看其是否与先前的计划一致，中间是否有失控的环节，是否需要调整和改进，这些都需要通过对市场反应的研究来加以了解。因此，营销计划的实施与监控，以及营销方案的改进，都需要借助市场调查来实现。

大数据使得企业能够实时监测和评估营销效果。通过对大数据的分析，企业可以了解营销活动的实际效果和转化率，及时发现问题并进行调整，不断优化营销策略和资源配置，实现数据驱动的决策优化过程和更为高效的营销管理。同时，通过对历史数据的分析，企业还可以预测未来营销活动的趋势和效果。

综上所述，营销管理的三个阶段会涉及无数个前后关联的市场决策。决策情境的复杂性和模糊性加大了决策难度，因此需要通过市场调查获取的信息来辅助决策。

营销洞察

市场调查助力三顿半的成功

三顿半，一个国产咖啡品牌，在短短几年时间内实现了从默默无闻到行业佼佼者的华丽转身。除了精准的产品定位、创新性的营销策略外，其成功离不开深入的市场调查。

在品牌创立初期，三顿半就通过市场调查，敏锐地捕捉到一个市场机会，那就是对于爱喝咖啡的人来说，现磨咖啡没有办法随时随地享用，而速溶咖啡品质有限。三顿半精准捕捉到了这一痛点，确立了精品速溶咖啡的定位，开辟出了区别于传统速溶咖啡与现磨咖啡的新赛道。

此外，多个咖啡行业调查报告都显示，年轻人是中国咖啡消费群体的主体，因此三顿半把目标市场对准对咖啡品质要求高，且追求性价比的年轻咖啡爱好者，设计出 3 秒冷水极速冲泡的“冻干咖啡粉”，满足了年轻人快节奏的生活需求。

三顿半发现与知名博主和意见领袖合作能够显著提升品牌曝光度和影响力。于是，三顿半积极与他们建立合作关系，通过精准营销，将产品推送给目标消费者，从而有效提升了品牌知名度和消费者信任度。

在营销管理的深层次探索中，三顿半更是注重打造独特的咖啡文化，与消费者建立深厚的情感纽带。线下实体店不仅提供高品质的咖啡体验，更成为品牌与消费者亲密互动的空间；线上则通过社交媒体、App 等平台，持续输出品牌故事和咖啡文化，不断增强消费者对品牌的认同感和忠诚度。

值得一提的是，三顿半推出了“返航计划”。这一计划正是三顿半通过市场调查深入洞察消费者情感需求的结果。三顿半发现，现代消费者对环保和可持续发展的关注度日益提升。因此，“返航计划”应运而生，它鼓励消费者将使用过的咖啡包装进行回收，以换取品牌提供的优惠或奖励。这一举措不仅体现了三顿半对环保理念的坚持，更通过实际行动拉近了品牌与消费者的距离。在计划实施过程中，三顿半积累了大量的会员数据，这些数据不仅能帮助品牌更好地了解消费者，还为其未来决策提供了有力的数据支持。消费者纷纷响应，积极参与“返航计划”，不仅为地球的可持续发展贡献了自己的力量，也进一步加深了对三顿半品牌的喜爱和信任。这种将品牌理念与消费者情感需求紧密结合的营销策略，无疑为三顿半的成功奠定了坚实的基础。

资料来源：作者根据网络资源整理。

思考：在三顿半的营销管理过程中，市场调查是如何起作用的？

第 2 节　市场调查的类型

随着市场调查技术的不断进步，其应用场景也日益多样化。为了更好地规划与实施市场调查活动，需要对市场调查方法进行明确的分类。目前，常见的市场调查方法包括调查访问法、二手资料调查法、观察法及实验法等。这些调查方法可以根据不同的分类标准加以归类。接下来，我们将详细介绍两种主要的分类方式，以便更清晰地理解和组织市场调查活动。

一、探索性调查、描述性调查和因果性调查

探索性调查（exploratory research），主要是在研究情境非常模糊，无法提炼出具体研究问题或研究变量的状况下进行的一些不太正式但非常灵活的调查。比如：通过二手资料调查来加深对研究问题的理解，或者借助定性研究方法来小规模地调查消费者，帮助进一步明确研究的问题。

描述性调查（descriptive research），主要用于对总体特征的描述，或者确定变量间关系的调查，类似回答“谁”“什么”“哪里”“怎样”等问题。具体来说，市场占有率调查、企业的目标市场结构调查、竞争状况调查等都属于描述性调查。

因果性调查（casual research），主要用于找出现象或变量之间的因果关系，类似回答“为什么”的问题。具体来说，收集数据用来研究价格调整、广告投放变动、销售人员培训等对销量的影响就是因果性调查。

需要注意的是，探索性调查一般只能帮助市场研究人员做出初步的判断，而描述性调查和因果性调查往往可以得到调查的最终结论，所以后两种调查也被称为结果性调查。

营销洞察

模糊的研究问题还是清晰的研究问题

当企业面临产品销量下滑的困境时，由于销量受多重因素影响，若无相关数据支持，研究人员将难以精准识别销量下降的根本原因。这类缺乏明确指向性的问题，在市场调查领域通常被视为模糊问题或未明确定义的市场问题。

在新产品开发初期，企业所持有的往往仅是一些抽象的产品概念，它们可能以文字描述或虚拟图像展示的形式存在。相较于实体产品，这些新产品概念显得较为模糊和抽象，缺乏实体产品的具体细节，如外观、包装、感官特性、尺寸等，同时也没有明确的定价，更无法让消费者获得实际的产品体验。因此，探究消费者对新产品概念的态度，就构成了一个高度模糊的研究问题。

如果企业决策者希望深入了解购买本公司产品的消费者群体以及购买竞争对手产品的消费者群体，即探究本公司的消费者的特点和竞争对手的消费者的特点，这实际上构成了一个相对明确的研究问题。为解决这个问题，企

业需通过系统的市场调查来剖析这些消费者的基本特征、消费态度以及购买习惯等。此外，企业可能还渴望洞悉消费者最为关注的产品特征。换言之，企业希望知道产品的哪些特征最能吸引和打动消费者。这些产品特征涵盖包装、属性、利益点、品牌形象及性价比等多个维度。因此，该研究旨在针对产品特征的消费者偏好进行排序或综合评价，同样是一个定义明确、针对性强的市场调查问题。

总体而言，在市场调查中，研究问题的模糊性或清晰性取决于研究目标的明确程度以及可用信息的丰富性。

二、定性研究与定量研究

市场调查方法可以根据调查方式和所获得数据的性质划分为定性研究（qualitative research）与定量研究（quantitative research）两大类。定性研究通常针对小样本进行深入调查，旨在获取关于受访者的感觉、情感、动机和喜好等主观信息。而定量研究则通常借助较大样本进行，旨在通过样本的统计特征来推断总体的特征。

一般来说，定性研究方法主要应用于探索性调查中。具体方法包括焦点小组讨论法、个人深度访谈法、投射法、典型案例研究法、观察法等。在市场调查初期，当研究情境模糊或研究问题不明确时，这些方法可以帮助研究人员深入了解和探索研究对象，从而明确后续研究的方向和具体问题。定量研究方法主要应用于描述性调查或因果性调查中。这类方法包括调查访问法、观察法、实验法等，它们能够提供关于市场、消费者或竞争环境的详细数据和信息，帮助研究人员对总体特征进行描述，或确定变量间的关系，以及找出现象或变量之间的因果关系。需要说明的是，观察法既可以是定量研究方法，也可以是定性研究方法，这取决于使用方法以及所研究的具体目标。

对于市场研究人员而言，不仅需要了解并掌握多种市场调查方法的应用，还需要在不同研究情境下灵活地选择适当的方法（见图 1－4）。在现实中，市场研究人员面对的状况往往是非常复杂的，一开始可能很难明确该如何开展研究。此时，可以借助探索性调查来帮助明确研究的具体问题，为后续研究的开展提供方向和框架。有时候，为了获得更全面和深入的市场洞察，市场研究人员可能还会采用定性研究与定量研究相结合的方法，即混合方法研究。这种方法可以充分利用定性研究在深入探索和理解市场现象方面的优势，以及定量研究在提供大规模数据和统计分析方面的优势，从而获得更加丰富和准确的市场信息。

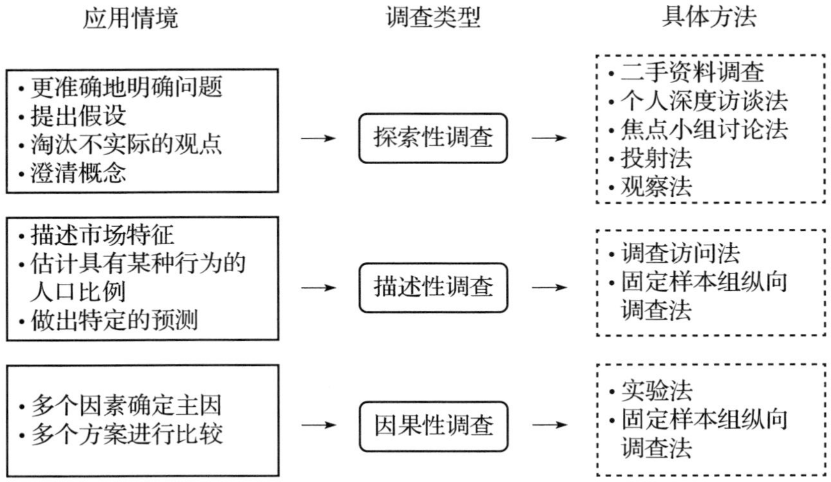

图 1－4　如何选择调查类型和调查方法

总之，无论是定性研究还是定量研究，抑或是将二者相结合，市场研究人员都需要根据具体情况进行选择和应用。关键在于明确研究目标，理解不同方法的优势和局限性，并灵活地运用它们来解决实际问题。这样，市场调查才能更加科学、有效，为企业的市场策略和决策提供有力支持。

第 3 节　市场调查行业简介

一、市场调查行业的发展历程

市场调查，听起来既专业又略显枯燥，实际上，它是企业商务活动中的“侦探”，在幕后默默地为企业的发展决策提供关键线索。它的兴起，与全球经济环境的转变紧密相连，尤其是第二次世界大战之后，西方经济从生产导向逐渐转向消费导向，企业开始愈发重视消费者需求的研究，市场调查行业也应运而生。

第一阶段：1910 年以前

这个阶段只有偶发性的市场调查。当时大部分企业规模较小，经营环境也相对简单，经营者对自己的生意和顾客都很熟悉，经营决策基本上靠经验和直觉，几乎不需要做任何市场调查。正式市场调查的起源可以追溯到 1879 年，艾耶父子广告公司为了向尼古拉斯·谢菲尔德农业机械制造商推销广告版面，做了一次粗略的市场抽样调查，就是根据过往的天气预报记录来推测当年可能出现的天气状况。因为天气状况和农作物生产息息相关，而农作物生产的情况又与农业机械制造商的销量相关。艾耶父子广告公司用调查结果游说这家农业机械制造商购买广告版面扩大宣传，被视作商业史上第一次市场调查的尝试。

第二阶段：1910—1919 年

这是市场调查的一个早期发展阶段，市场调查开始崭露头角。这个阶段比较有代表性的是 1911 年，当时在美国已经出现了正式的市场调查部门——柯蒂斯出版公司的商业调查分部。当时该部门负责人查尔斯·帕林（Charles Parlin）在上任之后采用了垃圾调查法帮助柯蒂斯挽回了一个非常重要的客户。他编写了《销售机会》一书，这是市场调查研究学科最早、最重要的著作之一，内容包括美国各大城市的人口分布、人口密度、收入水平及相关资料，帕林也被誉为市场调查学科的先驱。1919 年，芝加哥大学的邓肯（D. S. Duncan）教授出版了《商业调查：操作准则细分》，这部专著被公认为市场调查的第一部学术专著。

第三阶段：1920—1939 年

这个阶段被称为问卷调查阶段。问卷被应用到调查中，连军队也使用问卷来进行个人审查，期刊出版商用问卷来收集读者的意见。20 世纪 30 年代，美国盖洛普民意测验所成立，使用问卷来收集民众的意见。在 20 世纪 40 年代，美国的罗伯特·默顿（Robert Merton）教授开发了焦点小组讨论法，用于帮助政府和军队调查民意，该方法很快成为一种重要的定性研究方法并在市场调查中得到普遍应用。1937 年，美国市场营销协会资助的《市场调查技术》问世，该书汇集了有关市场调查理论和实践两方面的知识，市场调查正式成为大学商学院的课程之一。

第四阶段：1940—1959 年

这个阶段被称为计量调查阶段。随着市场营销的快速发展，消费者行为及消费者生活方式成为市场调查关注的重点。20 世纪 40 年代后，有关市场调查的书陆续出版，越来越多的大学商学院开设了市场调查课程，教材也不断翻新。配额抽样、随机抽样、消费者固定样本调查、问卷调查、统计推断、回归分析、简单相关分析、趋势分析等理论得到了广泛的应用和发展。60 年代以后，用于描述与预测的数学模型的发展以及计算机科学的进步，使得市场调查朝更加专业化、系统化和科学化的方向发展。

第五阶段：1960—1979 年

这个阶段被称为组织接受阶段。实际上从 20 世纪 60 年代开始，市场调查行业才得到了商业组织的真正认可。随着营销观念从企业导向转变为消费者导向，市场营销的职能演变成商业公司的核心部门，市场调查也成为商业公司的重要需求。所以在这个阶段，拥有自己的独立的市场调查部门的公司急速增加。随着越来越多的公司开始涉足国际市场，对市场调查的需求也更加强烈。因此，市场调查成为企业研究市场的重要工具，还有很多企业引入了市场营销信息系统，以了解本土市场以及国际市场。

第六阶段：1980—2019 年

这个阶段被称为技术进步阶段。随着计算机的飞速发展，市场信息的收集、整理和分析等过程都实现了自动化。调查数据的分析、存储和提取能力大大提高。各种调查技术，如动态分析、运筹学运用、态度测量量表、多元回归分析、数理模式、计算机模拟等方法都得到创新和发展，一些界面良好的统计分析软件，比如说 SPSS、SAS 等相继出现并逐渐得到完善，大大提高了分析速度，简化了分析过程，进一步增强了市场调查行业的专业化水平。计算机辅助问卷设计、计算机辅助电话访问、专业统计分析软件、专业数据获取软件等的进步，成为技术进步的时代特征。

第七阶段：2020 年至今

这个阶段可以视为 AI 与大数据双重赋能阶段。从 2020 年开始，随着大数据技术的迅猛发展和 AI 技术的不断突破，市场调查领域迎来了前所未有的变革与升级。大数据技术使得海量数据的收集、存储和处理成为可能，为市场调查提供了丰富的原材料。而 AI 技术，特别是机器学习和深度学习算法的应用，则让这些数据焕发出新的生命力。在这一阶段，AI 技术不仅被广泛应用于问卷设计优化、高效数据挖掘，还深入应用于消费者行为模式的精准预测、市场趋势的深度剖析等方面，为市场调查带来了前所未有的深度与广度。通过大数据与 AI 的紧密结合，市场调查能够更全面地捕捉市场动态，更精准地洞察消费者内心的真实需求与潜在偏好，从而为企业制定更加科学、更具有前瞻性的战略决策提供坚实的数据基石。

二、市场调查的行业结构

市场调查的行业结构，即市场调查行业的组织形式，主要包括四种形式：企业的市场调查部门、广告代理公司、辛迪加服务公司和定制或专项调查公司。前两种形式为行业中的需求方，后两种形式为行业中的供给方。

（一）企业的市场调查部门

企业的市场调查部门是指企业中的市场部门或者广告代理、策划部门，有时它们能自己独立完成一些市场调查工作，更多时候是委托专业公司进行调查。企业的市场调查部门的具体形式很大程度上取决于公司的规模和组织结构。

对小企业而言，企业所有的市场调查工作常常是由一个人来处理的，几乎不存在市场调查的组织问题，而只需明确调查结果需要向谁汇报即可。有些企业的市场研究人员直接向总裁或执行副总裁汇报，最多见的是，市场研究人员向销售经理汇报。销售经理发挥着桥梁作用，帮助公司与专业的市场调查公司进行沟通。

对于较大的企业来说，其市场调查组织可以采用几种不同的形式：（1）基于应用领域的组织形式，如产品线、品牌、细分市场、地理区域等；（2）基于营销职能的组织性，如实地销售分析、广告研究、产品计划、电子商务等；（3）基于研究技术或方法的组织形式，如销售模型、统计分析、现场访谈、问卷设计等。此外，对于拥有超大规模的市场调查部门的企业来说，它们会将上述组织结构整合起来。

（二）广告代理公司

广告代理公司是市场调查的主要用户，通常接受企业委托也就是广告主的委托来做广告策划和广告代理。这些业务中所涉及的市场调查业务也可能会委托或者转包给专业的调查机构。

（三）辛迪加服务公司

辛迪加本义为“组合”，这里的辛迪加可以理解为实力相对雄厚的大型专业化市场调查服务公司。这些服务公司是通过定期提供数据收集和报告服务来获取利润的。辛迪加服务公司把报告或者是数据出售给感兴趣的众多用户，它们通常提供的是关于一个行业的研究报告和数据。换言之，一个行业的众多企业都可能获得这份报告。辛迪加服务公司一般集中在媒体受众领域和消费品零售领域。这两个领域通常也是对市场调查的需求最旺盛的领域。

（四）定制或专项调查公司

这种公司数量庞大，是市场调查行业的主体。它们针对具体客户的特定问题，开展专项的市场调查，也可能会通过承包广告代理公司、辛迪加服务公司的一些基础的业务，如数据收集、问卷调查、数据录入等，来促进市场调查行业的发展。此外，随着大数据发展浪潮席卷全球，大数据领域涌现出很多专业公司，提供云计算、数据可视化、数据分析应用、商业智能等业务。

营销洞察

中国知名市场调查公司

1. 益普索（中国）咨询有限公司：提供营销研究、广告研究、满意度和忠诚度研究、公众事务研究等四大领域的服务。

2. 上海尼尔森企业信息服务有限公司：提供市场资讯、媒介资讯、在线研究、移动媒体监测、商业展览以及商业出版资讯等服务。

3. 盖洛普（中国）咨询有限公司：提供品牌资产研究、企业形象评测与研究、满意度和忠诚度监测与研究、市场份额检测、雇主品牌监测与研究等服务。

4. 华通凯度洞察（北京）信息咨询有限公司：提供广告、媒介与公关、商业数据分析、品牌增长、消费者、购物者和零售、用户体验、创新、咨询、可持续发展等服务。

5. 央视市场研究股份有限公司（CTR）：擅长领域为消费者固定样组、个案研究、媒介与产品消费形态研究、媒介策略研究、媒体广告及新闻监测。可提供连续性的多客户研究，还可以为不同客户提供量身定制的具有针对性的解决方案。

6. 北京捷孚凯咨询服务有限公司：提供专项研究、医疗保健研究、消费电子零售、消费者追踪、媒介研究等五大领域的服务。

7. 中国广视索福瑞媒介研究（CSM）：拥有庞大的电视受众调查网络，提供独立的收视率调查数据，致力于专业的电视收视和广播收听市场调查。

8. 欧睿信息咨询（上海）有限公司：提供企业管理咨询、国际经济咨询（金融信息服务除外）、贸易信息咨询、科技咨询、房产信息咨询（经纪除外）、环保信息咨询等服务。

9. 北京慧辰资道资讯股份有限公司（HCR）：提供基于企业内外部数据、消费者态度与行为数据和行业数据的业务经营分析与应用、定制化行业分析应用解决方案等服务。

10. 零点有数（Dataway）：主要为公共事务和商业领域的客户提供数据分析与决策支持服务。

三、市场调查伦理

市场调查伦理是指在开展市场调查活动过程中，调查人员、调查机构及相关利益方应遵守的一系列道德规范和行为准则，以确保调查活动的公正性、客观性、真实性、可靠性和透明性，同时尊重和保护调查参与者的权益。

（一）市场调查伦理准则

市场调查伦理准则是指在开展市场调查活动时，必须遵循的一系列道德规范和原则，以确保调查过程的公正性、透明性和可靠性。这些准则不仅体现了对调查参与者的尊重和保护，也保障了市场信息的准确性和公正性。

1. 尊重个人隐私

市场调查中经常涉及收集个人信息，包括姓名、联系方式、职业背景、消费习惯等。尊重个人隐私是市场调查的首要伦理准则。调查人员必须明确告知受访者调查的目的、数据用途及保密措施，并承诺未经受访者同意，不会泄露其个人信息。

2. 诚实守信

诚实守信是市场调查的基石。调查人员应如实记录数据，不得捏造、篡改或歪曲调查结果。在数据分析和报告撰写过程中，应客观公正地呈现调查结果，避免主观臆断和误导。同时，调查人员应遵守承诺，按照合同或协议约定的方式使用调查数据。

3. 公正公平

公正公平是市场调查伦理的重要体现。在调查过程中，调查人员应确保所有受访者享有平等的权利和机会，不因种族、性别、年龄、职业等因素而受到歧视。此外，调查人员应客观公正地评估不同市场主体的利益，避免利益冲突和偏见。

4. 遵守法律法规和行业规定

市场调查活动必须遵守法律法规和行业规定。调查人员应了解相关法律法规，确保调查活动的合法性和合规性。在涉及敏感信息或商业机密时，应遵守保密协议和知识产权保护规定。

5. 尊重受访者权益

尊重受访者权益是市场调查伦理的核心。调查人员应尊重受访者的知情权、选择权和隐私权。在调查过程中，应给予受访者充分的知情权，明确告知调查目的、数据用途及保密措施；同时，应尊重受访者的选择权，不得强迫或诱导受访者参与调查；此外，应严格保护受访者的隐私权，防止信息泄露和滥用。

（二）市场调查伦理的本质

市场调查伦理的本质是追求公正、真实和可靠的市场信息，以支持企业的决策和市场的发展。它体现了对市场调查活动的道德要求和价值追求，是市场调查活动得以健康发展的基石。

1. 公正性

公正性是市场调查伦理的核心要求。它要求调查人员在调查过程中保持客观公正的态度，不偏袒任何一方，确保调查结果的公正性和客观性。公正性有助于消除市场偏见和歧视，促进市场的公平竞争和健康发展。

2. 真实性

真实性是市场调查伦理的重要体现。它要求调查人员如实记录数据、客观分析信息、真实反映市场状况。真实性是市场调查的基石，只有真实可靠的数据才能为企业决策提供有力支持。

3. 可靠性

可靠性是市场调查伦理的重要目标。它要求调查过程遵循科学方法、严格质量控制、确保数据的可靠性和准确性。可靠性有助于企业基于真实可靠的市场信息做出科学决策，提高市场竞争力。

（三）市场调查伦理的构建

市场调查伦理的构建是一个系统工程，需要从多个方面入手，以确保市场调查活动的公正性、真实性和可靠性。

1. 建立伦理规范体系

企业应建立市场调查伦理规范体系，明确调查活动的道德要求和价值追求。这些规范应涵盖调查过程的各个环节，包括数据收集、分析、报告撰写等。同时，企业应加强对调查人员的培训和教育，提高他们的伦理意识和专业素养。

2. 加强内部监管机制

企业应建立内部监管机制，对市场调查活动进行全程监督和管理。这包括对数据收集和分析过程的监督、对调查人员的考核和评价等。通过内部监管机制，企业可以及时发现和纠正调查过程中的问题，确保调查活动的公正性和真实性。

3. 强化外部监督机制

除了内部监管机制外，企业还应强化外部监督机制。这包括接受政府监管部门的监督、接受行业协会的自律管理、接受公众的监督等。通过外部监督机制，企业可以进一步规范自身的市场调查行为，提高调查活动的透明度和可靠性。

4. 倡导行业自律

行业自律是市场调查伦理构建的重要方面。行业协会应制定行业自律规范，明确市场调查活动的道德要求和价值追求。同时，行业协会应加强对会员企业的管理和监督，推动整个行业的健康发展。通过行业自律，可以形成良好的市场氛围和竞争秩序，促进市场调查活动的公正性和可靠性。

总之，市场调查伦理的构建需要从多个方面入手，包括建立伦理规范体系、加强内部监管机制、强化外部监督机制和倡导行业自律等。这些措施的实施，可以确保市场调查活动的公正性、真实性和可靠性，为企业的决策和市场的发展提供有力支持。

// 基本概念 //

1. 市场调查（marketing research）
2. STP 战略［市场细分（segmentation）、目标市场选择（targeting）和市场定位（positioning）］
3. 市场营销策略（4P）［产品（product）、价格（price）、渠道（place）、促销（promotion）］
4. 探索性调查（exploratory research）
5. 描述性调查（descriptive research）
6. 因果性调查（causal research）

// 思考题 //

1. 市场调查有什么作用？
2. 市场调查在企业市场策略制定中扮演什么角色？
3. 如何根据不同的市场决策情境选择适用的市场调查类型和方法？

案例分析

全球著名市场监测和数据分析公司尼尔森

尼尔森公司是全球著名的市场调查公司。尼尔森根据客户的具体需求来定制调查方案。对于一般性的调查需求，尼尔森拥有一套在全球范围内得到认可的专有调查产品和方法，为客户提供最有力的可比性标准化数据。尼尔森的主要客户是快速消费品的零售商和制造商。面向全球市场，同时也服务于汽车业、金融业、电信业和其他消费品集中行业。尼尔森，是全球著名的市场监测和数据分析公司，在超过 100 个国家提供市场动态、消费者行为、传统和新兴媒体监测及分析服务。客户依靠尼尔森的市场调查、专有产品、分析工具及专业服务，以了解竞争环境，发掘新的机遇和提高利润。

尼尔森利用多方面的信息来源，为客户发现最佳业务增长方式提供最全面、最具综合性的市场资讯，先进的信息管理工具，精确的分析系统和分析方法，以及专业化的客户服务。尼尔森的员工与客户紧密合作，帮助他们把信息与服务有效地结合为一体，并在此基础上制定出最优化的决策方案。

尼尔森目前的业务范围主要包括以下三个方面：

（1）市场评估：第一，根据分布于各种类型及规模零售商店中的销售点所收集的数据，衡量快速消费品的销售额。第二，根据由顾客组成的调查组及专项研究收集的数据，衡量消费者的快速消费品采购额。

（2）分析工具及相关服务：尼尔森为客户提供大量的软件及专业化服务，

帮助客户采集、甄选和分析尼尔森所提供的市场衡量信息，并把这些信息与内部数据及第三方资讯结合为一体，从而最终对具体经营事务及经营环境做出剖析，如诊断性服务等。

（3）识别商业机遇：尼尔森所提供的资讯和服务，目的在于帮助具体客户甄别其独有的发展机遇，并及时采取措施，抓住机遇，实现增长。通过结构化、格式化的方法，尼尔森与客户建立起长期的关系，并进行有效的关系管理，在此基础上，尼尔森与客户并肩合作，共同认识并制定其发展战略及经营目标。

资料来源：作者根据网络资源整理。

问题：尼尔森公司在三类主要业务中应用了哪些定性和定量研究方法？

// 即测即评 //

扫描二维码可在线自测并查看答案。

// 第 2 章 //

大数据时代的二手资料调查

知识目标

- 掌握大数据时代二手资料调查的基本概念，理解二手资料与一手资料的区别。——重点
- 了解大数据时代二手资料的来源及收集方法。——重点
- 熟悉大数据时代二手资料评估的原则和步骤。——难点

能力目标

- 能够根据不同的研究需求，选择合适的大数据时代的二手资料调查方法。——重点
- 能够利用大数据技术和工具，高效地进行二手资料的收集、整理和分析。——难点
- 能够基于大数据时代的二手资料，提出有见地的市场见解和策略建议。——提升点

素养与价值目标

- 注重二手资料调查在大数据时代的重要性，培养高效利用信息资源的习惯。
- 培养批判性思维，对二手资料进行客观、准确的评估。
- 遵守数据伦理和隐私保护原则，在利用二手资料时尊重他人的知识产权和个人隐私。

思维导图

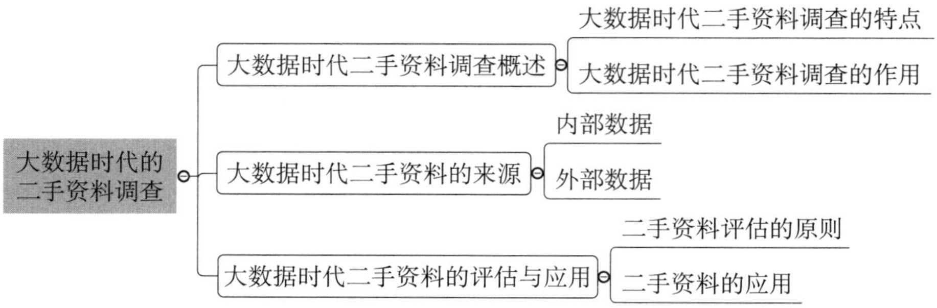

引例

如何进行二手资料调查?

一家市场调查咨询公司受新型智能家居设备制造商“爱智家”委托，负责通过二手资料调查，全面剖析全球智能家居市场，为其产品研发与市场拓展策略提供数据支撑。

调查过程中，团队广泛收集并梳理了各类二手资料，资料来源涵盖了学术期刊论文、行业报告、新闻报道、社交媒体评论等。他们借助学术数据库、商业数据库以及互联网搜索引擎等强大工具，系统地收集相关资料，确保信息的全面性和准确性。

在积累了大量二手资料后，团队着手对数据进行深入的分析与整理。他们特别关注市场规模、增长趋势、关键市场参与者以及产品创新等核心要素，运用统计软件和数据可视化工具，将数据以直观的图表形式呈现，以便更清晰地解读市场信号，揭示潜在的市场机会与挑战。

通过一系列的深入分析，团队对全球智能家居市场有了全面深刻的了解。他们发现，智能家居市场正经历着迅猛的发展，消费者对智能化生活方式的需求持续攀升。然而，市场竞争也日趋激烈，产品创新与品牌建设成为企业脱颖而出的关键要素。

最终，基于二手资料的专业调查，该公司向客户提交了一份专业的市场分析报告。报告不仅全面阐述了全球智能家居市场的现状、趋势与前景，还为客户在产品策略制定、市场推广以及竞争对策方面提供了宝贵的参考意见。此外，通过采用二手资料调查的方法，该公司有效降低了调查成本，缩短了调查周期，显著提升了调查的效率与质量，为客户节省了宝贵的资源与精力。

资料来源：作者根据网络资源整理。

思考：面对海量二手资料，企业如何快速筛选出有用信息？

第 1 节　大数据时代二手资料调查概述

在信息化高速发展的当下，数据已成为各行各业发展的核心驱动力。特别是在大数据时代，数据的重要性不言而喻。在这个背景下，二手资料调查，作为市场调查的一种关键手段，其地位和价值日益显著。二手资料调查，顾名思义，是对已存在的资料进行收集、整理与分析的过程，因其主要在办公桌前完成，无需进行实地考察，故常被称为案头调查（desk research）。与之相对，一手资料调查则需调查者亲临现场，通过直接观察、访谈或实验等方式来收集数据，被称为实地调查（field research）。

在大数据的浪潮中，二手资料调查作为市场调查的重要组成部分，不仅继承了其传统优势，更展现出了新的特点和更加突出的作用。接下来，我们将深入探讨这些特点和作用，以期更好地理解二手资料调查在大数据时代下的重要价值。

一、大数据时代二手资料调查的特点

（1）数据体量庞大。大数据时代的到来使得二手资料的规模空前庞大，来自互联网、社交媒体、企业数据库等的海量数据为市场研究提供了丰富的素材和广阔的视角。

（2）数据类型多样。与传统二手资料相比，大数据时代的数据类型更加多样，不仅包括结构化数据（如表格、数据库等），还包含大量非结构化数据（如文本、图片、视频等）。这种多样的数据类型为市场调查提供了更全面的信息基础。

（3）数据获取便捷。借助互联网和先进的搜索技术，研究人员可以更便捷地获取所需的二手资料。同时，许多专业数据库和平台也提供了高效的数据检索和分析工具，进一步提高了数据获取的便捷性。

（4）数据分析深入。大数据技术，如数据挖掘、机器学习等，使得对二手资料的分析更加深入和精确。研究人员可以从海量数据中提取出有价值的信息和模式，为市场调查提供更加精准的洞察。

二、大数据时代二手资料调查的作用

（1）提供全面的市场背景信息。在项目研究早期，二手资料调查可以帮助研究人员快速了解市场的整体状况、行业趋势、竞争格局等背景信息，为明确调查目标和研究问题提供有力支持。

（2）明确调查方向和范围。通过二手资料调查，研究人员可以掌握现有市场的品牌销售情况、消费者行为特征等信息，从而更准确地确定调查方向和样本配额大小，提高调查的针对性和有效性。

（3）为数据分析提供情境和框架。在项目实施过程中，二手资料调查可以为数据分析提供重要的情境和框架。通过借鉴过往同类调查的分析思路，研究人员可以更好地理解和解释当前调查结果，提高分析的准确性和可靠性。

（4）辅助市场调查结果的验证。市场调查结果需要经过验证才能确保其可靠性。二手资料调查提供了一种有效的验证手段，研究人员可以将调查结果与二手资料进行对比和分析，检验调查结果的正确性和适用性。

（5）应对调查限制和挑战。在实际调查过程中，往往会受到时间、费用、成本、法律、道德等多种因素的限制。在大数据时代，二手资料调查成为一种重要的备选方案。它可以在一定程度上弥补一手资料调查的不足，为市场调查提供有力的数据支持。

综上所述，大数据时代二手资料调查以其庞大的数据体量、多样的数据类型、便捷的数据获取方式和深入的数据分析能力，在市场调查中发挥着越来越重要的作用。

营销洞察

二手资料调查助力集团的战略转型

近年来，随着旅游市场的多元化和消费者偏好的快速变化，文旅企业面临着前所未有的机遇与挑战。某文旅集团，作为一家深耕文化旅游领域多年的企业，在 2020 年后开始陷入传统旅游模式增长乏力的困境。为了寻找新的增长点，企业决定通过二手资料调查来辅助决策，推动战略转型。

该文旅集团的市场调查部门首先明确了调查目标：了解当前文旅市场的最新趋势、消费者行为变化以及竞争对手的动态。随后，团队广泛收集了包括行业报告、市场细分分析、消费者调查报告、政策文件以及社交媒体大数据在内的二手资料。

通过对这些二手资料的深入分析，企业发现了几个关键趋势：一是随着数字化转型的加速，线上旅游体验成为新宠；二是年轻消费者更加注重个性化和沉浸式的旅游体验；三是可持续发展和绿色旅游成为行业新风尚。基于这些发现，企业迅速调整了企业战略。首先，加大在数字化建设上的投入，开发了一系列线上旅游产品，如虚拟现实游览、在线文化课程等，以满足消费者对于线上旅游体验的需求。其次，针对年轻消费群体，推出了一系列定制化、主题化的旅游线路，强调文化深度与个性体验的结合。最后，积极响应绿色旅游号召，优化旅游线路，减少环境影响，提升品牌形象。

战略转型后，该文旅集团迅速在市场上取得了显著成效。线上旅游产品的推出不仅拓宽了销售渠道，还增强了用户黏性；定制化旅游线路则赢得了年轻消费者的青睐，提升了市场竞争力；绿色旅游理念的实践则进一步提升了企业的社会责任感和品牌形象。

第 2 节　大数据时代二手资料的来源

二手资料对于企业调查项目的开展起着重要的作用，且获取途径广泛而多样，下面将从企业内部和企业外部两大来源进行介绍。

一、内部数据

内部数据是企业自身的信息宝库，涵盖了企业在经营活动中积累的各种宝贵资料，主要的内部数据来源包括企业的经营和财务数据、内部数据库数据、企业的专项调查、企业内部的文件和档案等。

1. 企业的经营和财务数据

企业的经营数据记录了企业的日常运营情况，如销售额、市场份额、顾客满意度、顾客资料，以及订货单、销售人员的访问报告等内容，由此可以看出企业在特定时间段内的运营数据和市场表现，为企业决策提供了直接的市场反馈。例如，一家零售连锁企业通过分析其销售数据，发现某款产品在特定季节的销量大幅增长，于是决定加大对该产品的采购和推广力度，从而抓住了市场机遇。

财务数据则反映了企业的财务状况，包括利润表、资产负债表、现金流量表、生产成本、销售成本、各种商品的价格和经营利润等，反映了企业的财务状况和经营成果，是企业评估经营绩效和制定财务策略的重要依据。比如，一家制造业公司通过分析其财务数据，发现生产成本过高导致利润下滑，于是采取了一系列成本控制措施，成功提高了盈利能力。

2. 内部数据库数据

大多数企业都会建立自己的数据库和信息系统，用于存储和管理客户信息、销售数据、生产数据等。内部数据库数据往往整合了来自不同部门和业务线的数据，为企业提供了一个全面的信息视图。通过挖掘和分析这些数据库中的数据，企业可以发现隐藏的商机、优化业务流程并提高运营效率。例如，一家银行通过分析其内部数据库中的数据，发现某些客户群体的存款金额较高但理财产品购买率较低，于是针对这些客户群体推出了定制化的理财产品推荐服务，成功提高了理财产品的销售额。

3. 企业的专项调查

企业还可能进行专项调查，以深入了解特定市场或消费者群体的需求和行为，这些专项调查数据同样构成了内部数据的重要部分。比如，一家餐饮企业为了了解消费者对健康饮食的需求，进行了一项专项调查，结果显示消费者对低脂、低糖、高纤维的菜品需求较高，于是该企业调整了菜单，推出了更多符合这一需求的菜品，受到了消费者的欢迎。

4. 企业内部的文件和档案

企业内部的各种文件和档案，如会议纪要、研究报告、市场调查报告等，企业和产品的报道、广告和其他促销方式的文字报道，以及员工的管理总结、照片、录像等也是二手资料的重要来源。这些文件通常包含了企业内部的决策过程、市场分析和业务规划等信息，应该进行系统性存储和管理，以便于后期处理分析和利用。

二、外部数据

除了内部数据外，企业也可以从外部获取二手资料。主要的外部数据包括：政府公布的数据、行业机构统计数据、市场调查公司发布的数据、互联网企业积累的市场数据和图书馆数据等。

1. 政府公布的数据

政府公布的数据具有权威性和公信力，它们涵盖了宏观经济指标、行业政策、法律法规等多个方面，为企业提供了宏观环境的分析依据。例如，一家房地产企业在制定投资策略时，会参考政府公布的房地产市场数据、土地供应政策等信息，以评估市场的潜在风险和机遇。

2. 行业机构统计数据

行业机构或者行业协会等的统计数据则提供了更为细致的行业分析，包括市场规模、竞争格局、发展趋势等，有助于企业把握行业动态。比如，一家汽车制造企业在制定市场营销策略时，会参考行业机构发布的汽车销售数据、消费者购车偏好等信息，以制定更具针对性的营销策略。

3. 市场调查公司发布的数据

市场调查公司发布的数据是另一重要的外部数据源，它们通过专业的调查方法和技术，为企业提供定制化的市场调查报告和数据分析服务。例如，一家化妆品企业在推出新产品前，会委托市场调查公司对目标消费者进行调查，以了解消费者对新产品的接受度、购买意愿等信息，为产品推广提供有力支持。

4. 互联网企业积累的市场数据

互联网企业积累的市场数据也是近年来兴起的一种新型外部数据源，它们通过大数据技术和用户行为分析，揭示了消费者的在线行为和偏好，为企业制定数字营销策略提供了有力支持。比如，一家电商平台会利用其积累的用户数据，分析消费者的购物习惯、浏览行为等信息，以优化网站布局、推荐算法等，改善用户体验和提高销售转化率。

5. 图书馆数据

图书馆作为传统的知识宝库，同样是企业获取二手资料的重要场所。在图书馆中，企业可以找到各种图书、参考资料、杂志、报纸等纸质资源，以及文献数据库、统计期刊等电子资源。这些资源涵盖了各个学科和领域的知识和信息，为企业提供了广泛而深入的知识支持。例如，一家科技企业在研发新产品时，会到图书馆查找相关领域的学术论文、技术报告等文献资源，以了解最新的技术进展和研究成果，为产品研发提供理论支持。

此外，通过搜索引擎、上市公司财报、社交媒体和论坛等也可以获取到丰富的海量二手数据，企业可以根据自身需求和实际情况选择合适的方法来获取所需的数据。同时，在获取和使用二手数据时，也需要注意数据的来源和可信度，确保数据的准确性和可靠性。

营销洞察

出海企业利用二手资料调查了解新市场

某国内快时尚品牌计划进入新兴市场——东南亚地区。为了确保品牌能够迅速适应并占领市场，公司决定启动一个全面的市场调查项目。在这个项目的初期阶段，收集二手资料成为至关重要的第一步。

项目团队首先利用政府公开渠道，如东南亚各国政府部门和世界银行发布的报告，获取了东南亚各国的宏观经济数据、人口结构、消费习惯以及当地对服装行业的政策导向。这些数据为团队提供了该地区市场潜力和阻碍的初步评估，以及可能影响品牌进入策略的关键因素。接着，团队深入研究了国际知名市场调查机构和咨询公司的报告，这些报告详细分析了东南亚服装市场的现状、竞争格局、消费者偏好及未来趋势。特别是关于当地年轻消费群体的研究报告，为品牌如何定位自身、设计符合当地审美的产品线提供了宝贵的参考。同时，团队还积极利用社交媒体和在线论坛，收集当地消费者对现有品牌的反馈、购物体验分享以及对新品牌的期待。这种“接地气”的信息收集方式能够让团队更直观地感受到市场的温度，捕捉到潜在的消费热点和痛点。此外，团队还关注了该地区主要竞争对手的官方网站、社交媒体账号及年度财报，通过对比分析，识别出竞争对手的优势与不足，为品牌制定差异化竞争策略提供依据。

二手资料的收集不仅为项目团队节省了大量时间和成本，更重要的是，它为后续的一手调查（如问卷调查、深度访谈等）提供了明确的方向和框架。通过综合分析二手资料，团队能够更精准地识别出调查的重点领域和关键问题，从而提高调查的效率和准确性。最终，这些二手资料为品牌制定市场进入策略、产品规划、营销策略等提供了坚实的数据支持，确保了项目能够顺利推进并取得成功。

第 3 节　大数据时代二手资料的评估与应用

在大数据时代，二手资料作为市场调查的重要基础，其价值和重要性不言而喻。然而，与任何数据一样，二手资料也存在一系列潜在的问题，如数据过时、信息不准确、存在偏见等。因此，对二手资料进行科学、全面的评估，是保证研究的准确性和可靠性的关键步骤。

一、二手资料评估的原则

1. 准确性

准确性是二手资料评估的首要原则。在大数据时代，数据量庞大且来源复杂，评估者需对资料的来源、收集方法、样本大小及其是否具有代表性进行细致核查。利用大数据技术和分析工具，可以快速比对多个数据源，识别数据中的异常和偏差，从而确保资料的准确性与真实性。对于存在疑问的数据，应进一步查证或咨询相关领域的专家，以获取权威解读。

2. 时效性

时效性也是评估二手资料的重要原则之一。在大数据环境下，数据的更新速度极快。因此，评估二手资料的时效性显得尤为重要。评估者需关注资料的发表时间，优先选择那些数据更新及时、反映当前市场或社会现象的二手资料。同时，对于过时或陈旧的数据，应谨慎使用，并考虑结合其他最新数据进行修正或补充，以确保研究的时效性和前瞻性。

3. 切题性

切题性是指二手资料与研究主题的相关性。在大数据时代，信息冗余和噪声干扰严重，评估者需仔细筛选资料，确保其与研究主题紧密相关。利用大数据的文本挖掘和语义分析技术，可以快速识别资料中的关键信息，判断其与研究主题的关联度，从而剔除无关或关联度低的资料，提高研究的针对性和效率。同时，评估者还需要注意二手资料的最初研究目的和背景，以避免资料使用不当导致的误导或偏差。

4. 权威性

权威性是指二手资料来源的可靠性。在大数据环境下，评估者需关注资料的发布机构、作者身份及学术声誉，优先选择来自权威机构、知名学者或可靠数据源的二手资料。这些资料通常经过严格的质量控制和审核，具有较高的可信度和参考价值。同时，对于来源不明或存在争议的二手资料，应谨慎使用或避免使用，以免对研究结果造成误导。

5. 科学性

科学性评估是确保二手资料收集、整理和分析方法科学合理的重要步骤。在大数据时代，评估者需了解二手资料的收集方法、样本选择、数据处理等过程是否符合科学规范。利用大数据的统计分析和机器学习技术，可以对数据的收集和处理过程进行客观评价，识别其中的偏差和错误，并提出相应的修正建议。同时，评估者还需关注二手资料中的假设、限制条件和适用范围等信息，以确保其科学性和适用性。

营销洞察

对二手资料的误用

新兴咖啡品牌“雅韵咖啡”，计划将其独特的高端咖啡体验引入一座充满文化气息的新城市。为了快速了解市场并节约成本，公司决定主要依赖二手资料来开展市场调查。

雅韵咖啡的市场部门在网络上收集了大量关于该城市咖啡市场的行业报告、消费者行为分析以及竞争对手的详细资料。这些资料大多来源于大型市场研究机构和一些自媒体，看似内容详实、数据丰富，但存在一些问题，那就是这些资料中很多数据的收集时间在半年前，且部分分析是基于全国或更大范围的数据，并未针对该城市的具体情况进行深入剖析。在初步分析这些二手资料后，市场部门得出了一个乐观的结论：该城市居民对高品质、高价格的咖啡有着强烈的消费欲望，且市场上缺乏真正的高端咖啡品牌。基于此，公司决定推出一系列采用进口咖啡豆、手工冲泡的高端咖啡产品，并制定了远高于当地平均水平的价格策略。

然而，雅韵咖啡正式开业后，很快发现市场反应远低于预期。虽然店铺的装修风格和咖啡品质都受到了好评，但高昂的价格让大多数消费者望而却步。通过进一步调查，公司发现该城市的咖啡消费者更加偏向性价比高的中端产品，且消费者对于咖啡的口味偏好也更加多样化，并非一味追求高端。这一误用二手资料的经历让雅韵咖啡付出了沉重的代价。公司不得不调整市场策略，推出更多符合当地消费者需求的中端产品，并通过举办品鉴会、咖啡课程等活动来培养消费者对于雅韵咖啡的兴趣和认知。

资料来源：作者根据网络资源整理。

思考：雅韵咖啡在利用二手资料进行市场调查时犯了哪些错误？

二、二手资料的应用

大数据时代，二手资料在商业决策中的应用更为广泛，它不仅是企业获取信息、评估市场、分析竞争对手的重要工具，还是制定战略、调整市场策略和优化资源配置的关键依据。以下将详细描述大数据时代二手资料在商业决策中的具体应用。

1. 市场分析与评估

市场规模与增长潜力：利用大数据技术和分析工具，企业可以实时收集和分析海量的行业报告、市场调查数据等二手资料，准确预测目标市场的规模、增长趋势以及潜在的市场机会。这些数据为企业评估市场的吸引力和可行性提供了强有力的支持，助力企业精准定位市场，把握发展机遇。

消费者行为分析：大数据时代，二手资料中包含大量的消费者行为数据，如购买习惯、偏好、满意度等。通过数据挖掘和机器学习等技术，企业可以深入挖掘这些数据背后的规律，了解消费者的需求和期望，为产品开发和市场定位提供指导。同时，还可以帮助企业预测消费者未来的行为趋势，从而提前布局市场。

竞争格局分析：企业可以利用大数据平台实时跟踪竞争对手的市场份额、产品特点、营销策略等关键信息，形成动态的竞争格局分析报告。这有助于企业及时评估自身的竞争地位，识别竞争对手的优势和劣势，并快速调整竞争策略，保持市场领先地位。

2. 战略规划与制定

行业趋势预测：大数据技术使得企业能够整合和分析来自多个渠道的行业数据，包括技术革新、政策变化、经济走势等。通过对这些数据的深度挖掘，企业可以准确预测行业未来的发展趋势和潜在风险，为制定长期战略提供科学依据。

资源配置优化：利用大数据分析工具，企业可以对不同市场、产品和渠道的盈利能力进行精细化评估。这有助于企业实现资源的优化配置，将有限的资源投入最具潜力和盈利能力的领域，提升整体经营效益。

风险评估与应对：大数据时代，企业可以通过对二手资料的深入分析，识别和评估潜在的市场风险、竞争风险和政策风险等。结合大数据预测模型，企业可以提前制定风险应对措施，降低经营风险，提高决策的稳健性和灵活性。

3. 产品开发与改进

客户需求洞察：通过大数据平台收集和分析客户反馈、市场调查报告数据等二手资料，企业可以实时了解客户的需求和期望。利用文本挖掘和情感分析技术，企业可以深入挖掘客户对产品的评价和建议，为产品改进和创新提供有力支持。

技术创新与研发：大数据时代，二手资料中包含大量的技术创新和研发信息，如新技术、新材料、新工艺等。企业可以利用这些信息跟踪行业动态和技术发展趋势，结合自身的研发能力和市场需求，确定技术创新和研发的方向和重点。

4. 营销与推广

营销策略制定：利用大数据分析工具，企业可以对不同市场、消费者群体和渠道的营销效果进行精细化评估。结合消费者行为数据和市场趋势分析，企业可以制定更具针对性和有效性的营销策略，提高营销效率和效果。

品牌建设与传播：大数据时代，企业可以通过对二手资料的分析，了解品牌形象和知名度等方面的信息。结合社交媒体数据和消费者反馈，企业可以制定更加精准的品牌建设和传播策略，提升品牌形象和知名度，增强市场竞争力。同时，利用大数据监测品牌传播效果，及时调整策略，实现品牌价值的最大化。

// 基本概念 //

1. 一手资料（primary data）
2. 二手资料（secondary data）
3. 案头调查（desk research）
4. 内部数据（internal data）
5. 外部数据（external data）

// 思考题 //

1. 二手资料有哪些来源？
2. 二手资料与一手资料有哪些区别？
3. 如何评估二手资料？
4. 二手资料调查可以应用到哪些领域？

案例分析

转转的故事

在国内电商领域，二手交易平台“转转”一直以其独特的定位和精准的市场策略受到关注。面对日益激烈的市场竞争，转转深知，要在这个瞬息万变的市场中立于不败之地，就必须拥有对市场的深入洞察。于是，转转开始了一场以二手数据为核心的市场调查与决策之旅。

转转不仅依赖其庞大的内部交易数据，还积极寻找并采购行业研究报告、市场调查机构的二手数据，甚至是竞争对手的公开财务信息。但这些数据并非全部拿来即用，转转有着一套严格的筛选标准。转转要求数据必须来自权威、可靠的来源，数据样本要足够大且具有代表性，同时数据的时间跨度也要适中，以确保其能够真实反映当前市场的状况。

经过层层筛选，转转获得了一批高质量的二手数据。通过对这些数据的综合分析，转转发现了一个令人振奋的趋势：二手手机市场正在以惊人的速度增长，而且消费者对性价比的追求日益显著。这是一个千载难逢的机会！

基于这一发现，转转决定加大在二手手机领域的投入。转转优化了商品筛选与鉴定流程，确保每部上架的手机都经过严格的检测，以提升用户体验。同时，转转还积极拓展线上线下的销售渠道，以满足日益增长的市场需求。

然而，决策的执行并非一帆风顺。在推进过程中，转转通过数据分析发现，虽然用户对平台提供的官方验机服务表示高度认可，但同时也存在对验机报告准确性的疑虑。这是一个不能忽视的问题，它直接关系到用户的信任度和平台的声誉。

为了解决这个问题，转转进一步加强了与第三方质检机构的合作，对验机流程进行了全面的升级。转转引入了更先进的检测设备和技术，提升了验机报告的权威性和公信力。这一举措有效地增强了用户的信任感，也为转转在二手手机市场赢得了更多的口碑。

最终，得益于对二手数据的深入挖掘与有效利用，转转在二手手机市场取得了显著的成绩。转转不仅提升了市场份额，还增强了品牌影响力和用户忠诚度。

资料来源：作者根据网络资源整理。

问题： 面对海量的二手数据，转转是如何进行筛选应用的？

// 即测即评 //

扫描二维码可在线自测并查看答案。

// 第3章 //

市场调查设计

知识目标

- 熟悉市场调查的全过程。——重点
- 理解成功的市场调查所需具备的三个条件。——重点
- 理解衡量市场调查价值的净价值法和投资回收率法。

能力目标

- 能够把企业的决策问题转化成市场调查的研究问题，确保调查的针对性和有效性。——难点
- 能够根据不同的市场决策情境设计合理可行的调查目标。
- 能够撰写结构清晰、内容完整、分析深入的市场调查建议书或报告。——提升点

素养与价值目标

- 深刻认识到调查研究是谋事之基、成事之道，以及市场调查在企业决策中的重要性。
- 在市场调查的各个环节中，始终坚持问题导向，将解决实际问题作为调查的出发点和落脚点，确保调查工作紧密围绕企业决策需求展开，提高调查的针对性和实效性。

思维导图

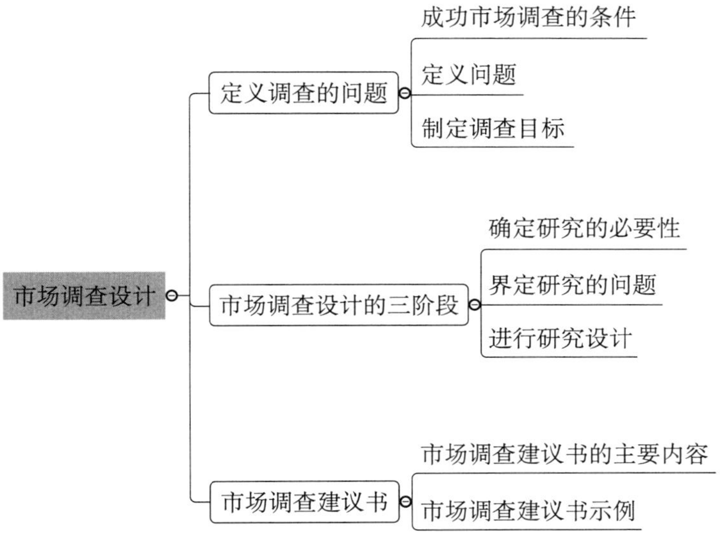

引例

南京市红山森林动物园面临的决策难题

南京市红山森林动物园，是国家 4A 级风景名胜区，长久以来以其独特的森林景观、丰富的动物资源和多彩的主题活动吸引着无数游客。然而，随着新冠疫情的暴发，红山森林动物园的经营状况遭受了前所未有的冲击。红山森林动物园园长沈志军在一次公开演讲中感慨道："有人说疫情过后会有一波报复性出游，可是我等了三个多月，还没有多少人来报复我。"

某调查团队通过初步的二手资料调查和实地走访，总结出红山森林动物园在疫情期间主要面临以下营销管理问题：(1) 收入结构失衡：作为一个自收自支的单位，红山森林动物园的主要收入来源是门票销售，占据了整体收入的80%以上。然而，在疫情的影响下，游客数量锐减，门票销售量大幅下降，导致资金链受到了严重威胁。(2) 动物福利与经济效益的矛盾：红山森林动物园一直以来都坚持"拒绝动物表演"的原则，致力于保障动物的福利。然而，这也使得红山森林动物园在吸引游客和创造经济效益等方面都面临巨大挑战。如何在保障动物福利的同时，找到新的经济增长点，成为管理层亟待解决的问题。(3) 宣传与推广策略不足：为了应对疫情带来的冲击，红山森林动物园尝试通过出售文化创意产品、开通新媒体账号进行互动、制作属于自己的纪录片等方式进行宣传和推广。然而，由于这些方式缺乏足够的创新和吸引力，在当时的实际效果并不明显。红山森林动物园需要制定更加有效的宣传与推广策略，以吸引更多的游客。

资料来源：根据全国大学生市场调查与分析大赛国赛三等奖作品整理。

思考： 案例中南京市红山森林动物园面临的营销决策问题是什么？

第1节　定义调查的问题

企业或机构在开展市场调查前通常需要考虑如何才能确保所进行的市场调查是科学的、正确的。这个问题虽然没有标准答案，但是对此展开思考和讨论有助于加深对市场调查的全面认识，更有助于初学者在动手实践前明确努力的方向。

一、成功市场调查的条件

在探讨成功市场调查的条件时，我们不仅要考虑到研究团队的专业素养和丰富的成功经验，以及采用科学、先进的数据收集和分析手段，更要强调几个核心条件，它们共同构成了市场调查成功的基石。

首先，正确的调查方向是市场调查成功的首要条件。面对纷繁复杂的市场现象，一个成功的市场调查项目必须能够精准把握现象背后的管理问题，以及这些问题对企业决策产生的具体影响。这意味着调查人员需要具备敏锐的洞察力和相对丰富的行业知识，能够透过现象看本质，明确调查的核心问题。只有这样，才能确保调查的方向正确，使得调查工作能够真正解决企业面临的决策难题，降低决策的不确定性。

其次，科学的方法是市场调查成功的关键保障。科学的方法不仅涉及先进的数据收集和分析技术，更包括严谨的调查设计和实施流程。在调查过程中，必须遵循科学的原理和方法，确保数据的准确性和可靠性。这要求研究人员在调查设计、样本选择、数据收集、数据分析等各个环节都严格遵循科学的方法，确保调查结果的客观性和有效性。

最后，用决策者易于理解和接受的方式展示调查结果是市场调查成功的重要因素。市场调查的最终目的是解决企业面临的决策难题，因此调查结果的展示方式至关重要。研究人员需要以决策者能够理解和接受的方式呈现调查结果，突出调查结论的实用性和可操作性。同时，还需要注重与决策者的沟通，确保调查结果能够真正被决策者所理解和接受，从而指导企业的决策过程。

综上所述，成功的市场调查需要具备正确的调查方向、科学的方法以及用决策者易于理解和接受的方式展示调查结果这三个关键条件。这些条件相互关联、相互促进，共同构成了市场调查成功的基石。只有同时满足这些条件，市场调查才能真正发挥其在企业决策中的重要作用。

二、定义问题

定义问题作为调查设计的首要步骤，其重要性不言而喻。它不仅决定了调查的方向是否正确，更会对后续步骤能否顺利开展产生深远影响。以国有企业春田为例，当发现其主打品牌 A 的销量连续三个月下滑时，这一市场现象背后可能隐藏着多重信息：是企业个体表现不佳，还是行业普遍现象？是企业发展的阶段性问题，还是新品牌良性发展的副作用？为了深入理解这一现象，首先需要明确品牌 A 的销量下滑意味着什么，这体现了哪种营销管理问题，即“what”的问题。其次，对企业而言更为迫切的是，需要尽快找到有效的解决办法，即“how to do”，才能扭转销量下滑的局面，这就是企业当前面临的管理决策问题。

然而，为了给出有针对性的决策建议，市场研究人员需要将这一管理决策问题进一步转化为具体的调查问题，即探究品牌 A 销量下滑背后的主要原因，也就是解决“why”的问题。可能的影响因素包括外部经济环境的变化、流行趋势的转移、主要竞争对手的降价策略等，以及企业资源分配的变动情况、品牌 A 生命发展阶段问题、销售团队的稳定性等。调查项目需要从诸多可能的因素中进一步诊断出最核心的因素，才有可能为企业提供可行的建议。

从实际操作层面来说，要将市场现象和由此形成的管理决策问题逐步转化为调查问题，需要经过以下三个关键步骤：

第一步，进行充分的背景研究。这是为了加深对决策问题的理解，了解企业已经掌握的信息和存在的信息缺口，明确决策者的目标和期望，以及问题涉及的关键人物和主要部门。通过背景研究，研究人员可以更加清晰地看到问题的全貌，为后续的调查工作奠定坚实的基础。

第二步，开展探索性调查。在背景研究的基础上，研究人员可以通过小规模、灵活多样的方式（如访谈、观察、问卷调查等）收集初步数据，尝试将研究的重心放到最重要或最有可能的因素上。这一过程类似于医生诊断病情，需要通过一系列问诊、检查来排除无关因素，聚焦问题的核心。

第三步，列出命题或研究假设。基于探索性调查的结果和对企业决策问题的深入理解，研究人员可以提出一系列命题或研究假设，将商业问题背后最可能的因素清晰地罗列出来。这些命题或研究假设将成为后续调查工作的核心，指导着数据收集、分析和解释的全过程。

在定义问题的过程中，研究人员还需要与委托人保持密切的沟通。通过讨论和协商，确保双方就调查问题的理解达成共识，并在此基础上共同制定调查项目的目标和计划。这不仅可以提高调查工作的针对性和有效性，还可以提高委托人对调查结果的信任度和满意度。

综上所述，营销管理问题、管理决策问题和调查问题之间呈现出一种递进关系。首先，企业识别出营销管理问题，这是起点，它揭示了企业在市场营销过程中遇到的具体挑战。其次，企业将其转化为具体的管理决策问题，这是中间环节，反映出企业在面对营销管理问题时需要获得行动方案或解决方案方面的支持。最后，企业通过调查问题来深入研究和探索解决方案，这是最终的落脚点。调查问题旨在通过深入研究和探索来解决管理决策问题，并为企业提供可行的建议。这一过程体现了问题从宏观到微观、从表面到深入的转化过程，也体现了企业在面对市场挑战时不断寻求解决方案的动态过程。

总之，精确定义问题是市场调查成功的关键之一。通过进行充分的背景研究、开展探索性调查和列出命题或研究假设等步骤，研究人员可以将管理决策问题转化为具体、可操作的调查问题，为后续的调查工作奠定坚实的基础。

三、制定调查目标

在明确了调查问题之后，接下来是制定具体且清晰的调查目标，具体步骤包括：

首先，明确信息需求。这涉及为了验证假设或证明命题，明确需要具体收集哪些关键信息。例如：调查人员可以通过与决策者的深入交流，更准确地识别信息缺口，从而指导后续的数据收集工作。

其次，描述调查的功能。这需要我们回顾调查问题的本质，并基于信息需求来确定调查的类型（如定量调查、定性调查等）及其具体功能（回忆第 1 章，根据项目调查的问题和信息需求进一步确认调查的类型和具体功能，如探索性调查、描述性调查或因果性调查等）。这一步骤有助于确保调查工作能够满足项目的实际需求。

最后，将调查目标具体化。这包括将信息需求进行分类和量化，以及根据调查项目的具体情况详细描述调查的功能。这样做不仅能够更有效地指导后续的调查设计与实践，还能为调查项目的绩效考核提供明确的依据。

营销洞察

把决策问题转化成调查问题

王宇是一位充满干劲的市场部研究分析师，已在开云公司任职三年。他总是积极响应各种分析研究需求，力求迅速满足。一天上午，王宇接到了公司负责气泡饮料业务的营销经理的紧急电话。营销经理透露，研发部设计了一款新口味的气泡水，谨慎起见，公司决定在正式生产前进行口味测试，以探明消费者对新口味的接受度。他还补充说，鉴于竞争对手莱畦公司刚刚推出了新口味产品，市场部需要尽快启动这项测试。

王宇虽然积极响应，但他意识到需要收集更多信息来制定研究计划。他询问新口味产品是否会有常温和冷冻两种形式，以及产品何时能到位以便进行测试。然而，营销经理并未能解答这些问题。于是，王宇决定自行设计研究方案。他计划在商城选取600名被试进行盲测，首先评估被试是否能察觉新旧口味之间的差异，然后再对每种产品进行偏好评分。这个设计看起来似乎很合理，考虑了次序性和样本规模，旨在避免浪费时间和金钱。

与此同时，另一位研究人员秦朵朵也接到了同样的任务。与王宇不同，秦朵朵在接到电话后，首先提出需要与营销经理当面讨论。她回顾了营销经理提供的信息，并列出了一系列问题，准备在会面时提出。为了更全面地了解情况，她还调出了最近尼尔森在气泡水市场的跟踪调查报告，查阅了开云和莱畦两家公司的资料，以分析市场变化。同时，她还浏览了尼尔森家庭扫描仪固定样本组的信息，考察重点家庭的购买行为是否发生了变化，特别是两个品牌的家庭渗透率、购买率以及忠诚度等指标。此外，她还翻阅了以往相关项目的资料，以了解先前对开云品牌的研究情况。

在与营销经理会面时，秦朵朵提出了一系列深入的问题：新口味推出的必要性、市场目标、宣传策略、新口味在常温和冷冻状态下的效果一致性，以及测试用的新产品的获取方式，等等。在得到这些问题的答案后，她才开始制定研究目标和设计研究方案。

秦朵朵的研究设计分为两个阶段，旨在分别确定本公司的顾客对新口味产品在味道和总体偏好方面的反应，以及竞争对手的顾客对该新口味产品和莱畦公司新产品的反应。她计划对600名家庭主妇被试进行访谈，这些被试主要是杂货店购买者，年龄在18～60岁，并在过去一个月内购买过公司的混合饮料。在第一阶段研究中，被试必须为本公司的忠诚用户；在第二阶段研究中，被试必须为莱畦公司的产品用户。

研究将在公司内进行，持续两周。在第一阶段，300名被试将评估本公司的新口味产品与现有产品，以理解市场对口味改变的反应。在第二阶段，另300名被试将比较本公司的新口味产品和竞争对手的新产品，以确定本公司的新口味产品是否能吸引竞争对手的顾客。在两个阶段的研究中，一半样本用于测试常温方式，另一半样本用于测试冷冻方式。

王宇和秦朵朵的研究设计在定义问题上存在显著差异。王宇更像是一个研究次序采纳者或研究技师，他简单地回应了营销经理的口味测试请求，而没有深入考虑引发这一研究的营销策略原因。尽管他的研究设计在表面上看起来是健全的，但他并未能提出关键问题并得出答案，这些答案可能对研究设计至关重要。遗憾的是，王宇和营销经理都不清楚为什么会有那么多长期顾客拨打800免费电话抱怨新产品的口味。

相比之下，秦朵朵更像是一位内部营销顾问和营销信息专家。她的方法是首先理解市场形势和基于该研究可能采取的营销行动。她的研究设计成本更高、时间更长，但通过这种方式，她不仅能了解口味变化给公司带来的潜在收益，还能更清楚地揭示隐藏的风险。

在这两种情况下，营销经理都可以基于于研究中所获得的数据进行决策。区别在于，根据王宇的研究，营销经理应该对研究保持怀疑，因为研究没能预测出公司用户对口味改变的负面回应；而根据秦朵朵的研究，营销经理对应用营销研究应该更有信心。

因此，营销信息专家必须努力克服单纯解决问题的思维，成为企业的内部营销顾问。只有这样，才能保证研究设计、技术及统计分析的有效性。而只有研究设计、技术及统计分析是有效的，才能使营销经理对利用营销研究所做的决策更有信心，才能使公司高层管理者从其资源投资中获得价值，并且为营销研究提供更多的经费。

资料来源：作者根据网络资源整理。

思考：在研究设计中，为什么理解营销策略和目标对研究结果的有效性至关重要？

第2节 市场调查设计的三阶段

市场调查从立项到设计、执行、汇报，具体可以划分为以下五个阶段，分别为：第一阶段，确定研究的必要性；第二阶段，界定研究的问题；第三阶段，进行研究设计；第四阶段，数据收集和分析；第五阶段，撰写研究报告，沟通研究结果（见图 3－1）。

图 3－1　市场调查的全过程

其中，前三个阶段是通过明确项目战略方向到完成项目研究设计的全过程，常被归并到一起称为设计阶段。第四阶段和第五阶段被归并到一起称为执行与分析阶段。

一、确定研究的必要性

市场调查对企业而言，确实是一种降低决策风险并提升决策绩效的有效手段。但这并不意味着企业的每一项决策都必须依赖市场调查。实际上，决定是否进行市场调查，需要综合考虑成本与收益的平衡。

以林琳购买手机为例，她计划购买一部价值约 3 000 元的手机，但在品牌和型号的选择上遇到了困难。在这种情况下，林琳需要收集信息以辅助决策。她既可以根据自己以往的使用经验做判断，也可以通过询问亲友或同学来获取建议，因此，她不太可能进行一项正规且完整的市场调查。在这种情境下，进行市场调查的成本（如时间、精力等）显然远超过其带来的收益，所以通常不需要进行正式的市场调查。

同理，在以下情境中，企业通常也不会轻易开展市场调查。

1. 可用的信息已经存在

这些信息可能来自个人或身边人的经验，也可能来自企业决策者或者决策部门已经掌握的信息经验。这些经验和信息已经足够支持决策者做出有效决策了，所以不需要额外进行市场调查。

2. 决策时间紧迫，不足以完成市场调查

企业决策往往还面临时间方面的约束，需要迅速做出决策，这可能导致没有充足的时间完成市场调查。这时企业决策者就只能根据已经掌握的信息和积累的经验做决策了。

3. 企业无力承担市场调查所需的成本

企业进行市场调查需要付出时间、人力、物力等成本，对部分企业，特别是自身不具备专业市场调查能力的企业会造成一定的负担，这在一定程度上也影响了企业进行市场调查的意愿。

此外，即便是企业自身具备开展市场调查的专业能力，也不会一遇到困难决策就去做市场调查。企业需要权衡市场调查所需花费的成本和获得的收益，只有通过调查所获得的信息的价值大于为调查所付出的成本时，才应启动市场调查项目。

企业权衡市场调查价值的方法主要包括：净价值法和投资回收率法。

（1）净价值法。

净价值法是一种评估市场调查价值的方法，其核心在于计算市场调查为企业带来的净收益。具体来说，该方法首先计算在有市场调查辅助下的决策价值与无市场调查辅助下的决策价值之间的差值，即市场调查的价值增值。价值增值＝有市场调查的决策价值－无市场调查的决策价值。随后，将此价值增值与市场调查的成本进行比较。若价值增值大于调查成本，则表明进行市场调查是可行的；若价值增值小于调查成本，则不宜进行市场调查。用公式表示如下：

$$NV=(V_1-V_2)-C \tag{3-1}$$

式中，NV 为市场调查的净价值；V_1 为有市场调查辅助下做出的决策的价值；V_2 为无市场调查辅助下做出的决策的价值；C 为完成市场调查的成本。

决策原则：

- 当价值增值＞调查成本时，或当净价值＞0 时，进行市场调查；
- 当价值增值＜调查成本时，或当净价值＜0 时，不进行市场调查。

例 3－1： A 企业去年市场调查成本是 50 万元，在市场调查所获信息的帮助下做出的决策方案对企业的贡献估计是 400 万元。若不进行市场调查，由于决策正确性会降低，对企业的贡献会减少到只有原来的 70%，即 280 万元。那么企业是否应该进行此次市场调查？

解：（净价值法）

$$NV=(V_1-V_2)-C$$
$$=(400-280)-50$$
$$=70(\text{万元})>0$$

答：此情境下市场调查的净价值是大于0的，应该进行市场调查。

（2）投资回收率法。

投资回收率法与净价值法的核心思想是一致的，但是采用的是先求出市场调查的净价值，再除以调查成本，由此获得投资回收率 R，最后根据 R 确定是否应该进行市场调查的方法。用公式表示如下：

$$R=\frac{\text{市场调查的净收益}}{\text{调查成本}}\times 100\% \tag{3-2}$$

决策原则：

- 当 $R>1$ 时，进行市场调查；
- 当 $R<1$ 时，不进行市场调查。

利用投资回收率法，重新解答例3-1。

解：（投资回收率法）

$$R=\frac{\text{市场调查的净收益}}{\text{调查成本}}\times 100\%$$
$$=\frac{400-280}{50}\times 100\%$$
$$=\frac{120}{50}\times 100\%$$
$$=240\%>1$$

答：此情境下市场调查的投资回收率大于1，值得进行市场调查。

当然，此时还有一个疑问：在现实商业环境中，市场调查的净价值是否易于计算？企业的决策结果是否总是单一且明确的？答案显然是否定的。在真实情境下，企业面临的决策环境往往极其复杂。即使借助市场调查来辅助决策，企业也可能面临多种不确定的决策后果，如盈利、亏损、持平等，且每种结果发生的可能性也各不相同。

因此，市场调查项目的信息价值通常需要经过复杂的分析才能得出。这包括罗列出在市场调查辅助下所有可能的决策结果，并标注出每个结果的具体数值，即盈亏额。随后，由专业人士依据其专业知识判断所有结果发生的概率，即主观概率。通过这种方式，我们可以计算出市场调查价值的期望值，并将其与不进行市场调查而直接决策的结果进行比较。最后，再将这一期望值与市场调查的成本进行比较，从而对市场调查项目的信息价值做出判断。

二、界定研究的问题

市场调查设计的第二阶段是界定研究的问题。为什么要对研究问题进行界定？这里隐含的逻辑其实是，当企业决策者遇到决策困难时，往往面临的是一个具体的管理决策问题，即“要怎么做”。但是作为市场调查的研究人员却需要在研究设计中明确具体的研究问题，即“是什么”和“为什么”。从“要怎么做”到“是什么”和“为什么”往往存在显著的视角差异，因为管理决策问题是行动导向的，而研究问题是信息导向的，如果不在项目设计初期对二者进行清晰的界定和转换，就可能导致项目研究与决策者需求相去甚远，甚至背道而驰。

（一）界定问题的范围

在进行项目设计的最初阶段，研究人员如果要对研究问题进行清晰的界定，就需要先界定问题的范围，这也是界定研究问题的第一步。具体来说，界定问题的范围有以下几个方法。

1. 与企业决策者进行讨论

与企业决策者进行讨论至关重要，因为调查的目标是为决策者提供决策辅助信息，那么了解决策者具体遇到了什么样的决策困难，以及缺乏哪些辅助信息，可以帮助调查人员得出指导性的研究框架。

2. 访问行业专家

访问行业专家对于界定研究的问题也非常有用，特别是在研究公司或者研究人员面临研究不熟悉的行业或领域的情况下，行业专家可以帮助研究人员尽快熟悉行业和产品。

3. 根据二手数据进行分析

二手数据通常是指那些已经存在的数据，二手数据广泛存在于报纸、杂志、书籍、简报、数据库等各种相关资源里。一般来说，研究者可以根据二手数据对研究的问题进行初步界定，也可以利用二手数据加深对所研究问题的认识。更普遍的情况是，要界定研究的问题非常困难，特别是涉及特殊的消费群体或相对专业的研究领域时，借助上述几种方法，可能还不足以得出清晰的结论，这时就需要借助定性研究方法近距离地与研究对象沟通。

4. 开展定性研究

通常是基于小样本的非结构化的探索性调查，能够帮助研究者进一步了解要研究的对象和领域，代表性的方法有焦点小组讨论法、个人深度访谈法以及投射法等等。这些方法的具体应用将在后边的章节进行详细讨论。

（二）充分了解问题的相关背景

在界定了研究问题的范围后，研究人员接下来需要充分了解问题的相关背景，具体包括：

1. 行业与公司的相关信息

行业的信息包括行业的发展历史与发展现状、行业的平均盈利水平、技术发展趋势、行业发展前景等。公司的信息包括公司的发展历史、发展现状，具体如组织架构、市场销售额、市场增长率、行业排名、市场定位等。需强调的是，这些信息主要源自二手数据，涵盖与问题背景相关的环境信息及决策者目标（即通过调查需解决的核心问题或实现的具体目标）。

2. 决策者的目标

通过与企业决策者讨论来深入了解其需求是极为重要的。对决策者目标的准确理解同样重要，因为决策者在表达需求时，往往是从管理的困境或目标的达成角度出发，要将其转化成具体的调查目标并非易事。例如企业遇到销量连续几个月下滑的困境，决策者可能希望通过调查找到销量下滑的原因，遏制下滑的势头，也可能希望扭转劣势，提升销量。前者可能需要调查人员帮助发现企业存在的问题，而后者可能需要调查人员找到企业的优势。另外，如果决策者提出的目标模糊不清，比如企业决策者提出想要消费者认同企业的品牌价值，那么市场调查者就需要把认同价值转化为具体的可操作的目标，并且通过书面表述来获得决策者的确认。

3. 消费者行为考察

对消费者的研究通常是企业的基本需求，主要包括消费者人口统计特征和心理特征，消费者的数量及地理分布，消费者的产品使用习惯和偏好，消费者的媒体消费习惯和对促销的反应，等等。

4. 企业已经拥有的资源与约束

一个调查项目通常需要资源支持，而企业现有资源和约束，例如顾客数据、资金水平、人力资源等状况，构成了调查项目的基础资源，也会对研究问题的界定产生一定的影响。

对相关背景的研究，特别是对决策者的目标的深入了解，有助于市场研究人员真正站在企业的立场上来进行研究的设计。

（三）充分理解管理问题

接下来研究人员需要充分理解管理问题。企业进行市场调查的动因通常可能是遇到了管理困境，比如销售额的大幅下降，退货率的突然升高，新业务推广受阻，或者出现了市场机会，又或者是消费者口味偏好的改变，竞争对手突发的产品质量问题，企业核心技术的改进，等等。企业决策者通常会希望尽快从市场调查者那里了解到情况，知道下一步该怎么做。

但是研究者在回答这个问题之前，必须先将具体的管理决策问题转化为研究问题，也就是用来解决管理困境或把握市场机会的备选方法、具体措施或需要考虑的具体因素。由此可以发现，企业的管理决策问题是行动导向的，研究者关心的是具体该怎么做，而调查研究的问题是信息导向的，研究者关心的是如何获取有助于决策的信息。这就像医生给患者看病，患者希望直接知道怎么治疗，但医生必须通过与患者沟通，对患者的身体进行检查，才能找到致病的可能原因，从而给出诊断和治疗方案。

再回到企业经营管理领域。此时，企业决策者面临的管理问题只是症状，比如销量的大幅下降。针对症状，研究者需要进行全面检查，评估问题出在哪里，或者导致问题的潜在原因是什么。假设研究者通过初步排查基本判断出可能的原因来自广告，那么此时的研究问题就可以初步确认为：探索销量下降与广告的关系。但在具体的调查研究开展之前，研究者还需要进一步把研究问题转化为可操作的测量问题，这样才能真的指导研究实践。所以回到研究问题的确认阶段，需要市场研究人员给出具体的研究假设，例如“使用不同诉求策略的广告对商品销量的促进作用存在显著差异”，或者是“使用不同媒体策略的广告对商品销量的促进作用存在显著差异”。

具体研究假设的提出，不仅有助于市场研究人员聚焦研究问题，也可以指导研究者设计测量问题以及明确需要获取的数据和观察证据，由此设计具体的数据收集方法。依据研究假设来选择数据分析方法，可以为企业的管理决策提供具体的解决方案和建议。

总结：从管理问题到管理决策，从具体的企业困境或市场机会到有效的解决方案，这中间经历的转换过程，也就是研究问题和测量问题的分析与得出过程，即市场调查的关键。研究假设是测量问题的基础和来源，决定了数据获取的范围和手段，也是市场调查设计的第三阶段进行研究设计的主体。

三、进行研究设计

市场调查设计的第三阶段是进行研究设计。研究设计是在研究中用来指导、收集和分析数据的框架或者计划，也就是获取解决企业经营问题所需信息的必要程序，是完成某项研究必须遵循的蓝图。

研究计划类似于建造房屋的设计方案。设计方案越细致合理，实际的施工才会越顺利、迅速，建造出来的房屋更符合需求。

研究设计实质上是对整个市场调查活动的整体计划和描述，一般来说会包括数据收集方法设计、问卷设计、样本设计、数据分析计划、时间进程安排、经费预算等环节。具体内容通常包括：明确研究目的和研究问题、研究方法及流程设计、数据处理与分析、撰写调查报告（见图 3－2）。

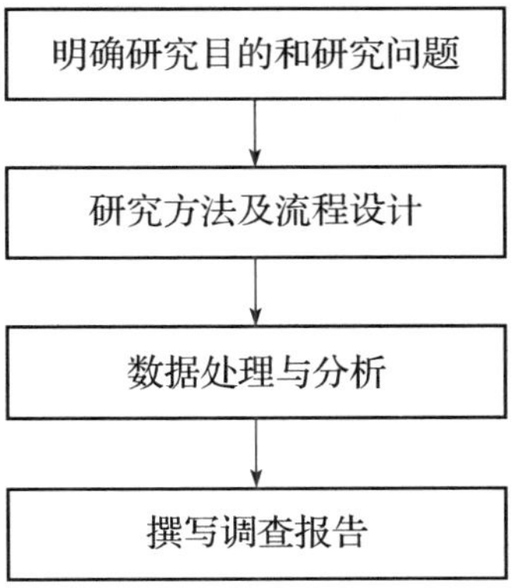

图 3－2　研究设计的具体内容

首先是明确研究目的和研究问题。这要求清晰地阐述管理问题、研究问题和测量问题三者之间的逻辑。这里的管理问题来自对研究需求的深入分析，具体方法可以借鉴我们在学习市场调查设计第二阶段的时候针对如何界定研究问题给出的建议。另外，在市场调查设计第一阶段还要明确界定研究的对象，特别是研究对象的总体和构成，可以有效指导后续的抽样设计。

其次是研究方法及流程设计。有一些研究计划会以研究流程为主线，然后给出不同阶段应用的研究方法，这样操作性更强。此处需要强调的是，研究设计中选择的研究方法取决于具体的研究问题，也就是说方法是为研究问题服务的。这样也进一步说明，市场调查并不仅是问卷调查，是否采用问卷来获取数据取决于研究问题。

再次是数据处理与分析。一般来说涉及至少两个步骤，即先进行数据处理，再进行数据分析。这两个步骤的具体内容在后面的章节中会详细讲解，但是这里还要强调一下数据思维的重要性。简单来说，在市场调查的设计阶段，需要根据研究目标，或者需要解决的具体问题，选择可行的数据分析方法，进而反向指导数据的获取和数据质量的控制。例如，在讨论市场调查设计第二阶段时提出了一个研究假设：使用不同诉求策略的广告对商品销量的促进作用存在显著差异。可以设想一下，要通过什么样的数据分析方法来检验这个假设，这个数据分析方法又需要以什么样的数据作为支撑，以及这些数据又需要用什么方式来获取。数据思维的本质是要根据数据分析方法的设计来反向指导数据的获取和数据质量的控制，而不是等数据获取之后再看适用于哪些分析方法。

最后是撰写调查报告。调查报告的格式不尽相同，也没有固定的模式。但是，前文提到“市场调查成功的三个基本条件”之一——用决策者易于理解和接受的方式展示调查结果，所以研究者在撰写调查报告时应当先回答：是否解答了研究问题，是否达成了研究目的，最重要的是要给出具体的、可操作的建议，即怎么做。当然，也不能回避本次研究的局限性，并对未来研究方向做具体的展望。

营销洞察

调查研究是我们做好工作的基本功

“调查研究是谋事之基、成事之道，没有调查就没有发言权，没有调查就没有决策权。调查研究是我们做好工作的基本功。”习近平总书记非常重视调查研究，并一以贯之身体力行、率先垂范，推动全党大兴调查研究之风。他提出：调查研究是做好工作的基本功。一定要学会调查研究，在调查研究中提高工作本领。

“要了解实际，就要掌握调查研究这个基本功。”习近平总书记曾用非常生动的比喻来说明调查研究的重要性：“调查研究就像‘十月怀胎’，决策就像‘一朝分娩’。调查研究的过程就是科学决策的过程，千万省略不得、马虎不得。”他说自己的体会是尽量多到基层去看，“从一次看，可能时间短了些，但是积少成多，就会从量变到质变，就能把握住工作中存在的主要矛盾和问题。看，总比不看要好；多看，比少看要好”。曾在河北正定一起共事的同事回忆，习近平调查有个特点，就是方法很多，包括开座谈会、参观学习、走村串户、蹲点调查等。

坚持问题导向，增强问题意识，敢于正视问题，善于发现问题，既看“高楼大厦”又看“背阴胡同”，真正把情况摸清、把问题找准、把对策提实。因为“问题导向”引领“调查方向”。习近平总书记主张调查研究要“真研究问题、研究真问题”，他时常劝诫广大领导干部要“抓住老百姓最急最忧最怨的问题，解决好群众最关心最直接最现实的利益问题”，“搞清楚问题是什么、症结在哪里，拿出破解难题的实招、硬招”，“切实把调研成果转化为解决问题、改进工作的实际举措”。

力戒形式主义。习近平总书记多次强调，调查研究千万不能搞形式主义。2019年10月，《求是》杂志发表了习近平总书记的重要文章《推进党的建设新的伟大工程要一以贯之》。文章指出，不能搞做指示多、虚心求教少的“钦差”式调研。“钦差”式调研，指的就是端着官架子、跟基层要领导派头的调研怪象。这种自以为是、高高在上的调查，说到底是一种形式主义。习近平总书记说，调查中可以有“规定路线”，但还应有“自选动作”。在河北正定工作时，习近平调查就习惯不打招呼，直接下乡。2021年9月13日，习近平总书记前往陕西省米脂县高西沟村考察，途中临时下车走进田间，察看谷子、糜子、玉米长势，同正在田间劳作的老乡拉家常，询问他们生产经营、家庭收入、医疗保障、子女上学就业等情况。这些年总书记常到困难多、群众意见集中、工作打不开局面的地方和单位调查，用实际行动为全党做出表率。

“调查研究不仅是一种工作方法，而且是关系党和人民事业得失成败的大问题。”在全面贯彻落实党的二十大精神的开局之年，全党大兴调查研究，必须求真务实、真抓实干。只有本着一切从实际出发的原则，狠下真功夫，不搞花架子，真正加强与改进调查研究工作，才能在中国发展跃升的重要关口，为科学决策和务实落实奠定更加坚实的基础，才能为推动全面建设社会主义现代化国家开好局起好步。

资料来源：总书记“公开课”丨调查研究是我们做好工作的基本功．(2023-07-22)[2025-03-21]．https://news.cctv.com/2023/07/22/ARTICkUgBezTYDySRdbWydw4230703.shtml.

思考：调查研究基本功有哪些?

第 3 节　市场调查建议书

一、市场调查建议书的主要内容

市场调查建议书是一份旨在详细说明市场调查活动的目的、方法、步骤及预期成果的文档。它是企业进行市场调查的重要前期准备工作，旨在为企业决策者提供全面、准确的市场信息，以支持企业的战略规划和业务决策。

一般来说，市场调查建议书应该包含对市场调查活动的全面规划和安排，其主要内容和结构通常包括以下几个方面：

1. 背景与目的

阐述该市场调查项目的背景信息，明确调查的目的和重要性。这有助于读者理解调查活动的必要性和意义。

2. 定义研究问题

首先要介绍特定市场现象对应的营销管理问题，然后开门见山给出由此引发的企业管理决策问题，再进一步分析得出引申出来需要通过市场调查解答的研究问题。研究者需要对这一系列问题给出明确且充分的定义，才能有效指导后续的调查设计与实践。

3. 确定调查内容

详细说明调查的具体内容，包括目标市场、消费者行为、竞争对手、产品分析等。这是市场调查建议书的核心部分，直接决定了调查的方向和重点。

4. 选择调查方法

阐述实现调查目的所需采用的调查方法，如问卷调查、访谈、观察、实验等。在说明方法时，应分析各种方法的优缺点和适用场景。

5. 制定调查计划

制定详细的调查时间表和实施计划，明确各个阶段的任务和责任人。这有助于确保调查活动的有序进行。

6. 设计数据分析框架

介绍如何对收集到的数据进行处理和分析，包括使用的统计方法和分析工具。这有助于确保调查结果的科学性和准确性。

7. 展望预期成果

阐述调查活动预期取得的成果和效果，如了解市场需求、评估产品竞争力、制定营销策略等。这有助于明确调查活动的价值和意义。

8. 制定费用预算

提供调查活动的费用预算和成本估算，以便决策者评估调查活动的经济效益。

二、市场调查建议书示例

以下是一份市场调查建议书的示例，该示例节取自全国大学生市场调查与分析大赛获奖作品，遵循了市场调查建议书的基本结构，旨在深入调查并分析红山森林动物园在疫情期间所面临的经营困境，并在此基础上提出相应的市场策略建议，以帮助红山森林动物园摆脱困境并实现可持续发展。

营销洞察

红山森林动物园项目的市场调查建议书

（一）背景与目的

红山森林动物园作为国家4A级风景名胜区，拥有丰富的动物资源和独特的森林景观。然而，新冠疫情对红山森林动物园的经营状况造成了严重冲击。本次调查旨在通过深入了解市场需求、游客行为、游客满意度和重复游玩意愿，为红山森林动物园提供科学、有效的市场策略建议，帮助其应对疫情带来的挑战，实现可持续发展。

（二）定义研究问题

针对红山森林动物园在疫情期间面临的收入结构失衡、动物福利与经济效益的矛盾以及宣传与推广策略不足等营销管理问题，我们进行了问题定义，包括：

1. 营销管理问题

(1) 收入结构失衡：红山森林动物园的收入高度依赖门票销售，疫情导致游客数量锐减，收入大幅下降。

(2) 动物福利与经济效益的矛盾：红山森林动物园坚持“拒绝动物表演”，在吸引游客和创造经济效益方面面临挑战。

(3) 宣传与推广策略不足：已尝试过的出售文化创意产品、开通新媒体账号进行互动、拍摄纪录片等方式缺乏创新和吸引力，效果不佳。

2. 管理决策问题

(1) 如何调整收入结构，减少对门票收入的依赖，实现收入多元化。

(2) 如何在坚持动物福利原则的同时，创新吸引游客的方式，提升经济效益。

(3) 如何制定更加有效的宣传与推广策略，吸引更多游客。

3. 调查研究问题

(1) 哪些多元化的收入渠道可以探索，并适合红山森林动物园实施。

(2) 在保障动物福利的前提下，有哪些创新的方式可以吸引游客，提升经济效益。

(3) 如何通过市场调查了解游客的需求和偏好，从而制定有效的宣传与推广策略。

(三) 确定调查内容

我们将对目标市场、消费者行为、竞争对手和产品进行深入分析。具体包括：了解游客的偏好和需求，研究竞争对手的营销策略，评估动物园的产品（包括动物展示、文化活动等）吸引力，并特别关注游客的满意度和重复游玩意愿等影响因素。

1. 收入结构多元化研究

(1) 分析国内外动物园的多元化收入模式。

(2) 调查游客对于动物园提供额外服务（如餐饮、纪念品、特色活动等）的接受度和支付意愿。

2. 动物福利与经济效益平衡研究

(1) 调查游客对于动物园动物福利政策的认知和态度。

(2) 探索创新吸引游客的方式，如互动式动物体验、教育项目等。

3. 宣传与推广策略研究

(1) 通过问卷调查和深度访谈，了解游客获取信息的渠道和偏好。

(2) 分析竞争对手的宣传策略，找出差异化的宣传点。

（3）测试不同宣传渠道和内容的有效性，如社交媒体、短视频平台、线下广告等。

（四）选择调查方法

（1）线上线下的问卷调查：广泛覆盖游客群体，获取他们对动物园的反馈和意见，特别是对收入结构、动物福利政策和宣传与推广的看法。

（2）深度访谈：与游客、动物园管理层和工作人员进行深入交流，了解他们的需求和期望，以及动物园在吸引游客和提升经济效益方面所面临的挑战。

（3）实地观察：观察游客在动物园内的行为，特别是他们对动物园提供的额外服务、动物展示和文化活动的反应。

（4）小组线上访谈和现场陪伴游玩：集中讨论特定主题，如游客满意度和重复游玩意愿，并亲身体验游客的感受，发现潜在的问题和改进点。

（五）制定调查计划

（1）调查准备阶段（1个月）：确定调查方案，设计问卷和访谈大纲，确保它们能够准确反映研究问题和调查内容。

（2）调查实施阶段（1个月）：收集人员的反馈和意见，同时进行实地观察和小组线上访谈。

（3）数据分析与报告撰写阶段（1个月）：使用专业的统计方法和分析工具对收集到的数据进行处理和分析，撰写调查报告，确保报告能够准确回答所研究的问题，并为制定市场策略提供有效的建议。

（4）成果汇报与讨论阶段（1周）：向动物园管理层汇报调查成果，讨论实施计划，确保调查成果能够转化为实际行动，帮助动物园应对疫情带来的挑战。

（六）设计数据分析框架

将使用专业的统计方法和分析工具对收集到的数据进行处理和分析，可能的模型包括：

（1）满意度模型。该模型将游客满意度作为因变量，将动物园的产品质量、服务质量、环境设施等作为自变量，探究影响游客满意度的关键因素。

（2）重复游玩意愿模型。该模型将游客的重复游玩意愿作为因变量，将游客满意度、动物园的特色活动、票价等作为自变量，分析影响游客重复游玩的主要因素。

（3）收入结构分析模型。通过聚类分析等多元统计方法，对游客的支付意愿和消费行为进行细分，识别不同游客群体的消费特征，为动物园的收入结构多元化提供策略建议。

(4) 宣传与推广效果评估模型。运用文本分析和情感分析等自然语言处理技术，对游客获取信息的渠道和偏好进行分析，评估不同宣传与推广渠道和内容的效果，为动物园的宣传与推广策略提供优化建议。

(七) 展望预期成果

通过本次调查，我们预期将深入了解游客的需求和偏好，评估动物园的产品竞争力，并制定出有效的市场策略。我们将特别关注提升游客满意度和增加重复游玩的策略，以确保动物园能够吸引更多的游客并实现可持续发展。同时，我们的市场策略建议将涵盖收入结构多元化、动物福利与经济效益平衡以及宣传与推广策略等方面，全面解决动物园面临的问题。

(八) 制定费用预算

我们已对调查活动的费用进行了详细预算和成本估算，包括问卷设计、访谈费用、数据分析工具费用等。这将为决策者评估调查活动的经济效益提供重要的参考，并确保在预算范围内高效地完成调查任务。

(九) 结语

撰写一份全面、实用的市场调查建议书是企业进行市场调查活动的重要前提。通过明确调查目的、梳理调查内容、确定调查方法、制定调查计划、设计数据分析框架和提出调查建议等步骤，可以确保市场调查活动的顺利进行和结果的有效利用。同时，在撰写过程中注重细节处理和提高可读性也是非常重要的。

// 基本概念 //

1. 定义问题 (define problem)
2. 市场调查目标 (marketing research objectives)
3. 市场调查的阶段 (stages of marketing research)
4. 市场调查建议书 (marketing research proposal)

// 思考题 //

1. 成功的市场调查需要具备哪三个条件？
2. 请分析市场调查的完整过程和市场调查设计的三阶段之间的联系与区别。
3. 请分析营销管理问题、管理决策问题与调查问题之间的关系。
4. 市场调查建议书一般包括哪些内容？

案例分析

小鹏汽车的困境与突破——2023年的“上甘岭”之战

随着2023年财报尘埃落定，造车新势力中的小鹏汽车面临着一些挑战。与此前常被并列提及的蔚来和理想相比，小鹏汽车的增速有所放缓，在赛道上的步伐略显沉重。这引起了市场和消费者的广泛关注，人们开始思考：这位曾经的造车新势力明星是否正在经历一段调整期？

负面舆论在一定程度上影响了小鹏汽车的公众形象。2023年3月中旬，网络上流传的一则关于小鹏汽车供应链的消息，使小鹏汽车成为舆论的焦点。有自称小鹏汽车供应链公司的匿名用户爆料称：“近期为小鹏汽车代工的工厂正在低价抛售原材料，这是否在暗示小鹏汽车面临一些生产上的挑战？”这一消息迅速传播开来，引起了市场的关注和担忧。尽管小鹏汽车迅速辟谣，称该消息为“虚假信息”，但这一事件无疑增加了市场对小鹏汽车未来走向的关注，为其未来增添了一些不确定性。

2023年的销售数据对于小鹏汽车来说是一次考验。在造车新势力的交付量排名中，小鹏汽车的排名有所下滑，失去了往日的领先地位。这样的成绩不禁让人思考：小鹏汽车是否在激烈的市场竞争中暂时失去了一些优势？曾经的辉煌与当前的挑战形成了对比，让人深感造车之路的不易。

面对挑战，小鹏汽车在2023年积极寻求突破，计划推出一款B级车（小鹏G6）和C级车，并宣称这两款新车将搭载多项全球领先的创新技术。然而，技术创新固然重要，如何将其转化为消费者的实际购买力仍是一个需要探索的问题。过去，小鹏汽车以技术为卖点的策略并未完全取得预期的市场效果。消费者在购买电动汽车时，除了关注技术之外，还关注产品的整体性能、外观设计、用户体验等多个方面。而小鹏汽车在这些方面的表现，与其技术创新的定位尚存有一定的距离，这也影响了消费者对品牌的全面认知。

电动汽车市场竞争激烈，如同硝烟弥漫的战场。小鹏汽车要想在众多强大对手中脱颖而出，确实面临不小的挑战。何小鹏深知，未来每一步的决策都将对小鹏汽车的命运产生深远影响。他需要考虑如何在成本控制、收益实现和风险管理之间找到平衡。

为了扭转当前的局势，小鹏汽车必须迎接一场关键的挑战。2023年，也许就是小鹏汽车的“上甘岭”。在这场战役中，小鹏汽车需要重新审视自己的品牌定位，寻找一种独特的方式将品牌与消费者的需求和偏好更加紧密地结合起来。同时，在产品策略上也需要进行创新，让自己的新车型在众多竞品中脱颖而出。除此之外，优化渠道与营销体系、建立健全的危机应对机制也是必不可少的。

小鹏汽车的每一步都充满了挑战和机遇，而最终的结果也将决定其在未来电动汽车市场中的地位。这是一场至关重要的战役，小鹏汽车能否克服困难，重振旗鼓？我们拭目以待。

资料来源：作者根据网络资源整理。

问题：从专业市场研究人员的视角，分析小鹏汽车 2023 年面临的营销管理问题，并进一步提炼出后续的管理决策问题、调查问题。

// 即测即评 //

扫描二维码可在线自测并查看答案。

// 第4章 //

定性研究方法

知识目标

- 理解定性研究方法的定义、特点和作用。——重点
- 复述个人深度访谈法、焦点小组讨论法、投射法的基本特点和适用情境。

能力目标

- 能够设计和实施个人深度访谈法、焦点小组讨论法和投射法等定性研究方法。——难点
- 能够根据具体市场调查背景，选择合适的定性研究方法及其组合，确保研究结果的可靠性和有效性。——提升点

素养与价值目标

- 客观评估不同研究方法的适用性和局限性，提升批判性思维。
- 尊重并理解不同参与者的观点和意见，提升对调查客观性和公正性的认知。

思维导图

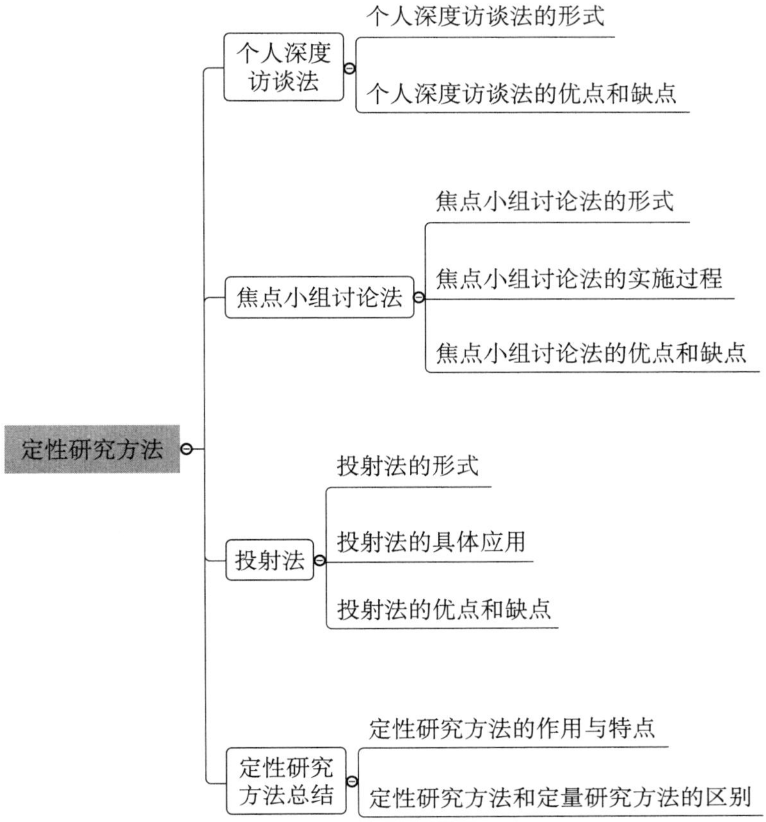

引例

长埭村“链上·数字乡民”项目

长埭村位于浙江省杭州市西湖区转塘街道龙坞片西南部，紧邻杭州之江国家旅游度假区，距离杭州市中心约 15 公里。该村拥有丰富的自然资源，其中林地 1 500 余亩，水田 100 余亩，茶园 550 余亩。得益于地处西湖龙井茶保护区的优势，多数村民以种植龙井茶为生。随着龙坞风景区的开发，长埭村依托其优美的自然环境，发展起了生态茶园观光采摘游和农家乐民俗风情游。

2022 年，长埭村入选首批浙江省美育村（社区），同年 5 月，长埭村与阿里拍卖数字藏品平台合作，推出了“链上·数字乡民”项目。该项目首次将区块链技术应用于基层村域，结合村庄的特色文化和西湖龙井茶等特色产业，发行了数字典藏卡。消费者购买后，即可获得云上村民身份，并享受长埭村旅游、投资、置业等优惠权益。此举旨在吸引更多城市年轻人来到乡村、爱上乡村、融入乡村。

“链上·数字乡民”项目被寄予厚望，希望通过数字藏品这一新兴的传播载体，借助阿里巴巴平台的受众和技术优势，提升乡村的数字化能力，吸引更多消费者到当地投资、旅游、置业，解决资金、人才等问题。然而项目推进得并不顺利，尽管长埭村在乡村振兴方面取得了显著成效，但在项目知名度和对旅游经济的促进方面的发展仍不及预期。

某调查团队受托调查“链上·数字乡民”项目面临的主要困难，并提出改进建议。调查团队决定先通过个人深度访谈法收集资料。访谈中，有人说：“我一开始都没听说过这个村，后来才知道它是西湖龙井的发源地。通过观看这个宣传片我觉得这个村子发展还是挺不错的，而且西湖龙井这个品牌名声也很大，当地经济产业应该发展得很好。”也有人说：“在力所能及的情况下，能帮助长埭村实现更加美丽的乡村景象，也是我们的美好期盼。”还有人说：“龙井茶产业为该村的核心产业，特色文创产业能助力乡村发展，同时促进相关产业发展。”

资料来源：根据全国大学生市场调查与分析大赛国赛一等奖作品整理。

思考：调查团队为什么首先开展了个人深度访谈？

定性研究方法能够深入探索个体的经验与观点，帮助研究者细致了解消费者的态度、情感及其背后的潜在动因，进而揭示市场行为的内在机理。这种方法为理解消费者行为提供了丰富的洞察，是市场调查中不可或缺的一部分。

本章将着重介绍三种常用的定性研究方法：个人深度访谈法、焦点小组讨论法和投射法。我们将深入探讨个人深度访谈法的定义、分类、优点和缺点，解析焦点小组讨论法的形式、实施过程、优点和缺点，并深入讨论投射法的使用场合和具体应用，同时评估其在市场调查中的优点和缺点。通过对这三种方法的系统学习，期望读者能够更好地理解和应用定性研究方法，从而提升市场调查的质量和效果。

第1节　个人深度访谈法

个人深度访谈法是一种一对一的数据采集方法，它依赖于专业的访问员与被访者进行深入沟通或针对特定问题的讨论，旨在探究被访者对问题的理解和态度。这种方法通常用于探索不易暴露的问题（如深层的消费心理），或专业话题（如特定产品的市场发展前景），以及敏感或隐秘的研究问题（如特殊的心理偏好）。访谈的对象往往是特定领域内的专业人士、政策制定者、企业高层管理者或特殊的被访群体。

一、个人深度访谈法的形式

个人深度访谈法根据不同的分类标准，可以划分为多种类型。以下是几种主要的分类标准及其对应的访谈形式：

（一）按结构化程度分类

个人深度访谈法按照访谈的结构化程度可分为自由式访谈和半控制性交谈两种形式。这两种形式的主要区别在于访问员对交谈内容的控制程度。

1. 自由式访谈

自由式访谈通常适用于探索不易揭示的问题，即那些通过简短沟通或问答难以让被访者表达其真实或隐藏观点和态度的情况。在自由式访谈中，访问员可以自由发问，应答者也可以自由发表见解和回答问题，从而逐渐发掘出内心深处的观点和看法。

要想在自由式访谈中取得成功，访问员需要在访谈中注意以下几个方面：首先，要建立轻松友好的谈话氛围，与被访者尽快建立初步的信任与合作关系，这需要访问员具备亲和力和较好的沟通能力；其次，访问员需要具备谈话的拓展能力，特别是针对被访者的某些回答进行深入咨询和探讨的能力；最后，在谈话离题的情形下，访问员还需要能自如地把话题引导回探讨的主题上来。总的来说，自由式访谈需要访问员具备良好的沟通能力、亲和力、话题控制能力以及一定的专业性。另外，在征得被访者同意的情况下，访问员还可以借助录音或录像设备记录访谈过程，用于后期的数据分析和整理。

2. 半控制性交谈

当访问员需要对被访者就一系列主题进行沟通时，可能会因为总体沟通时间的限制而采用半控制性交谈。这种访问形式通常需要对每个访谈主题进行时间限制，且研究主题多数涉及市场情报、技术发展趋势、市场需求、竞争态势、相关法律法规等。半控制性交谈需要访问员具备良好的话题控制能力。如果被访者是企业高层或资深专家，还需要访问员有足够的说服力和专业性来接近对方并取得信任。在访谈过程中，访问员可以尝试先从一般性问题开始，然后逐渐延伸，并能及时概述当前话题继而转入后续问题的探讨。为了提高访谈的效率和效果，半控制性交谈一般会提前设计好访谈提纲，也有访问员会附上调查问卷。

（二）按正式程度分类

个人深度访谈法按照访谈的正式程度可分为正规型访谈和非正规型访谈两种形式。

1. 正规型访谈

正规型访谈指的是访问员和被访者事先确定好访谈的地点、访谈的主题范围，被访者可以提前进行材料收集、问题准备等相关工作。这种访谈形式带有特定的目的和规则，被访者在此情境下能够提供对访谈内容的深度理解。

2. 非正规型访谈

非正规型访谈指的是访问员参与到被访者的日常生活中，在与对方一同参与活动时，依据现场的情况与对方交谈。这种访谈形式目的性较弱，更多体现的是访问员和被访者情感方面的交流。在此情境下，访谈结论相对也会更加自然、亲切。

在实际运用的过程中，综合运用正规型访谈和非正规型访谈可以达到更好的效果。正规型访谈和非正规型访谈在访谈结果上相互补充、相辅相成，将二者结合可以获得更加丰富的访谈结论。

（三）按接触方式分类

个人深度访谈法按照访谈的接触方式还可以分为直接访谈和间接访谈两种形式。

1. 直接访谈

直接访谈是指访问员与被访者直接接触，双方约定好时间和地点，进行面对面的访谈。在此情境下，访问员可以捕捉到被访者的神情和动作等非语言信息，体会到被访者的个人情感、精神状态等，这是佐证访谈资料真实性的重要依据。然而，被访者也容易受到访问员言行举止的干扰，这可能会对访谈结果产生一定的影响。

2. 间接访谈

间接访谈是指访问员和被访者不能面对面直接接触进行访谈，而是利用辅助工具进行间接交流，例如电话、远程设备等。这种访谈方式虽便于访问员收集资料，但因无法观察到被访者的神态与动作，不利于对访谈问题进行深入讨论，因此会影响访谈结果的真实性。

二、个人深度访谈法的优点和缺点

个人深度访谈法作为定性研究的基本方式之一，具有以下优点：（1）研究话题深入，内容丰富。个人深度访谈法能够探索被访者真实的看法和观点，提供深入且丰富的研究内容。(2) 避免敏感和尴尬情境的出现。通过一对一的访谈方式，可以避免在公开场合探讨敏感性话题或避免引发尴尬的情境。(3) 消除群体压力，促进自由表达。访谈是一对一进行的，可以消除群体压力，使被访者感到更加自由，并可能因为觉得自己被重视而更愿意表达和沟通。

然而，个人深度访谈法存在以下一些缺点：(1) 对访问员的专业素养有较高要求。访问员的专业性会对访谈效果产生重要影响。由于个人深度访谈通常是无结构的，访问质量更多取决于访问员的专业素养，而专业的访问员相对稀缺。(2) 调查成本较高。由于采用一对一的方式进行，相比其他研究方法，比如调查访问法的批量化采集数据来说，成本相对较高。(3) 预约难度大。访谈对象通常是企业的高层管理人员或专业人士，因此预约的难度相对较大。(4) 样本量小。个人深度访谈通常选用小样本，因此不要轻易将访谈结论推广到整个被调查者群体。

第 2 节　焦点小组讨论法

焦点小组讨论法通过采用小型座谈会的形式，在众多被调查者中筛选出一组具有同性质、同特征的人群，由一个经过训练的主持人以一种无结构、自然的形式与一个小组的具有代表性的消费者或客户交谈。相比于个人深度访谈法，焦点小组讨论法更能让研究者了解到被访者在特定方面的想法和意见。

一、焦点小组讨论法的形式

焦点小组讨论法是由一位训练有素的主持人引导参加者就所研究的问题进行讨论，参加者通常有 8～12 人。这种方法利用了群体动力学原理，也就是让小组中的成员互相促进，自由表达观点，进而引发集体讨论，研究人员可以从中了解有关研究主题的多个观点。被访者间的互动性是焦点小组区别于针对个人的采访的主要特征，且其互动过程是突发的、动态的且不可复制的，除了可以加深被访者已有的特点、态度和信念，他们之间的互相交流还有助于激发新想法或对已有想法进行新思考，这对调查研究尤其重要。

二、焦点小组讨论法的实施过程

在正式开始访谈前，需要选择合适的访谈地点。地点的选择至关重要，它会对被访者形成心理暗示。被访者的座位尽量围成一个圆圈，以此表示被访者是平等的个体。此时被访者之间会有更多的眼神交流，有利于产生亲切感，使被访者放松对陌生环境的警惕。

焦点小组讨论法的实施过程包括五个步骤：进行计划、招募参加者、小组讨论的设计实施过程及时间安排、配备合适的主持人、分析和解释结果。

第一步：进行计划。这主要包括把研究目的转化为一系列问题，并通过这些问题拟定一个讨论主题大纲。需要明确的是，在焦点小组讨论法的实施过程中，访问员认真倾听比向被访者提出众多问题更重要。在焦点小组讨论法中，一般是先讨论一般性问题，然后讨论特定的问题或具体细致的问题。访问员也需要根据讨论过程和效果对讨论问题的顺序，甚至是问题本身进行调整。比如难以产生有用信息的问题在后续讨论中可以删去，并以新的讨论话题或者有用的问题代替之。另外，还需要考虑讨论中是否需要出示图片、样品，是否需要被访者现场体验，具体的时间和顺序安排，以及必要的解释环节和赠品等的安排。

第二步：招募参加者。焦点小组讨论的参加者，或者是被访者，也可以称之为应答者，一般是根据研究问题的需求来选择。在挑选被访者时应该着重关注他们的同质性，比如要选具有相似背景的购买者或者同一细分市场的消费者。一般来说，同质性越强的群体成员，他们的共同语言也越多，更容易产生思维的碰撞。相反，当被访者差异过大时，小组成员会产生警惕心理，不愿意主动交流。

营销洞察

长埭村“链上·数字乡民”调查项目的进展

在深入探索长埭村“链上·数字乡民”产品消费价值增长点的旅程中，研究员首先面临着一个关键任务：确保被访者对这一独特概念有深入的理解和认识。为此，他们精心策划了第一步——选择那些已经购买过“链上·数字乡民”产品的消费者作为访谈对象。这类消费者不仅对产品有着基本的认识，更对其背后的价值与意义有着切身的体会。

然而，研究员的目标远不止于此。他们渴望探究“链上·数字乡民”产品是如何利用消费价值与消费者建立起一种持续循环、共同发展的神秘关系的。为了实现这一目标，他们必须找到那些具备价值共创能力的消费者，那些能够与品牌携手共进、共同创造更大价值的人。

考虑到“链上·数字乡民”产品主要通过售卖数字藏品和产品附加值吸引消费者，并在当地消费中获取利润，研究员决定从两个关键角度——品牌忠诚度和消费者参与度入手进行筛选。

品牌忠诚度，这个衡量产品资产的重要标尺，是品牌传播效果的最终体现。而消费者，则是产品忠诚度的核心所在。从行为论的角度来看，消费者的重复购买行为是他们对产品忠诚的最直接表现；而从态度论的角度来看，消费者对产品的偏好程度和满意度则是品牌忠诚度的核心内容。基于这种理解，研究员计划根据消费者对品牌的忠诚度，筛选出长期忠诚顾客、潜在忠诚顾客和虚假忠诚顾客，并关注他们的具体行为表现。

与此同时，研究员还深知消费者参与的重要性。在市场营销中，消费者参与被公司视为宝贵的资源，它体现了消费者对产品、事物、事件或行为的重要性与自我相关性的深刻认识。这种参与不仅包括认知活动和感知活动，还涵盖了情绪情感活动等多个方面。它是一种被激发的状态，为消费者购买决策过程中的认知行为提供了强大的动力和指导。而价值共创力的产生，正是消费者参与所带来的理想结果，它体现了产品的实际存在价值和消费者与产品之间持续互相促进的紧密关系。

对于长埭村“链上·数字乡民”产品，研究员渴望看到的正是这条由产品本身及附加价值所驱动的消费者参与所带来的价值共创循环链。为了实现这一目标，研究员决定从品牌本身出发，基于乡村建设、旅游倾向、投资展望等多个角度，制定出一套衡量消费者参与的标准。例如，他们会关注消费者是否对长埭村的发展提出了超过三条建议，是否因为“链上·数字乡民”产品而前往当地旅游，是否在当地进行了投资，以及是否因为这一产品而购买了西湖龙井等当地特色商品。

通过这样一系列精心策划的步骤和深入的探索，研究员期待能够为长埭村“链上·数字乡民”产品的消费创造新的价值增长点。

资料来源：根据全国大学生市场调查与分析大赛国赛一等奖作品整理。

第三步：小组讨论的设计实施过程及时间安排。焦点小组讨论一般安排在会议室进行。研究人员可以通过会议室的单面镜来观察讨论过程，也可以同时录制会议过程，以便后续进行资料整理和研究。也有一些调查公司将讨论安排在类似起居室，也就是客厅这样的环境中进行。其目的是让被访者更加放松，更愿意表达。另外，随着 IT 和媒体技术的发展，越来越多的调查公司开始利用视频会议和相关技术来组织焦点小组讨论。这在一定程度上能提高调查的效率，降低成本。不过，同时也对企业的组织能力，特别是主持人的能力提出了更高的要求。焦点小组讨论的持续时间通常不超过 120 分钟，多数在 60～90 分钟。讨论开始后的前十分钟由主持人做简单的解释和介绍，其余时间多数让被访者进行讨论。必要时由主持人做简单的总结和话题引导。

第四步：配备合适的主持人。焦点小组讨论的顺利进行还离不开合适的主持人。主持人在激发小组成员展开讨论，以及把话题控制在研究主题范围内等环节上起着关键作用。焦点小组讨论成功的另一个重要方面是对小组成员的讨论进行把控，也就是要确保被访者是根据讨论大纲进行交流，而不是随意聊天，也应避免出现少数被访者发言，而其余人倾听的情形。与个人深度访谈的主持人要求不同，焦点小组讨论的主持人一方面要善于倾听，表现出对每个被访者的重视和兴趣，鼓励所有被访者都积极表达自己的观点；另一方面，还要善于对话题进行引导，能巧妙自然地将议题控制在讨论大纲的范围内，并且尽可能地给每个被访者创造发言机会，而不是让讨论被个别能言善辩的参加者主导。同时，主持人应该对所讨论的议题有一定的了解，但不专言，从而鼓励小组成员积极表达自己的观点。

第五步：分析和解释结果。一般来说在一个焦点小组讨论结束后，会有一个主持人的报告，也就是即时分析。即时分析为观看小组讨论的营销专家和主持人提供了一个讨论的机会，可以激发营销专家的新想法和创意。

正式的调查报告可以根据客户需求、公司的风格或者调查建议书所达成的协议来撰写。一般它的内容会包括调查目标、调查问题、小组成员基本信息和特点及招募方式、调查的发现、分析、解释和建议，并且要附上原始录音或者录像资料，以便进行基础分析。

三、焦点小组讨论法的优点和缺点

总体来说，焦点小组讨论法具有如下优点：(1) 参加者之间的互动可以激发新的思考和观点。(2) 以组为单位进行调查可以提高研究的效率，也方便进行组内和组间的分析比较。当然它也存在一些缺点：(1) 群体讨论对访问员有比较高的要求，不仅要求访问员有亲和力和较强的沟通能力，还需要有一定的话题控制力，确保讨论话题的热度和方向符合研究要求。(2) 难以消除群体压力。由于焦点小组讨论是以小组形式进行的，置身其中的个体更容易对具有群体一致性的观点表示赞同，这可能导致个体的不同观点难以表达，甚至被淹没。(3) 作为定性研究方法中的一种，焦点小组讨论法往往也是采用小样本开展研究，因此不能贸然将结论扩展到小样本以外的群体。

营销洞察

长埭村“链上·数字乡民”调查项目的访谈提纲

(一) 访谈目标

通过深度访谈，深入了解消费者对长埭村“链上·数字乡民”产品的认知、情感、使用体验和价值共创行为，探索消费价值增长的关键驱动因素，为项目的持续优化和市场推广策略提供有力支持。

（二）访谈对象

长期忠诚顾客、潜在忠诚顾客、虚假忠诚顾客、乡村建设参与者、有旅游意向的消费者、有投资展望的消费者（需要先给出明确的量化定义）。

（三）访谈方式

个人深度访谈法和焦点小组讨论法。

（四）访谈流程

（1）向消费者介绍访谈的目的和背景，确保他们了解访谈的重要性和意义。

（2）按照访谈提纲进行提问和记录，鼓励消费者分享他们的真实想法和经历。

（3）在访谈过程中，关注消费者的具体案例和经历，深入了解他们的消费行为和价值共创过程。

（4）总结访谈内容，确认关键信息，并感谢消费者的参与和贡献。

（5）结束访谈，整理访谈记录，为后续的数据分析和研究报告做准备。

（五）访谈问题

模块 1：消费者基本信息

（1）请简要介绍您的年龄、性别、职业等基本信息。

（2）您是通过什么渠道了解到长埭村"链上·数字乡民"产品的？您对它有多了解？

（3）您是否购买过"链上·数字乡民"产品？如果是，请分享您的购买经历。

模块 2：消费者认知与理解

（1）"链上·数字乡民"产品是否满足了您的需求和期望？

（2）您认为"链上·数字乡民"产品的品牌形象如何？它给您留下了什么样的印象？

模块 3：消费行为与习惯

（1）您购买"链上·数字乡民"产品的原因（动机）是什么？您在购买过程中考虑了哪些因素？您会向其他人推荐这个产品吗？

（2）您还会再次购买吗？为什么？

模块 4：价值共创体验

（1）您是否因为"链上·数字乡民"产品而关注长埭村的乡村建设？如

果是，请分享您的看法和建议。

（2）您是否因为“链上·数字乡民”产品而去过长埭村旅游？如果是，请分享您的旅游体验和对当地发展的建议。

（3）您是否考虑因为“链上·数字乡民”产品而在长埭村进行投资？如果是，请分享您的投资展望和对项目的期待。

（4）您是否因为“链上·数字乡民”产品而购买过西湖龙井等当地特色商品？如果是，请分享您的购买体验和对当地产业的看法。

模块5：总结与展望

（1）您对“链上·数字乡民”产品的整体评价如何？您认为它有哪些优点和需要改进的地方？

（2）您认为“链上·数字乡民”产品在未来应该如何发展以吸引更多消费者？您有哪些具体的建议或期望？

（六）访谈后续

（1）整理访谈记录，提取关键信息和主题，形成详细的访谈报告。

（2）分析访谈数据，识别消费者的主要观点和情感倾向，以及消费价值增长的关键驱动因素。

（3）将研究成果应用于市场推广策略优化，提高品牌忠诚度和消费者参与度，促进项目的长期发展和价值共创。

第3节　投射法

一、投射法的形式

投射法，作为一种心理学研究方法，指的是通过提供无限制的、模糊的情境、物品或语句，让被试做出反应或解释，从而将其内心的真实想法、情感、态度等投射到这些无规定的刺激上。这种方法能够绕过被试的心理防御机制，获取更为真实和深入的信息。

在市场调查中，投射法被广泛应用于消费者行为、品牌认知、产品偏好等领域。通过投射法，研究人员能够更准确地把握消费者的真实需求和潜在动机，为企业的市场决策和产品创新提供有力支持。

二、投射法的具体应用

投射法是一种非结构化且间接的询问方式，特别适用于以下几种情境：应答者不了解某种行为背后的原因；不清楚购买、拥有或使用某一产品对自己的具体意义；对自己的情感状态感到模糊；不愿意承认可能对自我形象造成损害的观点或行为；或者出于礼貌考虑，不愿意直接评价甚至批评他人。常用的投射法技术包括词语联想法、填空实验、角色扮演法以及第三者角度。

1. 词语联想法

这种方法的具体实施办法是：让被试看或听某个主题词，然后说出其最先联想到的一个或几个词。比如，问游客在看到“南京旅游”这个词时首先会想到什么，游客或许会回答夫子庙、中山陵、盐水鸭等，这可以帮助研究者了解游客对南京旅游的直观印象和关联事物。还可以询问被试在谈及洗发水时最先想到哪些品牌，以此了解消费者心中的洗发水品牌排名和做出购买决策的品牌集。词语联想法常被应用于获取消费者对产品名称、商标、广告词的反应方面的信息。

2. 填空实验

在填空实验中，研究者给出不完整的刺激情境，要求被试来完成这一情境。常用的填空实验包括句子完成法和故事完成法。句子完成法：让应答者用一个短语来完成一个句子，如“大家都认为手机________是________”。应答者可能会填写“品牌”和“华为”，这反映了消费者对手机品牌的认知。故事完成法会提出一个未完成的故事，如：“一位女士在某网店买了一条裙子，试穿后非常满意。但当她准备在购物程序上评价时，发现裙子降价了。她接下来会怎么做?”应答者的回答可以揭示其对待价格变动的态度。

3. 角色扮演法

角色扮演是请被试扮演他人的角色来处理某件事情。如：某商店请顾客扮演该店的推销员，去推销商品。研究者观察这些扮演者在进行商品推销时所使用的语言、表情、方法等，以了解顾客更能接受的推销方式。通过角色扮演法，研究者可以收集到关于消费者行为、偏好和接受度的信息，这些信息对于改进营销策略和提高销售效果具有重要意义。

4. 第三者角度

这种方法跟角色扮演法有所不同，在这里被试被问及他的亲友、邻居等人在某些场合或者是对某种情形可能会做何反应，产生什么想法，等等。如询问被试：“您认为您的邻居对于社区取消发放免费的垃圾袋有什么想法?”通过被试的回答，研究者可以判断出他是如何把自己的想法投射到第三者上的，从而揭示被试的真实想法和态度。第三者角度可以帮助研究者了解更广泛的社会群体对特定问题的看法和态度，为制定更有针对性的市场策略提供依据。

三、投射法的优点和缺点

投射法在市场调查中展现出独特的优势，包括：（1）隐蔽性强。被试往往不了解测试的真实意图，因此更可能展现出真实的自我，减少了伪装和防备心理，这使得收集到的数据更为真实可靠。（2）灵活性强。可以通过多种形式如布偶游戏、图画解说等激起被试的兴趣，提高他们的参与度，进而获得更为丰富和深入的数据。（3）适用面广。应用投射法常常能够跨越不同文化背景和年龄层，为市场调查带来更广的视野。

然而，投射法也有其局限性，包括：（1）分析难度大。由于投射法依赖被试的自由联想，反应多样且复杂，这要求研究者具备深厚的专业素养和丰富的经验，以便准确解读被试的真实意图。（2）结论推导的主观性较强。不同研究者可能对同一结果产生不同解释，导致结论缺乏统一标准，可能存在较大的解释性偏差，影响了研究的准确性和可靠性。（3）实施成本相对较高。将投射法应用到市场调查中往往需要精心设计刺激材料和高度专业的数据分析，这在一定程度上限制了其在市场调查中的大规模应用。

营销洞察

罗夏墨渍测验

罗夏墨渍测验，一个源自瑞士精神科医生赫尔曼·罗夏（Hermann Rorschach）的心灵探索之旅，自1921年诞生以来，便以其独特的魅力吸引了无数心理学爱好者和市场研究者的目光。故事始于20世纪初的瑞士，赫尔曼·罗夏，这位对精神障碍充满好奇的精神科医生，在一个偶然的机会发现了墨渍图案的奇妙之处。当时，他正在研究精神障碍对知觉的影响，试图找到一种能够揭示个体深层心理的方法。一天，他在实验室里不小心将墨水滴落在纸上，并随意地折叠按压，形成了一片形状奇特的墨渍。这意外的发现激发了他的灵感，他开始尝试用这些墨渍图案来测试患者，观察他们的反应。

随着时间的推移，罗夏逐渐完善了这一测验方法，最终选定了十张标准化的墨渍图案作为测验材料，并制定了详细的记分方法和解释原则。1921年，他在《心理诊断学》一书中正式提出了罗夏墨渍测验，这一创新的心理测试方法迅速引起了学界的关注，并逐渐成为临床心理学和心理咨询中的重要工具。

罗夏墨渍测验的科学原理源自弗洛伊德的投射理论。这一理论认为，个体在面对模糊、无意义的刺激时，会不自觉地将自己的内心世界投射到这些刺激上，从而揭示出隐藏的欲望、需求、动机冲突等。在罗夏墨渍测验中，那些形状各异的墨渍图案就像是一面面镜子，映照出被试内心深处的风景。当被试被要求描述他们在图案中看到的内容时，他们的回答往往充满了个人色彩和主观性。这些回答可能是具象的形象描述，也可能是抽象的概念联想，但无论是哪种形式，都是被试内心世界的一种投射。主试则通过细致的观察和分析，捕捉这些微妙的心理信号，进而揭示出被试的人格特征、情感状态和认知风格。

随着时代的发展，罗夏墨渍测验的应用领域逐渐拓展到了市场调查。在这个信息爆炸、竞争激烈的市场环境中，了解消费者的真实需求和心理状态成为企业制胜的关键。罗夏墨渍测验作为一种投射性心理测验工具，能够帮助企业深入洞察消费者的内心世界，揭示其潜在的消费动机和偏好。例如，在产品设计阶段，企业可以通过罗夏墨渍测验了解目标消费者对产品外观、功能等的期望和想象。通过呈现墨渍图案并询问消费者的联想和感受，企业可以收集到大量关于产品设计的反馈和建议。这些反馈不仅有助于指导产品设计和优化，还能提升产品的市场竞争力和消费者满意度。此外，在品牌建设和营销策略制定方面，罗夏墨渍测验也发挥着重要作用。通过测试消费者对品牌标识、广告语等元素的联想和感受，企业可以了解消费者对品牌的认知和情感态度。这些信息有助于企业制定更加精准有效的营销策略和推广方案，提升品牌形象和市场份额。

然而，需要注意的是，罗夏墨渍测验在市场调查领域的应用需要谨慎对待。由于该测验本身具有一定的主观性和解释多样性，企业在使用时应结合其他市场调查工具和方法进行综合分析，以确保结果的准确性和可靠性。同时，主试的专业素养和经验也是影响测验结果的重要因素之一。因此，在进行罗夏墨渍测验时，企业应选择具备专业资质和丰富经验的测试机构或人员来开展测验。

资料来源：作者根据网络资源整理。

第 4 节　定性研究方法总结

一、定性研究方法的作用与特点

在市场调查的初期或探索性调查阶段，研究者常采用定性研究方法。这种方法有助于明确研究问题，揭示研究方法可能存在的缺陷，例如，通过熟悉目标消费者的语言和行为，深入了解他们所关注的问题。相较于标准的问卷调查，定性研究在研究深度上更胜一筹，能提供更丰富的研究结果，但其结构性较弱，且研究结果难以进行统计验证。此外，定性研究中的被试数量相对较少，因此其代表性常受到质疑。

定性研究的主要作用体现在以下几个方面：首先，它有助于更充分地定义研究问题；其次，它能帮助研究者提出后续研究中需要检验的假设；再次，它能激发新产品与新服务的构想，丰富问题解决方案，或提出产品的系列特性；最后，它还能获取消费者对新产品的初始反应，帮助试答结构性问卷，并熟悉消费者的观点和语言。

需要强调的是，尽管定性研究通常应用于探索性调查阶段，但并非所有市场调查项目都需要进行探索性调查。例如，对于市场竞争状况研究等常规性市场调查项目，可以考虑直接采用定量研究来描述市场调查结果。

二、定性研究方法和定量研究方法的区别

定量研究通常通过图表、数理模型、统计分析方法等将分析资料量化处理，而定性研究则很少使用数理模型，更多依靠研究人员的经验和判断进行分析与处理。相对定性研究而言，定量研究更加客观、理性，也显得更科学。因此在大规模的市场调查中，很难想象没有定量研究的情形。当然，市场调查也不能脱离定性研究独立存在，就像数字必须依靠文字支撑一样，没有定性研究的定量研究很可能只能得出一堆没有意义的数字符号，甚至得出错误的、不符合实际的量化结果。

它们二者之间的不同主要体现在样本规模上。定性研究一般是小样本，而定量研究则更多使用大样本。在分析类型上，定性研究主要是主观性的解释性分析，而定量研究主要是统计性的推断性分析。在设备条件上，定性研究需要的是录音和录像设备、讨论指南，以及内容分析软件。而定量研究更需要计算机、调查问卷及统计分析软件等。在适用性上，定性研究主要适用于探索性调查，而定量研究则更适合描述性调查和因果性调查。

需强调的是，定性研究方法最大的局限不在于方法本身，而在于对其研究结果的误用，也就是不要简单地把一次定性研究的结果扩展到整个的研究总体上去。因此，市场研究人员需要尽量避免直接将定性研究的结论作为最终结论提交给企业管理者，企业管理者也要避免仅依据定性研究的结论就做出决策。定性研究与定量研究相结合是市场调查的普遍方法。

// 基本概念 //

1. 个人深度访谈法（depth interview）
2. 焦点小组讨论法（focus groups）
3. 投射法（projective techniques）

// 思考题 //

1. 个人深度访谈法和焦点小组讨论法有什么区别？
2. 定性研究方法主要应用于哪些场景？
3. 投射法的具体应用形式有哪些？
4. 定性研究方法和定量研究方法的区别是什么？

案例分析

小鹏汽车开启变革之旅

面对 2023 年的种种挑战，小鹏汽车没有选择退缩，而是坚定地走上了变革与创新之路。2024 年，小鹏汽车开始实施一系列战略调整与市场拓展计划，以期在激烈的市场竞争中重新找回领先地位。

在品牌定位上，小鹏汽车进行了深度反思与重塑。小鹏汽车意识到，仅仅依靠技术创新作为卖点是不足以打动消费者的，品牌需要与消费者建立更深层次的情感连接。因此，小鹏汽车开始注重品牌故事的讲述，通过一系列品牌活动和社会责任项目，向消费者传递品牌的核心价值和理念。

在产品策略上，小鹏汽车加大了对智能化、网联化技术的研发投入，力求在新车型上实现技术突破。同时，小鹏汽车也更加注重产品的整体性能和用户体验，从外观设计、内饰材质到驾驶体验，都进行了全面的优化和升级。小鹏汽车深知，只有在多个方面都能满足消费者的需求，才能在市场上立于不败之地。

此外，小鹏汽车还开始探索新的销售渠道和营销模式。小鹏汽车意识到，传统的汽车销售模式已经无法满足消费者的需求，因此开始尝试线上销售、订阅制等新型销售模式，以期在销售渠道上实现创新。

然而，变革之路并不是一帆风顺的。小鹏汽车在实施战略调整的过程中也遇到了不少困难和挑战。如何更好地与消费者沟通，传递品牌价值？如何在新车型上实现技术突破，同时保证产品的整体性能和用户体验？如何优化销售渠道和营销模式，以适应市场的变化？这些问题都需要小鹏汽车一一解决。

为了帮助小鹏汽车聚焦管理决策问题，专业调查公司设计了一个定性研究方案，包括个人深度访谈法和焦点小组讨论法两种方法。

个人深度访谈法：选择小鹏汽车的现有用户、潜在用户以及行业专家进行深度访谈，了解他们对小鹏汽车品牌形象、品牌价值、产品性能和用户体验等的看法和建议。通过访谈，可以深入了解消费者的需求和偏好，以及小鹏汽车在市场上的表现和存在的问题。

焦点小组讨论法：组织多场焦点小组讨论，邀请不同背景的消费者参与，讨论他们在购买电动汽车时的考虑因素，以及对小鹏汽车的期望和改进建议。通过小组讨论的形式，可以激发参加者之间的交流和互动，从而更深入地了解他们的需求和偏好，以及小鹏汽车在市场上的竞争态势和潜在机会。

资料来源：根据全国大学生市场调查与分析大赛国赛一等奖作品整理。

问题：为小鹏汽车设计的定性研究方案该如何筛选有效的调查对象？

// 即测即评 //

扫描二维码可在线自测并查看答案。

// 第5章 //

调查访问法和观察法

知识目标

- 掌握调查访问法的基本概念和四种具体形式。——重点
- 掌握观察法的基本概念和基本原理。——重点
- 掌握观察法在不同分类标准下的具体类型。——难点

能力目标

- 能够根据不同的市场调查情境和市场问题选择合适的调查访问法。——提升点
- 能够根据不同的市场调查情境和市场问题选择合适的观察法。——提升点

素养与价值目标

- 通过学习和实践调查访问法和观察法，培养对市场调查方法的批判性应用能力，能够客观分析各种方法的优缺点，选择最适合项目需求的方法，并理解调查结果的可能偏差及其来源。

思维导图

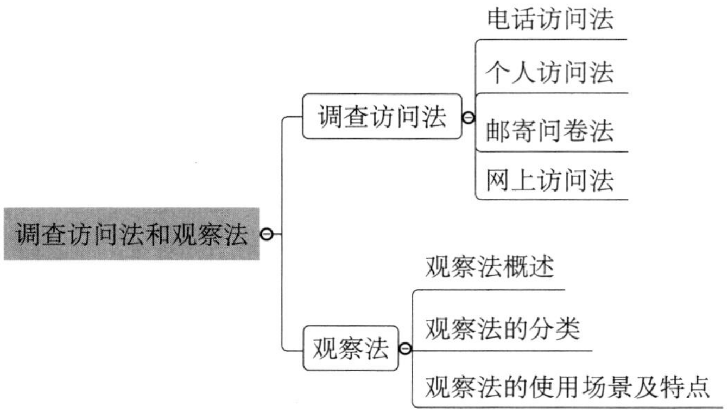

引例

创业启航：校园打印业务市场调查之旅

2023年的夏天，阳光炽热，仿佛预示着无限的可能。刚刚走出大学校园的孙嘉，带着青春的梦想与希望，与两位志同道合的同窗好友踏上了创业之路。他们把目光聚焦在校园打印业务上，计划在校内提供打印文档、论文装订、简历优化设计等一系列服务。然而，梦想虽美好，要落地就需要有细致的规划与调查。

三个年轻人深知，要想在校园打印业务市场中站稳脚跟，就必须先了解这片市场的“水深水浅”。于是，他们开始筹划一次全面的市场调查，希望以此为基础，打造出真正符合学生需求的服务。

他们精心设计了三大块调查内容：首先，要了解校园打印在校内的竞争状况，了解是否有足够的竞争空间容纳他们的新服务；其次，要探究大学生们在打印文档、论文装订以及简历优化设计等方面还有哪些需求没有得到满足，以便他们能够精准定位，提供特色服务；最后，还要摸清周边大学生对于同类服务的价格承受能力，确保他们的定价策略既合理又有竞争力。

然而，调查的实施却让他们陷入了困境。他们初步估算，周边几所高校学生大约有3万人。要想获得准确的数据，最直接的方式就是向学生发放问卷，但这就需要雇用可靠的调查人员。对于尚处创业初期的他们来说，这无疑是一笔不小的额外开支。

孙嘉和他的伙伴们开始犹豫，这样做真的有必要吗？他们反复权衡，最终认识到，市场调查是创业成功的基础，没有充分的数据支持，他们的服务就可能偏离学生的实际需求，最终导致创业失败。于是，他们决定，即使面临资金压力，也要坚持进行深入的市场调查。

为了降低成本，他们开始考虑其他调查方式——电话访问、个人访问、小组讨论……他们希望通过仔细研究这些方法找到一种既经济又有效的调查方法。他们知道，这一步的决策至关重要，它将直接影响到他们创业的第一步迈得是否稳健。

在反复讨论和尝试后，他们决定结合网上访问和小组讨论的方式进行调查。通过网上访问，他们可以覆盖更广泛的样本，快速收集到大量的学生反馈；而小组讨论则能让他们更深入地了解学生的具体需求和意见，为服务的精细化设计提供有力的支持。

就这样，带着对梦想的执着和对市场的敬畏，孙嘉和他的伙伴们踏上了市场调查的征程。他们知道，这一步虽然艰难，但却是他们创业梦想启航的必经之路。

资料来源：作者根据网络资源整理。

思考：除了网上访问和小组讨论，你觉得孙嘉和小伙伴们还可以采用什么调查方法来获得市场洞察？

第 1 节　调查访问法

在市场调查中，收集量化原始数据的方法主要有三种：调查访问法（survey）、观察法（observation）和实验法（experiment）。其中，调查访问法是通过询问的方式向被调查者了解市场情况、获取原始资料的一种方法。由于调查访问法中的各个问题是事先准备好的并且是标准化的，表现为结构化格式或者半结构化格式（一份问卷），所以也常被称为问卷调查法。

调查访问法可以按照具体实施的形式不同做进一步细分，主要包括电话访问法、个人访问法、邮寄问卷法和网上访问法四种。

一、电话访问法

电话访问法是一种通过电话与被调查者沟通，以获取所需调查资料的调查方法。电话访问法通常由访问员按照电话号码簿上的用户资料，随机抽取潜在受访户，然后通过电话进行问卷访问，主要适用于内容较为简单的问卷调查，如民意测验、市场行情了解等，也适用于双方不便会面或无法会面的情况。

（一）电话访问法的特点

电话访问法具有以下优点。首先，电话访问法具有极高的效率。调查人员可以通过电话迅速联系到大量的被调查者，无需面对面交流，从而大大节省了时间和交通成本。这种高效率使得电话访问法特别适用于需要快速收集大量数据的市场调查项目。其次，电话访问法的成本较低。与面对面访问或邮寄问卷相比，电话访问无需支付访问员的交通费用，也省去了印刷、邮寄问卷的成本，从而降低了调查的整体费用。此外，电话访问法还具有较高的灵活性。调查人员可以根据需要随时调整访问时间和调查内容，以适应不同被调查者的需求和情况。

然而，电话访问法也存在一些缺点。首先，拒答率较高是电话访问法面临的一个主要问题。被调查者不方便接听电话或对陌生来电有戒心，所以可能会拒绝接受访问，从而导致样本产生偏差，使调查结果的准确性受到影响。其次，电话访问法难以深入探究问题。由于通话时间受限，加上无法面对面交流，调查员和被调查者之间缺少语音以外的沟通手段，且难以实施常规激励，比如发放小礼物来鼓励被调查者，调查人员可能无法就某些问题进行深入探讨，从而无法获取更详细、更深入的信息。此外，电话访问法还存在样本代表性不足的问题。由于不同的人在电话使用率上存在差异，因此通过电话访问获取的样本可能无法完全代表目标人群，从而影响调查结果的代表性。

（二）实践注意事项

电话访问法作为一种高效且经济的市场调查方法，在实际应用中需要注意以下几个方面，以确保其效率和效果。

（1）控制访问时长。电话访问通常不能持续太长时间，一般控制在 20 分钟以内为宜。即使问题较多，也尽量不要超过 30 分钟，以免给被调查者带来不便或压力。

（2）选择合适的拨打时间段。访问员应注意电话拨打的时间段，尽量避开周一上午以及午休等可能打扰被调查者工作或休息的时间。选择更合适的时间段进行访问，可以提高接听率和被调查者的配合度。

（3）明确调查目的与问题设计。在进行电话访问之前，必须清晰界定调查的目的和所要研究的问题。问卷设计应简洁明了，避免冗长和复杂的提问，以确保访问的顺利进行。

（4）培训与监督访问员。访问员是电话访问法的关键执行者，他们的专业素质和技能水平会直接影响到调查结果的质量。因此，在访问前应对访问员进行充分的培训，包括调查技巧、保密协议等。同时，应对访问过程进行监督，确保访问员按照计划执行，并及时解决访问中出现的问题。

（5）保持礼貌与尊重。在访问过程中，访问员应保持对被调查者的礼貌和尊重，在与被调查者交流时用语自然亲切，避免使用过于专业或复杂的术语，以免造成误解或让对方感到不适。

（6）保护被调查者隐私。在进行电话访问时，应充分尊重被调查者的隐私。在访问前应向被调查者说明调查的目的、内容以及潜在的风险，并征得他们的同意。在访问过程中，应遵守保密协议，确保被调查者的个人信息不被泄露。

二、个人访问法

个人访问法，又称面谈调查，是指调查员根据规定的访问程序向选定的对象进行面对面的访谈，以收集所需的市场信息或数据。个人访问法因具体实施形式不同，分为入户调查（door-to-door interviews）和街头拦截访问（mall-intercept interviews）。其中，入户调查是调查员直接前往被调查者的家中或工作单位进行访问，这种方式能够更深入地了解被调查者的生活环境和背景信息。街头拦截访问是在某个特定的场所（如商业街区、购物中心等）拦截过往行人进行面谈调查。

入户调查时需要提前考察走访区域的人口统计指标是否与调查项目的被调查者总体一致，并且也需要提前规划一些细节问题。比如在居民区和工业区进行入户调查，由于调查对象存在较大区别，调查时间周期也需要做出相应的调整，应当合理覆盖工作日和休息日。

街头拦截访问与入户调查需要注意的问题类似，研究者也需要仔细考察选取的街区或者商业中心的被访者与研究的目标在总体上是否匹配。另外，研究人员在拦截被访者时，还需要采取一些措施来避免对象选择上的主观性和随意性。

（一）个人访问法的特点

个人访问法作为一种数据收集手段，其优点如下：首先，它具有较高的灵活性，访问员能够与被访者进行面对面的交流，从而能观察到被访者的面部表情和肢体语言，获取更为丰富和详尽的信息。这种直接的互动方式使得访问员可以及时调整问题，澄清疑虑，确保数据的准确性和完整性。其次，由于访问更直接，所以个人访问法相对于电话访问法等方式，拒访率较低。面对面的交流更容易建立信任，使被访者更愿意参与调查。此外，个人访问法还便于对某些个体进行深入访谈，以挖掘更深层次的信息，这对于需要深入了解特定群体或相关问题的研究来说尤有价值。

然而，个人访问法也存在一些缺点。首先，成本相对较高，因为需要投入更多的人力、物力和时间来进行面对面的访谈。除了访问员的薪酬和培训费用方面的支出外，还可能涉及旅行和住宿等额外支出。其次，由于访问员与被访者直接接触，被访者的匿名性难以得到保障，这可能导致一些敏感信息或私人信息被泄露，影响被访者的隐私权益。此外，个人访问法对访问员的专业性和沟通能力要求较高。访问员需要具备良好的沟通技巧、观察能力和应变能力，以确保访谈的顺利进行和数据的有效收集。这不仅使访问员的培训和管理难度提升，也可能对数据的准确性和可靠性产生影响。如果访问员缺乏经验或技能不足，可能会导致数据收集的不一致或偏差。

（二）实践注意事项

在具体实施过程中，个人访问法有以下注意事项。

（1）提前进行电话预约。进行居民小区的入户调查前，可以提前进行电话预约，与被访者确定访问的具体时间和地点。这样可以确保被访者有足够的准备时间，增强他们的配合意愿，同时也能有效避免访问时的冲突和不便。

（2）利用街道、物业公司进行活动宣传。为了提高居民对入户调查的认识和接受度，可以提前通过街道、物业公司等进行活动宣传，比如在小区公告栏张贴通知、通过物业公司社交群或 App 发送调查邀请等。通过广告公关手段，让居民了解调查的目的和意义，从而更愿意参与并配合访问。

（3）邀请相关工作人员陪同上门。为了建立信任并提高访问效率，可以邀请街道、物业公司等机构的工作人员陪同上门进行访问。一般情况下，这些工作人员与居民之间已经建立了一定的信任关系，有他们陪同，可以减少居民的戒备心理，提高访问的成功率。同时，他们还可以作为访问员和居民之间的桥梁，帮助解释调查内容，提高访问效率。

（4）注意访问礼仪和态度。在进行入户调查时，访问员务必注意礼仪和态度。要穿着得体、举止文明，以礼貌和尊重的态度与被访者交流。在访问过程中，要保持耐心和倾听的态度，给被访者留有充足的表达空间和时间。同时，要避免使用过于专业或复杂的术语，以免给被访者造成理解上的困难。

（5）保护被访者隐私和信息安全。在进行入户调查时，必须严格遵守隐私保护原则，确保被访者的个人信息不被泄露给未经授权的第三方。访问员在收集和处理数据时，要采取必要的安全措施，如加密存储、限制访问权限等。同时，在访问结束后，要及时将收集到的数据进行整理和备份，并妥善保管相关文件和资料。

三、邮寄问卷法

邮寄问卷法，是一种通过邮寄方式将设计好的调查问卷发送给目标调查对象，请求其填写后寄回，从而收集信息的调查方法。这种方式允许调查对象在不受时间、地点限制的情况下完成问卷，调查机构随后对回收的问卷进行统计和分析。

（一）邮寄问卷法的特点

邮寄问卷法的优点包括：第一，调查的空间范围广，不受地域限制，使得调查样本可以覆盖通邮的任何一个地方，特别适用于大范围、跨地区的调查项目。第二，邮寄问卷法的匿名性较强，调查对象在填写问卷时通常不需要提供个人信息，这有助于保护其隐私。因此，对于一些敏感性问题或需要保护个人隐私的调查项目，邮寄问卷更容易获得真实可靠的回答。第三，邮寄问卷给予调查对象充足的时间来考虑和回答问卷中的问题，避免了面对面调查中可能存在的即时压力，使得回答更加准确和深入。第四，与其他访问方法相比，邮寄问卷通常更为便宜和方便，尤其对于大规模调查项目来说，可以节省大量的时间和人力成本。第五，邮寄问卷过程中没有访问员的介入，减少了由访问员主观因素导致的偏差，使得调查结果更加客观和准确。

然而，邮寄问卷的调查方式也存在一些缺点。第一，邮寄问卷的回收率往往较低，而且回收周期较长，问卷的寄出和回收需要一定的时间，导致信息反馈周期较长，可能会影响调查的时效性。第二，邮寄问卷对调查对象的要求较高，需要调查对象具备一定的文字阅读和理解能力，调查对象在填答问卷期间无法与研究人员进行沟通交流，存在对问卷产生理解性偏差的风险。第三，由于邮寄过程中缺乏直接的监督和控制，难以确保所有问卷都是由符合条件的调查对象本人填写，这可能会对调查结果的质量产生一定的影响。第四，随着大众沟通方式的网络化、电子化，传统的邮寄通信方式越来越边缘化，导致通过邮寄问卷的方式获取样本可能存在较大的代表性偏差。

因此，在选择邮寄问卷作为调查方式时，需要充分考虑这些缺点，并采取相应的措施来提高回收率、缩短回收周期、降低对调查对象的要求以及加强质量控制。

（二）实践注意事项

邮寄问卷法在具体实施过程中可以通过以下注意事项来提高效率。

（1）跟踪与提醒机制。在问卷邮寄后的适当时间（如 3 天左右），发送跟踪信件或电子邮件，提醒调查对象完成调查并及时寄回问卷。这有助于提高问卷的回收率，并缩短回收周期。

（2）激励措施与便利性。为了鼓励调查对象的参与，可以随问卷一同寄出回邮信封、邮票以及用于表达感谢的优惠券等小礼品。这些激励措施能够增强调查对象的参与意愿。同时，确保问卷的填写和寄回过程尽可能简便，以减少调查对象的负担，提高配合度。

（3）权威背书与信任建立。尝试获得权威部门或机构的背书和支持，以提高被调查者对问卷的信任度和参与度。这可以通过在问卷上添加权威部门的标志或引用其推荐语来实现。在邮寄问卷之前，确保已获得调查对象的同意，并明确告知他们调查的目的、数据处理方式以及隐私保护措施，以建立信任关系。

（4）适应趋势与多方法结合。认识到邮寄问卷的方式在国内有逐渐被其他方式替代的趋势，特别是在网络调查方式兴起后。因此，在可能的情况下，考虑将邮寄问卷与网络调查、电话访问等其他方法相结合，以充分利用各种方法的优势，提高调查的效率和效果。同时，关注新技术和新媒体的发展，探索将邮寄问卷与新兴沟通方式（如社交媒体、移动应用等）相结合的可能性，以适应调查对象的行为和偏好变化。

四、网上访问法

网上访问法，也就是网络访问法，是利用互联网及相关技术从被调查者那里获取信息的方法。这种方法具有高效、便捷、低成本等优势，广泛应用于市场调查、社会调查、学术研究等领域。

（一）网上访问法的类型

网上访问法的具体形式包括电子邮件问卷调查、网页调查、交互式 CATI 系统调查和网络问卷平台调查等。

（1）电子邮件问卷调查。

电子邮件问卷调查是通过电子邮箱向受访者发送问卷链接或附件，受访者点击链接或下载附件填写问卷后回复的方式。这种方式形式上类似企业给员工群发邮件，能够直接将问卷送达目标群体。然而，如果是发送给陌生人的调查请求，回复率通常不会太高，且问卷以附件形式发送时，还可能被当成垃圾邮件处理。因此，现在越来越少的调查是单纯通过电子邮件来进行的，同时需要注意邮件的打开率和回复率可能受到多种因素影响。

（2）网页调查。

网页调查是一种通过专门网页发放问卷，并利用网站、社交媒体等渠道引导受访者填写的数据收集方法。网页调查结合网站论坛（BBS），能更精准地定位具有共同兴趣或特征的调查对象，如在背包客聚集的 BBS 上发放问卷。同时，专业论坛也是网页调查的理想场所，能收集到专业性和针对性都很强的数据。为确保调查的有效性，需关注网页的可用性和稳定性，提升受访者的填写体验。

（3）交互式 CATI 系统调查。

交互式 CATI 系统调查指借助 CATI 系统即计算机辅助电话调查系统开展调查。该系统让访问员通过计算机和电话向受访者提出问题，并记录其回答，同时督导进行实时监控。此方式提高了数据收集的效率与质量，降低了成本，且所得数据可直接用于统计分析。近年来，CATI 系统在技术和应用上取得了显著发展，引入了智能语音识别、语音合成和语义理解等功能，提高了调查效率和用户体验。现代 CATI 系统还配备了实时数据分析功能，为调查者提供实时反馈，有助于调整策略并提高数据分析的时效性和准确性。

（4）网络问卷平台调查。

网络问卷平台调查，指的是通过专业的在线问卷平台来创建、发布并收集问卷数据的过程。通过专业的网络问卷平台，如问卷星、问卷网、见数等，用户可以轻松创建、发布并收集问卷数据。这些平台不仅提供了友好的问卷设计发布界面，使得问卷的制作与发布变得简单快捷，还配备了多样化的问卷模板和强大的数据分析工具，帮助调查者更深入地挖掘数据价值。此外，这些平台还具备出色的样本招募服务，能够协助调查者快速获取广泛而深入的受访数据。

（二）网上访问法的特点

上述四种网络调查的具体形式各具特色，但是总体来看有如下优点。第一，它的覆盖范围广，能够轻松触及不同地理位置的受众，甚至包括那些难以通过传统方法接触到的群体。这使得网上访问法成为一种极具潜力的市场调查工具，能够帮助调查者收集到更全面、更多样的数据。第二，网上访问法具有成本效益，相较于传统的纸质问卷或面对面访谈，它通常能够节省大量的印刷、邮寄和人工数据录入成本。这不仅降低了调查的经济负担，还提高了数据收集的效率。第三，网上访问法能够快速收集和处理数据，受访者可以根据自己的时间安排参与调查，并且数据可以自动录入系统，便于即时分析和处理。这种即时反馈的机制使得调查者能够及时调整调查策略，提高数据分析的时效性和准确性。第四，网上访问法还提供了匿名性和隐私保护，增强了受访者的安全感。第五，网上访问法具有灵活的访问方式和交互式、多媒体功能，能够丰富问卷内容并提高受访者的参与度和兴趣。这种互动性的设计使得调查过程更加生动有趣，进一步激发了受访者的参与热情。

网上访问法也存在一些缺点。第一，它可能导致样本偏差，因为网上访问可能无法代表整体人群，特别是那些没有互联网接入或不喜欢使用互联网的人群。这种偏差可能影响调查结果的普遍性和代表性。第二，网上访问法会受到技术限制，受访者需要具备基本的计算机和网络知识才能参与，并且技术问题可能影响数据收集。这要求调查者在设计时充分考虑到受访者的技术背景和访问环境。第三，网上访问法还存在数据质量和真实性的问题，难以验证受访者的身份和回答的真实性。这可能导致调查结果的准确性和可靠性受到质疑。第四，隐私保护也是一个重要的问题，在收集、存储和分析过程中要充分保护受访者的个人信息和数据。第五，网上访问法可能面临响应率和参与度较低的问题，需要精心设计调查邀请和问卷内容以提高受访者的参与度和完成率。这要求调查者在设计时注重问卷的吸引力和易读性。

营销洞察

麦当劳的用餐调查

麦当劳的用餐调查方式经历了一个不断演进的过程，从传统的纸质问卷和现场观察，逐渐发展成为如今全渠道、智能化的调查体系。

在早期，麦当劳主要依赖纸质问卷和现场观察来收集顾客的用餐反馈。纸质问卷通常包含关于菜品口味、服务质量、环境卫生等多个维度的问题，顾客在用餐后会被邀请填写。同时，麦当劳的管理层也会定期派遣员工到门店进行实地观察，记录顾客的就餐行为和反馈意见。然而，这种方式存在效率较低、覆盖顾客群体有限等问题。

随着信息技术的进步，麦当劳开始引入数字化工具进行用餐调查。通过官方网站、电子邮件、短信等方式，麦当劳能够向顾客发送电子问卷，顾客可以在线填写并提交反馈。这种方式不仅提高了调查效率，还降低了成本，使得麦当劳能够更广泛地收集顾客意见。同时，麦当劳还积极利用社交媒体平台，通过关键词搜索、情感分析等技术手段，快速捕捉顾客对产品和服务的评价，进一步丰富了调查数据的来源。

近年来，麦当劳的用餐调查方式进一步升级，构建了全渠道、智能化的调查体系。麦当劳利用小程序、微信公众号、支付宝生活号等多元化渠道，在顾客用餐后立即推送调查问卷，实现即时反馈。这种即时反馈机制使得麦当劳能够更快速地了解顾客需求和市场变化，及时调整产品和服务。同时，结合大数据和人工智能技术，麦当劳能够对收集到的数据进行深度挖掘和分析，形成用户画像，为精准营销和服务优化提供有力支持。此外，麦当劳还通过智能点餐机、自助结账系统等数字化设备，收集顾客在就餐过程中的行为数据，如点餐时间、支付方式等，进一步丰富调查维度，为提升顾客体验和运营效率提供数据支持。

这一系列的演进和创新，使得麦当劳能够更全面地了解顾客需求和市场变化，从而不断提升顾客满意度和品牌竞争力。

资料来源：作者根据网络资源整理。

第 2 节 观察法

观察法和前面学习的定性研究法和调查访问法一样，都是获取原始资料的重要方法。而后两者存在的一个共同的缺点是所获得的信息多数是基于应答者的回忆或者是预期，因为回忆本身可能比较模糊，存在不确定性，甚至是错误，预期也有可能经常发生变化。如古语所言，耳听为虚，眼见为实。观察法最大的特点是根据调查者的眼界来进行观察，这个眼界既包括肉眼，也包括观察设备。

一、观察法概述

观察法是一种非介入式的调查方法，调查者使用自己的眼睛或其他仪器，在实地考察过程中观察并记录正在发生的市场行为或状况，以此获取各种原始资料。

通常采用观察法进行调查时，调查者与被调查者之间不发生直接接触，从而最大限度减少对被调查者行为的潜在干扰。这样做的主要目的是，防止被调查者因为察觉到被观察、被关注而产生自我掩盖或自我保护的冲动，进而改变其行为模式。因此，采用非介入式的观察，调查者能够更直接、更真实地记录下被调查者的行为活动，从而提高调查结果的真实性和可靠性。

二、观察法的分类

观察法作为一种调查方法，可以根据不同的分类标准进行多样化的划分。以下是观察法的几种主要分类及详细解释：

（一）连续性观察与非连续性观察

根据观察的时间周期，观察法可以分为连续性观察和非连续性观察。连续性观察是指在较长的一段时间内，对被观察对象进行多次反复的观察，特别适用于动态事件的观察，如防洪部门对汛情的观察、市场调查公司对电视节目收视率的调查等。非连续性观察则只是在较短时间内进行的一次性观察，更适用于过程性、非动态性事件的观察，如企业新产品市场推广状况的调查。

（二）隐蔽性观察与非隐蔽性观察

按照被观察者是否知情，观察法可以分为隐蔽性观察和非隐蔽性观察。隐蔽性观察是在被观察者不知情的情况下进行的，以避免引起观察反应，如紧张、反感等，从而获取更真实客观的资料。非隐蔽性观察则相反，被观察者了解市场调查的目的，知道自己处于被观察的状态，这可能需要研究者做好解释说明工作，以减少观察反应。随着科技的进步，隐蔽性观察越来越多地被采用，如收视调查机构使用技术手段以隐蔽方式选择样本家庭。

（三）参与式观察与非参与式观察

根据观察者扮演的角色是局内人还是局外人，观察法可以分为参与式观察和非参与式观察。参与式观察是指调查者加入被观察的群体，直接与被观察者发生关系以收集资料。这种方法更容易获得真实可靠的市场信息，但周期较长、费用较高。非参与式观察则是调查者不改变身份，从外围现场收集资料，如神秘顾客法。这种方法需要事先制定周密的观察计划，并可以借助观察设备来保持隐蔽性，提高资料的完整性和可靠性。

（四）结构性观察与非结构性观察

根据观察内容和观察流程的逻辑性强弱，观察法可以分为结构性观察和非结构性观察。结构性观察的逻辑性更强，按照统一的计划、要求和手段进行观察，市场调查人员自主权较小。相反，非结构性观察实行开放性政策，不需要预先制定计划或提纲，对观察人员的要求很高，否则容易导致观察不严谨、资料不完整的情况。非结构性观察更适合于探索性调查。

（五）直接观察与间接观察

根据观察的内容是行为本身还是由观察行为的残留痕迹来反推行为，观察法可以分为直接观察和间接观察。直接观察是研究人员直接观察并记录行为本身，如通过研究冰箱里的食物了解饮食习惯、通过观察购物小票了解购买偏好等。间接观察则是通过观察行为的残留痕迹来反推行为，如通过观察垃圾桶中啤酒瓶的数量估计啤酒消耗量、根据小区夜间的亮灯状况推测入住率等。研究人员还可以采用直接观察获得的观察数据，再利用间接观察来进行验证。比如图书馆可以通过直接调取数据库里的数据来了解图书的周转阅读情况，也可以通过书页的磨损或者破裂，间接观察图书的周转阅读的情况。

（六）人员观察与机械观察

根据观察者是否亲自参与观察过程，观察法可以分为人员观察和非人员观察。非人员观察通常指的是机械观察。

人员观察是指研究人员亲自观察并收集资料。这是一种重要的观察方式，其优势在于能够充分发挥观察员的积极性和创造性。然而，这种方式也存在一些缺点，如劳动强度较大、需要较多的人员参与。神秘顾客法就是人员观察的一种典型应用，即企业会派遣受过专门培训的调查人员，假扮成顾客进行匿名调查。

随着科学技术的发展，除了人员观察外，现在还出现了许多先进的观察仪器，这就是机械观察。机械观察的优点在于可以长时间持续进行，观察细致，不存在疲劳和遗漏等问题。例如，交通流量计数器就是一种机械观察工具，它可以用来测量特定路段的人流量和车流量，帮助户外广告商确定广告牌的受众人数，以及协助零售商进行选址。收视计数器也是机械观察的一种应用，它由收视调查公司安装在有代表性的家庭中，用于记录电视节目观看情况，供营销人员进行分析。此外，条码扫描仪和生理测量仪器（如脑电波测量仪、眼动跟踪仪等）也都是机械观察的重要工具，它们可以通过对商品条码的分析记录和对人体反应的测量来获取数据，并进行市场调查。

机械观察的缺点是它并不能完全替代人员观察。比如说收视计数器是观察家庭成员在看什么节目，但是无法了解观众对这个节目的感兴趣程度，观众观看节目的专注程度也是没有办法通过观察法直接得出的，而且在机械观察设定的范围以外的东西，观察仪器是无法观察到的。

营销洞察

垃圾调查法的诞生

在市场调查行业的浩瀚历史中，柯蒂斯出版公司的广告部迎来了一位年轻的变革者——帕林。他被任命为商业调查分部的经理，带着满腔的热情和创新思维，帕林决心要在市场调查领域留下自己的印记。

一次偶然的机会，帕林向美国金宝汤公司推销《星期六邮刊》的广告版面，却遭遇了意想不到的拒绝。金宝汤公司的主要产品是浓缩罐装汤料，公司坚信自己的目标消费群体是高收入家庭，而《星期六邮刊》的主要读者却是工薪阶层。二者的目标受众似乎有很大的不同。

面对这样的困境，帕林并没有放弃。他灵机一动，决定采用一种前所未有的调查方法——垃圾调查法。他精心挑选了一条垃圾运输线，并安排人手从该线路的各个垃圾堆中仔细收集汤料罐。经过一番艰苦的搜寻和统计，帕林发现了一个有意思的事实：在富裕区几乎收集不到汤料罐，而大部分汤料罐都在蓝领区被找到。原来，当时大部分富裕家庭都有专职的厨师负责烹饪，而许多蓝领家庭的主妇则开始外出工作，没有足够的时间烹饪，因此选择了更加方便快捷的汤料罐。

帕林带着这个新发现再次拜访了金宝汤公司，他用事实说服了对方，成功地将金宝汤公司变成了《星期六邮刊》的广告客户。而这次成功的调查经历，也让垃圾调查法在市场上崭露头角，成为一种全新的、有效的市场调查方法。

资料来源：作者根据网络资源整理。

三、观察法的使用场景及特点

（一）使用场景

观察法在特定场合或情境下具有显著的应用价值。首先，当对研究结果的准确性要求较高时，市场研究人员常会发现，直接询问消费者对产品的购买意愿往往会得到较为乐观的回应，但实际销售数据却常与之不符。这是因为询问法不涉及实际消费支出，消费者真实的购买态度不易被揭示。相比之下，观察法不依赖语言表达，也不受被调查者的合作倾向和回答能力影响，更易揭示消费者对产品的真实态度。

其次，在消费者购买行为调查中，尽管焦点小组讨论法或询问法是常规方法，但使用这些方法的前提是消费者知晓自己在产品选购时考虑的因素。然而，消费者在很多时候其实是非理性的，并不完全知晓自己在考虑什么。此时，采用观察法，研究人员只需观察消费者的实际购买行为，即可大致了解消费者关注的方面。对特殊消费者群体来说，如儿童，由于其表达能力或自控力有限，询问方式可能不合适，而观察法可能更为适用。

最后，观察法还在对已有信息产生疑问时发挥重要作用。当研究人员对通过询问法或问卷调查获得的信息存在疑虑，但又缺乏重新调查所需的资金、时间等时，可以借助观察法进行小范围的核查。此外，对于一些特殊的信息需求，如交通流量、购物路线等，观察法也是获取这些信息的有效途径。安装射频识别（RFID）标签和读取器等，可以更加精准地观察并记录消费者的购物行为，为企业的营销策略提供有力支持。

营销洞察

观察法的商业实践

在市场调查领域有一家因观察法而闻名的专业调查公司——Envirosell。它的创始人帕科·昂德希尔（Paco Underhill）是一位深谙观察之道的大师，他曾经用观察法帮助布鲁明戴尔百货公司解决了一个令人头疼的问题。

布鲁明戴尔百货公司有一条狭窄却繁忙的过道，是购物者从商店入口进入商店的必经之路。这条通道在零售行业被称为"主动线"或"主力通道"。然而，令人困惑的是，摆放在这条通道旁的领带货架的销售情况一直不佳。

为了找出问题的根源，昂德希尔决定采用观察法进行深入研究。他用一部延时摄像机拍摄了一段在曼哈顿布鲁明戴尔百货公司销售领带的过道的短片。通过观察这段视频，他发现了一个有趣的现象：消费者在购物时，如果他们的身体后部被扫过的次数越多，他们就越不可能从浏览者转化为购买者。这就是"扫尾效应"。

昂德希尔将这一发现告诉了布鲁明戴尔百货公司的董事长，并建议将领带展示的柜子从主干道移开。董事长听取了昂德希尔的建议，并亲自跟踪了这个领带货架的销售情况。结果令人惊喜，六周内领带销售增加的收入已经足以覆盖支付给昂德希尔的服务费用了。

这次成功的调查经历让昂德希尔更加坚信观察法的魅力。他说："这告诉我两件事情：第一，我的服务费收少了；第二，领带柜台（位置正确性）的作用比我想象中大很多。"从此，"扫尾效应"也成为零售学中一个重要的概念，被广泛应用于商店布局和商品陈列的优化中。

资料来源：作者根据网络资源整理。

（二）观察法的特点

观察法作为获取原始资料的基本方法之一，具有其独特的优势。它能够记录实际发生的数据，不依赖于被观察者的交流能力，从而获得更加真实客观的原始资料。同时，观察法相对简单灵活，适用于多种研究场景。

然而，观察法也存在一些明显的缺点。一方面，它只能获取表面性的资料，无法深入探究行为背后的原因、态度、动机和情感等。另一方面，观察法对调查人员的要求比较高，需要调查人员具备敏锐的观察力和洞察力，以及良好的记忆力，才能及时捕捉到所需要的资料。此外，观察法通常需要较高的调查费用和较长的观察时间，而且被观察者一旦发现自己处于被观察的环境中，可能会有较强的自我保护和改变行为的倾向，从而影响观察的结果。

随着互联网的发展和日渐普及，研究人员现在也开始尝试利用互联网对消费者进行观察。最基本的方式包括利用 cookie 来追踪消费者的上网行为或网上购物历史及过程，或者利用专业的软件和技术对网上的消费者评价进行抓取，以分析消费者的消费评价和态度。总的来说，作为市场调查获取原始资料的一种重要方法，观察法现在已经应用得比较成熟广泛。当然，如果需要从观察数据中发现背后的原因或本质，那么还需要在观察法的基础上结合其他调查方法来进行应用。

// 基本概念 //

1. 调查访问法（survey）
2. 观察法（observation）
3. 入户调查（door-to-door interviews）
4. 街头拦截访问（mall-intercept interviews）
5. 神秘顾客（mystery customer）

// 思考题 //

1. 请对比调查访问法和观察法的优缺点。
2. 网上访问法有哪几种具体类型？
3. 观察法有哪些应用场景？

案例分析

滴滴出行的市场调查

在繁华的都市中，小张是一位滴滴出行的忠实用户。他每天都需要往返于公司和家之间，而滴滴出行成了他出行的首选。某天，小张在上班的路上，突然收到了滴滴出行 App 的一条推送消息：“早上好，小张！今天是周一，我们为您准备了通勤优惠券，快来领取吧！”小张有些惊讶，他没想到滴滴出行竟然还为他准备了专属的优惠券。他点击领取，发现这是一张通勤 8 折优惠券，有效期整整一周。小张心里暗自赞叹滴滴出行的贴心服务，回想起之前的一次经历，那天他加班到很晚，滴滴出行 App 自动为他推送了夜间出行的安全提示和优惠券，让他感觉非常温暖。这次，他又收到了通勤优惠券，这让他对滴滴出行的好感度再次提升。

事实上，在市场调查方面，滴滴出行展现出了其专业性和细致入微的特点。滴滴出行深知，只有深入了解用户需求和市场动态，才能不断创新和优化服务，满足用户的多样化需求。为了收集用户反馈和市场信息，滴滴出行采用了多种方式。除了通过 App 推送个性化信息和优惠券外，滴滴出行还安排了专业的安全员进行电话调查，以友好、专业的态度与用户沟通，收集他们对滴滴出行的安全感受和服务体验的反馈。同时，滴滴出行还密切关注社交媒体上的讨论和反馈，并定期发布在线问卷调查，邀请用户参与并提供宝贵的意见和建议。与合作伙伴的紧密合作也是滴滴出行市场调查的重要一环，滴滴出行与汽车租赁公司、支付平台等合作伙伴保持密切联系，共同分享市场信息和用户反馈。

基于这些市场调查数据，滴滴出行不断优化和创新服务。滴滴出行推出了针对不同用户群体的优惠套餐和会员服务，以满足不同用户的出行需求。针对夜间出行用户，滴滴出行推出了夜间安全保障措施，确保用户在夜间出行时的安全。同时，滴滴出行还推出了拼车产品，通过共享出行的方式降低用户的出行成本，满足用户对出行成本的细分需求。

问题：调查访问法是如何应用在滴滴出行的市场调查中的？

// 即测即评 //

扫描二维码可在线自测并查看答案。

// 第 6 章 //

实验法

知识目标

- 了解实验法的概念。
- 理解确定因果关系的基本步骤。——重点
- 了解实验研究中的重要概念。——重点
- 了解实验设计的三种类型。——难点

能力目标

- 在理解影响实验效度因素的基础上，能够对影响实验效度的主要因素进行分析，并给出控制方法。——难点
- 能够根据实验情境要求，选用合适的实验设计。——提升点

素养与价值目标

- 通过实验法探究因果关系，深刻理解“有风方起浪，无潮水自平”的哲理，认识到外部条件与内在状态如何共同作用于事物的变化与发展，由此理解并接受“种下努力的因，收获成长的果”这一理念，在学习和生活中不断努力，积极进取。

思维导图

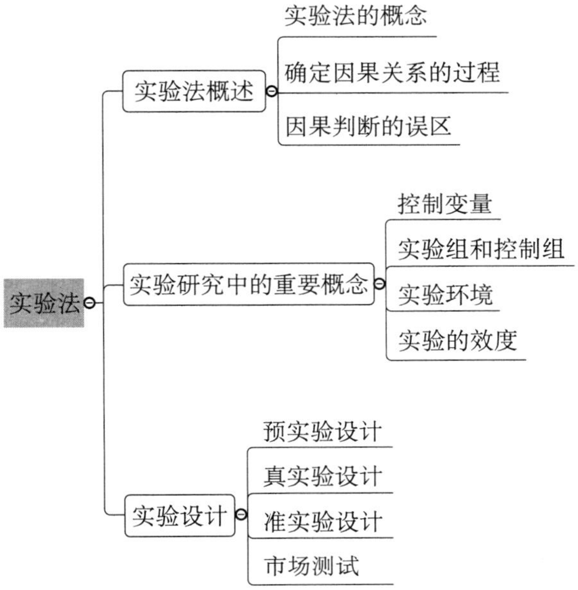

引例

不要给谨慎的消费者糖果，他会把钱包抓更紧

糖果、甜点、可乐、橙汁等“糖果诱饵”是否能让消费者心情愉悦从而慷慨解囊？这个问题看似简单，因为糖分高的食物确实能促使大脑分泌多巴胺，带来短暂的愉悦感。我们常见到商家为进店消费者提供小甜点，这样做不仅能让消费者因多巴胺的分泌而感到开心，还能让他们感受到商家的体贴，从而放松心情、放下防备，增强购买的可能性，因此这一策略被称为“糖果诱惑”。

然而，与“糖果诱惑”相抗衡的是消费者的自控力。通常，自控力越强的消费者在购物时越理智、自制，越能抓紧自己的钱包。学界普遍认为，人体血糖浓度的变化会显著影响其自控力。也就是说，当人体的血糖浓度上升时，自控力也可能随之增强。那么，糖果究竟是消费者购物的诱惑还是桎梏呢？

为了探究这个问题，研究人员进行了一项实验。研究人员选取了三组被试，并确保他们在血糖消耗殆尽时参与实验。第一组被试喝美味奶昔以补充血糖，记为“G1 享乐＋补充血糖组”；第二组被试喝苦味奶昔以补充血糖，记为“G2 未享乐＋补充血糖组”；第三组被试什么都不喝，记为“G3 未享乐＋未补充血糖组”。

接下来，研究人员让所有人拿出手机，打开淘宝，并请他们对一直想买但担心是假货而犹豫不决的商品做出是否购买的决定：是立刻购买，还是继续保持谨慎和克制？实验结束时，如果还未做出决定，就请大家把这件商品从购物车中删除。

最后的数据分析显示，相较于没有补充血糖的G3组，G1和G2两组在补充了血糖后自控力明显更强。而且，无论喝的是美味奶昔还是苦味奶昔，G1和G2在自控力上并不存在显著差异。这一结果为我们揭示了“糖果诱惑”与自控力之间的微妙关系。

资料来源：许志炜，黄静．“不要给谨慎的消费者糖果，他会把钱包抓更紧”：消费者血糖变化和购物自控力．营销科学学报，2016，12（3）：115－129．有改动。

思考：案例中的实验得出了什么结论？

第1节　实验法概述

一、实验法的概念

实验法是一种专门用于研究因果关系的研究方法。其核心在于，通过操控某个变量 X 的不同水平，观察并衡量另一个变量 Y 的变化，从而推断变量 X 与 Y 之间是否存在因果关系。在实验法中，变量 X 与 Y 的关系就像两个相互咬合的齿轮，通过实验观察，我们可以确定 X 是否为驱动 Y 的“动力齿轮”。

在市场调查领域，实验法尤其适用。在这里，X 通常作为自变量，代表市场营销组合中的各种因素，如产品价格、产品包装、广告策略、门店布置、促销方式等。而 Y 则作为因变量，代表消费者反应或营销人员衡量工作绩效的指标，如消费者态度、消费者体验、消费者的行为倾向，以及产品的销量、品牌影响力、企业的市场份额等。许多实验研究的本质和目的，就在于准确判断 X 和 Y 之间是否存在因果关系。

实验法在市场策略制定中发挥着双重作用。首先，它作为一种严谨的研究手段，能够有效地揭示市场营销因素（X）与消费者反应或市场表现（Y）之间的内在联系，为决策者提供明确的因果逻辑，确保策略调整有据可依。其次，实验法还常用于对比不同营销方案的效果。通过精心设计的实验，企业可以模拟多种市场情境，观察并记录各方案下 Y 变量的变化，从而科学评估并选择最优策略。这种基于实证的方法极大地提高了市场决策的准确性和效率。

二、确定因果关系的过程

市场调查中进行因果关系判断是一个复杂而系统的过程，它要求研究人员能够准确识别并验证可能的原因变量（自变量 X）和结果变量（因变量 Y）之间的因果关系。这一过程主要包括以下步骤：

首先，研究人员需要识别可能的原因变量（自变量 X）和结果变量（因变量 Y）。在这一阶段，他们应充分利用前期研究中的二手资料来发现变量之间的关系，并可以借助定性研究方法、调查访问法等手段来辅助识别可能存在的变量 X 和 Y。这些方法有助于初步筛选变量，并推断它们之间的初步关系。

其次，研究人员需要确定自变量 X 与因变量 Y 之间是否存在因果关系。这一步包含三个关键顺序：第一，要确定变量 X 和 Y 之间是相关的，即它们之间存在一种统计上的关联性；第二，要确保变量之间存在正确的时间顺序关系，即变量 X 的变化在先，变量 Y 的变化在后；第三，要排除其他可能的原因性因素，确保不存在其他自变量能够解释变量 Y 的变化，从而确认 X 是 Y 变化的原因。

简而言之，要进行因果关系的推断，研究人员首先需要找到可能存在因果关系的变量 X 和 Y，并确认它们之间存在相关关系。其次，他们需要确保这种关系符合时间顺序，即 X 的变化在先，Y 的变化在后。最后，他们还需要排除其他所有可能的原因性因素，以确保 X 是 Y 变化的真正原因。

三、因果判断的误区

（一）案例一：身高与读书水平

图 6－1 描绘了人类身高与读书水平之间的关系，初步观察显示，身高与读书水平之间呈线性的正相关趋势，即身高越高，读书水平似乎也相应越高。然而，这种观察结果并不能直接推断出身高（X）与读书水平（Y）之间存在因果关系。如果我们因此认为身高越高导致读书水平越高，并进一步推断出“高个子比矮个子更聪明”的结论，这显然是与常识相悖的。因此，这个案例旨在说明，两个变量之间即使存在相关关系，也并不意味着它们之间就存在因果关系。相关关系只是因果关系的一个必要非充分条件。在这个案例中，我们可以发现，身高与读书水平这两个变量都可能受到第三个变量（如年龄）的影响。这个简单的案例有助于我们理解变量之间的关系特征，但在现实生活中，变量之间的关系往往更为复杂，因此实验研究的设计也需要更加复杂和精密。

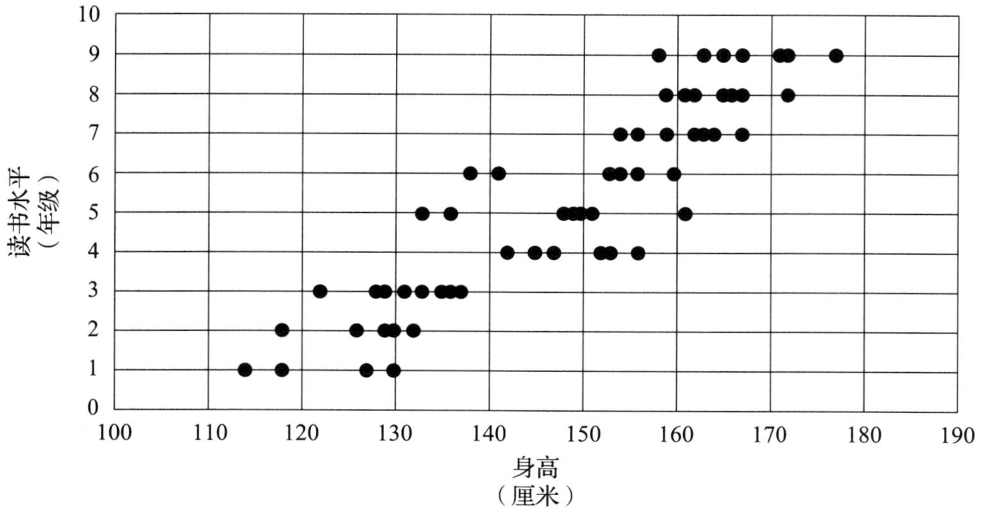

图 6－1　身高与读书水平之间的关系

资料来源：教学团队采用模拟数据绘制。

（二）案例二：婚姻状况与糖果消费水平

表 6－1 展示了婚姻状况与糖果消费水平的关系，其中 X 代表婚姻状况，Y 代表糖果消费水平。根据表格数据，相对于已婚人士来说，单身消费者消费了更多的糖果。然而，这是否足以得出“婚姻状况会影响消费者的糖果消费水平”的推论呢？与案例一相比，案例二的复杂度显著增加。

表 6－1　婚姻状况与糖果消费水平的关系　　单位：人

婚姻状况——X	糖果消费水平——Y		
	经常吃糖果	不经常吃糖果	合计
单身	750	249	999
已婚	1 265	745	2 010

为了更深入地探究这一关系，研究人员进一步将消费者的年龄划分为小于 25 岁和 25 岁及以上两组，如表 6－2 所示。他们发现，对于小于 25 岁的消费者，无论其婚姻状况如何，糖果消费水平都相对较高。而对于 25 岁及以上的消费者，糖果消费水平有所下降，且已婚消费者和单身消费者的糖果消费水平接近。这种年龄段的划分有助于研究人员排除某些影响因素，从而更准确地寻找变量之间的关系。但值得注意的是，即使在这种划分下，年龄变量也未必和糖果消费水平存在因果关系。要得出确凿的结论，还需要有进一步的统计检验分析的支持。

表 6-2 糖果消费水平与年龄及婚姻状况的关系 单位：人

	小于 25 岁			25 岁及以上		
	经常吃糖果	不经常吃糖果	合计	经常吃糖果	不经常吃糖果	合计
单身	632	167	799	120	80	200
已婚	407	96	503	873	634	1 507

当我们只关注婚姻状况与糖果消费水平时，单身消费者与已婚消费者的差异似乎显而易见。然而，在引入年龄这一分段变量后，这种差异似乎就消失了。这个例子生动地展示了在探究两个相关变量之间的关系时“排除他因”的重要性。我们需要仔细考虑，这两个变量之间是否真的存在因果关系，或者它们是否只是受到某个共同的其他因素的影响。

营销洞察

速溶咖啡的诞生与困境

故事始于一个创新之举——世界首款速溶咖啡 Nescafe 的诞生，它由雀巢公司精心推出。这款咖啡制作过程简便，口味与传统手工咖啡相差无几，雀巢公司对此充满了信心。雀巢公司相信，这款集便利与美味于一身的新品定会受到市场的热烈欢迎。

然而，现实却给了雀巢公司一记重击。尽管大肆宣传速溶咖啡的便利性和廉价性，但新品并未如预期般大卖，反而在市场上遇冷。雀巢公司对此很困惑，不明白为何一款如此优质的新品却得不到消费者的青睐。为了揭开这个谜团，雀巢公司开展了深入的问卷调查。调查结果显示，大部分消费者抱怨新品的口味不好。但令人惊讶的是，这些抱怨者中的大多数人根本没有品尝和购买过新产品。这更令雀巢公司感到疑惑，消费者为何会对未尝之品轻易得出口味不好的结论？

为了验证产品的口味，雀巢公司又进行了一场对比品尝实验的盲测。品尝者在不知情的情况下分别品尝了速溶咖啡和手工咖啡，并给出哪种咖啡更好喝的判断。实验结果显示，品尝者并不能从口味上区分两种咖啡，他们的评鉴表明速溶咖啡和手工咖啡在口味上没有显著差异。雀巢公司陷入了三重困境：消费者的抱怨、口味无差异的实验结果，以及那些未尝先判的消费者。

为了解开这个谜团，雀巢公司邀请了心理学专家参与研究。心理学专家设计了一个巧妙的实验，引入了角色扮演法。研究人员给两组女性看了两张几乎完全相同的购物清单，只有一项不同：一个清单包含了速溶咖啡，另一个清单则包含了新鲜咖啡。实验结果令人震惊，参与实验的女性认为购买速溶咖啡的主妇比较懒惰，不善于做家庭计划和安排时间，甚至有人说她不是一个好的主妇。而这样的描述在购买新鲜咖啡的主妇身上则很少出现。至此，雀巢公司的速溶咖啡遇冷的主要原因终于浮出水面。原来，平日负责采购的家庭主妇们担心购买速溶咖啡会影响自己的社会形象，而口味不好只是她们在问卷调查中编造的借口而已。

明确了问题所在，雀巢公司开始制定改善策略。雀巢公司调整了广告策略，不再宣传速溶咖啡的便利性，转而强调其口味与手工咖啡一样好；同时在包装设计上也进行了调整，采用了更加难以打开的包装，以此来减轻家庭主妇对速溶咖啡便利性产生的懒惰联想的心理负担。经过这一系列调整，雀巢公司的速溶咖啡终于走出了困境，迎来了市场的广泛接受和喜爱。这场逆袭之战不仅让雀巢公司重拾了信心，也为未来的产品创新和市场拓展提供了宝贵的经验。

资料来源：作者根据网络资源整理。

第 2 节　实验研究中的重要概念

实验法作为一种至关重要的研究方式，其独特之处在于它拥有一套专属的基本要素和概念体系，这套体系构成了实验研究的独特语言。本节将着重探讨实验设计中几组至关重要的概念，包括：控制变量，它是实验探究的核心要素；实验组和控制组，这两者的设置对于验证假设至关重要；实验环境，它关乎实验条件的控制与一致性；以及实验的效度，它确保了研究结果的可靠性与有效性。

一、控制变量

实验法主要聚焦自变量与因变量之间的关系，然而，在实验设计中还需考虑一类特殊变量——控制变量。控制变量指的是那些除实验因素（自变量）之外，可能对实验结果产生影响的所有变量。这些变量并非本实验的研究对象，因此也被称为无关变量或非实验因子。

以研究光照与农田产量之间的关系为例，实际上，农田产量受多种因素影响，包括温度、湿度、降水量，乃至昆虫、化肥等，光照只是其中之一。然而，实验并不研究这些变量的作用，因此，除光照以外的其他因素均被视为控制变量。在实验设计时需要采取措施排除控制变量对因变量的作用，常规的做法是确保控制变量的作用在整个实验过程中是前后恒定的，这样因变量的变化就可以认为与控制变量无关，从而更准确地反映自变量对因变量的影响。

然而，在实际操作中，要使控制变量的作用保持恒定不变是极具挑战性的。依然以光照与农田产量的关系研究为例，研究人员无法保证实验期间每块农田中的昆虫种类和数量完全一致，也无法完全控制其他自然条件的变化。为了应对这一挑战，实验设计通常会采用“随机化”的方式来处理控制变量，比如将实验农田切割成多个小块，并进行随机播种，以确保每块农田所享受的自然条件尽可能相似。通过这种方式，研究人员可以更公正、无偏见地比较各块农田的产量情况，从而更准确地揭示光照与农田产量之间的关系。

营销洞察

健身俱乐部的付费实验

一家健身俱乐部的经理面临着一个挑战：如何提升会员的忠诚度，促使他们更频繁地使用俱乐部服务并提升续费意愿和行为？为此，他决定开展一个精心设计的实验来深入探索付费方式与会员忠诚度之间的关系。

研究人员首先将俱乐部的会员进行了随机分组，确保每组会员的背景、年龄、性别等因素都尽可能均衡。然后，他们为这四组会员设定了不同的付款方式：第一组需要一次性付清全年会员费，第二组选择半年付费，第三组采用季度付费，最后一组则是按月付费。这样的设计旨在观察不同付费频率对会员行为的影响。

实验的结果变量是会员的出勤次数和续费率。为了准确记录这些数据，研究人员在俱乐部入口安装了智能识别系统，能够自动识别并记录每位会员的到访情况。同时，他们还通过电子邮件和短信的方式定期收集会员的续费意愿和反馈。

经过近一年的实验观察，结果逐渐清晰起来。数据显示，在总费用不变的前提下，付费频率越高的会员，出勤次数也显著增加。尤其是按月付费的会员，他们的出勤率远高于其他组。同时，出勤率与续费率之间也呈明显的正相关关系。

资料来源：林升栋．市场实验与决策．北京：北京大学出版社，2011.

二、实验组和控制组

实验设计还会通过设置控制组，并通过与实验组的对比来排除控制变量的影响，从而更准确地揭示自变量与因变量之间的因果关系。

实验组是接受自变量处理的组别，是实验者主要关注和研究的对象。控制组，也叫对照组，是在实验中不接受自变量处理的组别，它代表了实验开始前的基线条件或是一种已知的标准条件。以光照与农田产量的研究为例，控制组可能是那些接受常规光照条件的农田，而实验组则是接受特定光照条件（如增强或减弱光照）的农田。通过对比两组的产量差异，研究人员可以更准确地评估光照这一自变量对农田产量的具体影响。

需要注意的是，控制组的存在主要是为了体现除自变量 X 以外的可能影响 Y 变量的作用效果，即控制组主要用于体现控制变量对结果变量的影响。因此，实验组和控制组通常会要求除了自变量 X 以外的其他各个方面都基本一致，使两组实验具有可对照性，否则控制组就失去了设计的意义。具体来说，可对照性意味着在实验开始时，控制组和实验组在各个方面（如实验对象的特征、环境条件、实验操作的细节等）都应该是相似的，就像是一面镜子的两面，除了我们特意改变的自变量以外，其他都应该保持一致。这样，当实验结束时，研究人员观察到的任何差异都可以更有信心地归因于自变量的影响，而不是其他未控制的变量。以光照与农田产量的研究为例，如果要评估增强光照对农田产量的影响，那么实验组将接受增强的光照处理，而控制组则维持常规的光照条件。为了确保可对照性，研究人员需要确保两组农田在土壤质量、种子品种、灌溉条件、施肥量等其他所有可能影响产量的因素上都是一致的。这样，当研究人员最后观察到实验组农田的产量高于控制组时，可以更有信心地说这是因为增强光照的效果，而不是其他未控制的变量导致的。

三、实验环境

实验设计通常涉及两类环境：一类是实验室环境；另一类是现场环境，也叫实地环境。在实验室环境中，我们可以通过各种手段有效地控制自变量以外的其他变量，即控制住控制变量对因变量的影响。以前文提到的农田实验为例，在实验室环境下，我们可以更为方便地控制温度、湿度、降水量，甚至昆虫等因素，从而更有利于我们确定 X 变量（如光照）与 Y 变量（如产量）之间的关系。

实验室环境下的实验具有显著优势，包括对控制变量的便捷控制、相对较低的实验成本，以及可能获得的更为清晰的实验结果，这使得实验室实验在科学性和经济性方面显得尤为突出。然而，必须指出的是，实验室内的条件往往是理想的，建立在诸多假设和前提之上，因此其直接应用于现实并指导实践的可行性受到限制。例如，如果研究人员基于实验室实验结果向企业决策者提出建议——“在不投放广告、不进行促销，且竞争对手不采取任何应对措施的特定条件下，仅仅通过改变产品包装就能提升10%的销量”，那么这样的建议在实际企业决策中的意义和价值可能难以确定。

实际上，市场决策者更倾向于了解在真实、多因素共同作用的环境中，哪些因素会对产品和服务的市场结果产生关键性、主导性的影响。理想与现实之间的矛盾在于：虽然实验室实验可能揭示出较为清晰的变量间关系，但这些关系在真实环境中可能并不适用；而真实环境或现场实验中则存在大量研究人员无法完全控制的因素，这些因素或多或少会对实验结果产生影响，从而降低现场实验结果的可靠性。

此外，现场实验还往往伴随着高昂的费用和商业风险。现场实验的容错率较低，一旦出错往往无法进行二次实验；同时，企业的市场策略可能在实验过程中暴露给竞争对手，从而影响企业的市场表现。因此，在选择实验环境时，企业或研究人员需要权衡多种因素，以确保实验既具有科学性又具有实践意义。

四、实验的效度

实验的效度指的是根据实验设计进行因果关系研究后所得出的结论的有效程度，通常包括内部效度和外部效度两部分。实验中通过对效度的研究来讨论实验效果的有效性。实验设计要以研究的效度为前提，并作为评价研究设计结果的基本标准。

在实验研究中，内部效度，也称为内部有效性，关注的是自变量是否为因变量变化的唯一原因。换句话说，它探讨的是因变量的变化是否确实由自变量引起，而非其他控制变量所致。内部效度揭示了因变量 Y 的变化在多大程度上取决于自变量 X。作为实验研究设计的基本要求，内部效度是外部效度的先决条件。外部效度，也称为外部有效性，主要关注的是实验结果在真实世界中的适用性，即实验结果的“可推广性”。具体而言，可推广性指的是实验结果能否被有效地应用于企业的市场策略中。这意味着企业能够根据实验结果数据做出决策，在众多备选方案中选择一个作为解决市场问题的方式，并将其推广到实际市场运作中去。

对于市场实验来说，实验的外部效度与内部效度同样重要，因为企业决策者想要解决市场问题，他们渴望得到能够真正推广到实际市场上的实验结果。然而，内外部效度往往难以同时达到最优，这是一对常见的实验矛盾。通常，为了获得高的内部有效性，需要对可能影响因变量的其他变量进行有效的控制，这可能导致实验环境与外部真实世界产生较大偏离，从而降低实验的外部效度。反之，若过于注重提高外部效度，则可能影响内部效度的提升，甚至可能导致因果关系变得不明确。因此，研究者需要在内部效度和外部效度之间找到一个平衡点。

值得注意的是，内部效度是外部效度的基础和前提，如果内部效度不够，那谈外部效度是没有意义的。因此，我们需要进一步探讨影响实验设计内部有效性的因素。其中，主要的外在因素包括历史因素、成熟因素、选择性偏差、失员因素和测试效应。

1. 历史因素

历史因素是指不受研究人员的控制，在实验期间发生并影响因变量数值的外部因素或事件。例如，实验设计要研究广告投放策略对销量的影响，如果在实验期间竞争对手改进了产品包装，或者经历了经济环境的起伏，都可能干扰实验结果，导致实验不同阶段的测量结果难以直接比较，这就是历史因素。因此，实验进行期间的经济环境、政策环境的变化，特殊事件、企业自身以及其他相关企业市场策略的变化等都可能成为历史因素，影响实验的效度。

2. 成熟因素

成熟因素是指随着时间的变化和实验的推进，被试自身的变化（如生理成熟、技能提高、知识增长等）可能影响实验结果。例如，某快餐企业定期调查固定样本消费者的消费态度，但有段时间突然发现，一些年轻女性对快餐的接受度比之前低了很多。深入调查后发现，随着年轻女性年龄的增长，她们比过去更注意保养从而对快餐品牌产生了反感的心理。同理，如果实验研究人们对户外运动的态度，也可能存在明显的成熟因素，即随着被试在实验期间年龄的增长，健康意识增强，被试对户外运动的态度产生变化，这种变化不是实验变量（自变量）的变化引起的，但会混淆实验结果。通常实验历时越长，成熟因素的影响就可能越大。

3. 选择性偏差

选择性偏差是指在选择实验被试时，由于某些原因（如自愿参与、特定要求等），样本缺乏代表性，从而影响实验结果的代表性或普遍性。例如，当下很多实验研究倾向于选择大学生群体，因为大学生群体有诸多优点，如配合度和完成度比较高、成本相对较低等，但是如果大学生群体不能有效代表调查研究的目标总体，就会存在选择性偏差，最终会影响到实验的有效性。

4. 失员因素

失员因素是指在实验过程中，由于样本单位的流失而无法获取后期数据，最终产生测量误差。这种流失可能由多种原因造成，包括主观因素如被试不愿继续参与（可能代表其参与意愿变弱），以及客观因素如工作调离、搬家或健康问题等。随着实验的推进，一些被试的离开可能导致原来的样本不再具有广泛的代表性。为确保实验的推进，研究者可能需要寻找新的被试进行样本填补，但这一过程可能导致新样本与初始样本之间存在偏差，最终影响实验结果的准确性。失员可能使实验结果仅基于那些坚持到最后的被试，而这些被试可能具有某些共同特征，如更强的动机或更强的忍耐力。为减少失员因素的影响，研究者可以在实验开始前对被试进行充分的筛选，并详细说明实验内容，确保他们了解并同意参与整个实验过程，还要在实验过程中采取激励措施来保持被试的参与热情。

5. 测试效应

测试效应是指实验过程中的测试或测量本身对被试产生的影响，这种影响可能改变被试的行为或态度，从而影响实验结果。它主要分为前测效应和交互测试效应。前测效应，又称主效应或主测试效应，通常是指研究者为了取得实验前被试的初始状态，对被试实施前测，这种测试可能会对接下来的实验产生积极或消极的影响。例如，在智力或语言测试中，由于被试具备学习能力，第二次实验成绩往往比初次好，这就是前测效应的一种表现。此外，被试在完成前测后，可能会在后续测量中有意识地与前测结果保持一致或不一致，这一有意识的主观行为也会影响实验结果，导致第二次实验结果并非完全由自变量的变化引发。

交互测试效应是指先前的观察或测试对被试后续对自变量反应所产生的影响。具体而言，经历了前测的被试可能会对实验中的测量变得更加敏感。例如，那些接受了对 A 品牌态度前测的被试，相较于未参与该前测的其他被试，会对 A 品牌表现出更高的敏感性。这是因为他们已经通过前测问卷接触到了该品牌的信息，这种由于测试环节而产生的对品牌效果的额外影响，就可以被视为一种交互测试效应。

为减少测试效应的影响，研究者可以在实验设计中采取一些策略，如采用双盲法（即被试和实验者都不知道实验处理的具体内容）来减少主观偏见，或采用平衡顺序效应（如 ABBA 设计）来平衡或消除测试效应的影响，从而提高实验结果的准确性和可靠性。

第 3 节　实验设计

市场调查中的实验设计是一种科学方法，旨在通过控制和操纵实验条件，系统地观察、测量和分析市场现象，以验证因果假设、评估策略效果并预测市场趋势。实验设计主要有四种类型：预实验设计、真实验设计、准实验设计和市场测试。

在实验设计领域，了解常用符号及其含义是基础。X 表示自变量，也就是实验处理前的变量，X_1、X_2 等则表示实验中对自变量进行的不同处理水平。O 是结果（outcome），代表实验中的因变量，是对结果变量的观察或者是测量。当实验中包含多次测量的时候，可以用 O_1、O_2 等符号来表示。R（random）是随机，意味着实验对象或者被试是通过随机方式分配到各个实验小组的。

以表 6－3 为例，此实验设计方案旨在帮助初学者熟悉实验设计中各种符号的运用。表的第一列显示本次实验共有 3 个组，其中前两个是实验组 EG（experiment group），也就是 EG_1 和 EG_2；第三个是控制组 CG（control group），也就是参照组。表的第二列代表实验处理，我们可以发现 EG_1 和 EG_2 受到了不同水平的 X 操控，即这两组的自变量大小不同；在第三组即控制组中，没有对 X 进行操控。表的第三列是对实验结果的测量，得出了 O_1、O_2 和 O_3 共三个结果。需要注意的是，在第一列的前两行中，有两个标记，分别是 R 和 M（match）。R 代表第一组的被试是随机分配进组的；而 M 则代表第二组的被试是按照某种特定规则进行分配的。最后还需要强调的是，三组的结果变量理论上应该在同一时间点进行测量。

表 6－3　实验设计的符号说明

分组	实验处理	实验结果
EG_1(R)	X_1	O_1
EG_2(M)	X_2	O_2
CG		O_3

一、预实验设计

预实验设计，也称为前实验设计，是一种对外部因素进行少量控制或不控制的实验设计。由于对外部变量的控制不足，这种设计并不能直接确立变量之间的因果关系。然而，其操作简单，且对变量间因果关系的推断具有一定的启发性，因此在实际市场调查中仍有一定应用。

预实验设计主要包含三种基本形式：单组后测设计、单组前测后测设计以及静态组比较后测设计。三种设计形式可见表 6－4。

表 6－4　预实验设计的类型

实验设计名称	基本模式			
1. 单组后测设计	EG	X	O	

续表

实验设计名称	基本模式			
2. 单组前测后测设计	EG	O_1	X	O_2
3. 静态组比较后测设计	EG	X	O_1	
	CG		O_2	

预实验设计有一些基本设计形式，如表 6－4 所示：第 1 种是单组后测设计，第 2 种是单组前测后测设计，第 3 种是静态组比较后测设计。预实验设计的 3 种设计形式各有差异。第 1 种单组后测设计，只有 1 个实验组，而且只做 1 次事后测量；第 2 种单组前测后测设计，也是只有 1 个实验组，但是有前测和后测；第 3 种静态组比较后测设计，有 2 个实验组，且只有后测，此处的静态组不能等同于参照组。

1. 单组后测设计

单组后测设计，也称为无控制组后测设计，仅包含一个实验组，且仅进行一次事后测量。由于缺乏前测，无法对测量结果进行前后比较；同时，没有参照组，也无法通过与控制组的结果比较来排除其他因素的影响。因此，对于测量出的结果 O 是否为实验处理 X 的作用，需要提出怀疑。

例如，某公司在中央电视台的黄金时段投放产品广告后，消费者态度评分提高，产品销量也大幅增加。然而，这并不能确定广告是唯一的促进因素，因为可能还存在其他诸多正面影响因素，如产品包装设计、质量、定价、渠道选择等，甚至可能是因为整体经济环境利好或竞品提价等。由于该设计未对其他可能影响因素进行控制，也未对广告投放前的产品销量和消费者态度进行测量，因此很难确定广告的实际效果。

尽管单组后测设计的内部有效性不高，但由于其设计和操作简单，在实际的市场调查中常被用于初步判断变量间的因果关系。

2. 单组前测后测设计

单组前测后测设计，也称为无控制组的前后设计，是单组后测设计的改良版。该设计增加了一个前测环节，将前测的实验结果作为实验处理对因变量影响大小的比较基准。通过比较 O_2 和 O_1 的差值来观察实验处理的效果，这通常更具说服力。

然而，单组前测后测设计的缺点在于无法排除历史因素对实验的影响。在实验期间发生的、除了 X 以外可能影响 Y 的因素的作用并没有被排除在 O_2-O_1 的差值里。例如，在测试产品新包装效果的同时，如果竞争对手也更换了产品包装，则该设计无法区分两个营销策略对销量的具体作用。

3. 静态组比较后测设计

这种设计引入一个可以做比较的组。O_2-O_1 的结果是否可以基本排除其他因素的影响，仅保留只有 X 的作用，在一定程度上取决于静态组与实验组的可比性。例如，某民意调查组织要检验该国的总统候选人的演讲效果，在总统候选人演讲完毕之后，实验研究选取了两组市民进行调查，第 1 组市民听到了竞选演讲，而第 2 组市民没有听到。最后对比两组市民对总统候选人的支持率，结果显示听到演讲的市民的支持率显著较高。

然而，如果仅凭是否听过演讲这一因素来判断演讲效果，可能过于片面。实际上，需要考虑更多复杂的因素。例如，可以假设“在大选期间听完演讲的市民本身就更倾向于该总统候选人”。如果这个假设成立，那么听到演讲的市民的支持率本来就更高，此时 O_2-O_1 的差值就并非单纯是由演讲造成的了。

因此，如果做比较的组与实验组本身不具备可比性，就失去了比较的意义。为了确保两个组可以比较，需要重视对实验被试的随机化处理。在静态组比较后测设计中的静态组之所以不被称为控制组，主要原因就在于静态组的被试并未经过随机化处理。这也是后续要介绍的真实验设计的一个关键特征。

二、真实验设计

真实验设计具有两个关键特征：一是要求有一个或多个控制组，二是需要把测试单元随机分配到不同的实验组和控制组。这种设计旨在通过严格控制实验条件来准确评估自变量对因变量的影响。接下来，我们将具体讨论三种真实验设计，如表 6－5 所示。

表 6－5　真实验设计的类型

实验设计名称	基本模式			
1. 有控制组的随机前测后测设计	EG（R）	O_1	X	O_2
	CG（R）	O_3		O_4
2. 有控制组的随机后测设计	EG（R）		X	O_1
	CG（R）			O_2
3. 所罗门四组六测设计	EG_1（R）	O_1	X	O_2
	CG_1（R）	O_3		O_4
	EG_2（R）		X	O_5
	CG_2（R）			O_6

1. 有控制组的随机前测后测设计

有控制组的随机前测后测设计是一种严谨的实验设计方法。它要求测试单位随机分配进入实验组和控制组，从而有效控制了选择性偏差。通过实验组和控制组的比较，可以排除历史因素、成熟因素等对实验设计的影响。

在这种设计中，实验组和控制组都进行了两次测量：前测和后测。因此，两组都存在前测效应，但可以通过两组的比较相互抵消。然而，实验组还存在交互测试效应，即实验操控后被试对实验内容更敏感。由于控制组没有接受实验操控，所以不存在交互测试效应。这个测试效应不能通过两组的比较抵消。同样，失员因素也不能通过两组的比较完全排除。

2. 有控制组的随机后测设计

有控制组的随机后测设计是一种实验设计，其中包含一个实验组和一个控制组。由于两组都没有进行前测，因此不存在测试效应的影响。这种设计通过对比实验后的测量（O_2）与基线测量（O_1）的差异，可以有效地消除大部分变量（如历史因素、成熟因素等）对实验结果的影响。

有控制组的随机后测设计的优点在于它只需要进行两次测量，这使得它在样本规模、成本和时间方面都具有较高的效率。然而，这种设计也存在一些缺点。由于没有前测，实验结果对选择性偏差和失员因素非常敏感。选择性偏差可能会导致实验组和控制组在实验开始时就不具有可比性，从而影响实验结果的准确性。而失员因素，如实验过程中参与者的流失或剔除，也可能对实验结果产生不良影响。因此，在使用有控制组的随机后测设计时，需要特别注意这些问题，并采取相应的措施来减少它们对实验结果的影响。

3. 所罗门四组六测设计

所罗门四组六测设计，看似复杂，实则是两种真实验设计的巧妙结合：一个是有控制组的随机前测后测设计，另一个是有控制组的随机后测设计。这种设计赋予了研究人员极大的控制权，使他们能够有效地应对并控制多种潜在的影响因素，包括选择性偏差、历史因素以及成熟因素等。

在所罗门四组六测设计中，通过精心设计的四个组别和六次测量，研究人员能够清晰地区分实验处理 X 的作用、其他外部变量的作用及交互测试效应。这种区分能力使得研究人员能够更准确地估计出实验处理的纯粹效果，从而更深入地理解实验的本质。

从理论的角度来看，所罗门四组六测设计几乎达到了完美的境界。然而，在实际应用中，由于执行这样的实验需要耗费大量的精力、时间和经费，并且很难获得足够大的样本来确保各组之间的均衡，因此这种设计在实际研究中的应用相对较少。尽管如此，它仍然是一种极具价值的研究工具，为研究人员提供了探索复杂现象和深入理解实验效果的强大能力。

综上所述，真实验设计强调为研究人员创造一个人为的环境，以严格控制自变量和外部变量，从而确保实验的内部效度达到较高水平。然而，这种对实验环境的严格控制往往也限制了实验结果的外部有效性，因为实验条件可能与现实情境存在差距。

在实际的研究情境中，很多时候研究人员面临的一个挑战是无法对被试进行随机化处理。例如，在研究不同教学方法的效果时，由于无法打破自然授课班级来随机分配学生，研究人员往往只能在现有的现实环境中进行实验设计。这意味着他们必须接受现实环境中存在的各种限制和约束，同时努力在这些限制和约束下寻找有效的实验方法来探索教学方法的效果。

因此，尽管真实验设计在理论上提供了理想的实验条件，但在实际应用中，研究人员常常需要在内部效度和外部有效性之间进行权衡。他们需要在尽可能控制内部变量的同时，也考虑实验结果在现实情境中的适用性和推广性。这要求研究人员具备灵活性和创新思维，以适应现实环境中的复杂性和多变性。

三、准实验设计

准实验设计在研究中扮演着重要角色，尤其是在真实验设计难以实施的情况下。它提供了一种替代方案，尽管其内部效度可能不如真实验设计高，但在实际应用中具有独特的优势。

准实验设计主要有两种形式：时间序列设计和多重时间序列设计（见表 6－6）。这两种设计的主要区别在于后者包含了一个对照组，从而增加了设计的复杂性和分析的深度。在准实验设计中，研究人员不预先安排实验刺激，也不随机分配被试到各组中，这与真实验设计形成鲜明对比。时间序列设计是准实验设计中常见的一种形式，它要求研究人员对同一被试进行重复测量。这种设计在消费者购买小组研究中尤为常见，研究人员会对一个固定的样本人群进行反复测量，以观察其随时间的变化。尽管研究人员不能控制实验刺激的自然发生顺序，但他们可以控制何时对被试进行测试。例如，在研究一个新的促销活动对购买小组的影响时，研究人员可以安排促销活动的时间表，但无法确保所有小组成员都能在同一时间察觉到这一活动，甚至有的小组成员可能根本没有察觉到。这种设计与单组前测后测设计相似，但由于进行了多次测量，时间序列设计具有更强的解释力。然而，准实验设计的多次测量也可能产生交互测试效应，这是研究人员需要特别注意并努力排除的因素。

表 6－6 准实验设计的类型

实验设计名称	基本模式									
时间序列设计	EG	O_1	O_2	O_3	O_4	X	O_5	O_6	O_7	O_8
多重时间序列设计	EG	O_1	O_2	O_3	O_4	X	O_5	O_6	O_7	O_8
	CG	O_9	O_{10}	O_{11}	O_{12}		O_{13}	O_{14}	O_{15}	O_{16}

尽管准实验设计的内部效度可能较低，但它比真实验设计具有更强的适应性和外部效度。与预实验设计相比，准实验设计进行了更多的控制和测量，因此能够提供更丰富的信息。这使得准实验设计在实际应用中成为一种非常有价值的研究工具，尤其是在那些难以实施真实验设计的情境中。

四、市场测试

市场测试，顾名思义，是在市场环境中进行的实验性活动，旨在评估新产品、服务或营销策略在目标市场中的反应和效果。它可以在局部市场、全范围市场或模拟市场中进行，最常见的应用是用于产品试销，或在小规模市场内预测特定营销行动的销售结果。研究人员可以根据实验目标选择适合的实验类型。与其他实验设计方法相比，市场测试更加注重真实市场环境下的消费者反馈和数据收集，因此更具现实意义和应用价值。

市场测试之所以受到市场研究人员的青睐，是因为它能够在产品上市前发现潜在的产品缺陷或营销策略问题，从而提高产品或营销策略成功的可能性。通过科学的方法收集和分析消费者反馈数据，市场测试可以验证或调整假设，降低市场风险，并为企业的市场决策提供科学依据。然而，企业在决定是否进行市场测试以及选择何种测试方案时，必须权衡测试的成本与收益，并考虑潜在的风险。这些风险不仅包括因测试效度不足而可能得出错误结论的风险，还包括企业的营销战略或策略被竞争对手获知的风险。因此，在进行市场测试时，企业需要制定周密的计划，确保测试的有效性和保密性，以便充分利用市场测试的优势，为企业的市场决策提供有力支持。

营销洞察

A/B 测试在电商领域的应用

在电商领域，A/B 测试，也叫随机场景实验，是市场测试的一种常见且高效的方法，基本原理是一种通过对比实验来评估不同方案效果的统计方法。以某电商平台优化促销信息展示为例，该平台希望通过调整促销信息的布局和样式来提升用户点击率和转化率。

实验设计如下：首先，确定实验目标为提升促销信息的点击率；其次，选择 A、B 两组实验方案，A 组为对照组，保持原有促销信息展示方式不变，B 组为实验组，对促销信息的位置、颜色、字体等进行调整；再次，通过技术手段将用户流量随机分为两组，确保每组用户只能看到一种展示方案；最后，收集并分析实验数据，比较 A、B 两组在点击率、转化率等关键指标上的差异。

实验结果显示，B组实验方案的促销信息点击率显著高于A组。基于这一结果，电商平台决定将B组实验方案推广至全站，以进一步优化用户体验和提升销售业绩。这一案例充分展示了A/B测试在电商市场测试中的应用价值，即通过科学的方法验证假设，快速迭代优化，最终实现业务增长。

A/B测试是市场测试的一种具体形式，本质上接近真实验设计，因为它也遵循随机分配用户、控制变量等原则。A/B测试侧重于在真实的市场环境中测试产品或功能的优化效果，而真实验设计更侧重于理论验证或科学研究。

// 基本概念 //

1. 实验法（experimental method）
2. 自变量（independent variable）
3. 因变量（dependent variable）
4. 控制变量（control variable）
5. 实验效度（experimental validity）
6. 选择性偏差（selection bias）

// 思考题 //

1. 实验法的基本概念是什么？
2. 控制变量有什么重要作用？
3. 请分析实验室环境和现场环境的适用情境。
4. 试说明实验效度的类型和影响因素。
5. 请分析预实验设计与真实验设计的优缺点。

案例分析

探究原产国效应：心理距离与消费者产品评价的实验研究

在全球商业舞台上，新兴国家的企业正面临一项挑战：负面原产国效应。因为这堵无形的墙，即便是最优质的产品也很难在国际市场上绽放光彩。尽管这些企业拥有销量领先、资源丰富、规模庞大等优势，但国际消费者仍然对其产品持怀疑态度。这种负面原产国效应，主要源于消费者基于过往印象对某一国家或其产品的负面刻板印象，这些印象可能源于过去的新闻报道、历史事件或文化差异等。

为了深入探究这一现象，并寻找可能的解决方案，学者们设计了一系列实验，旨在探讨消费者的整体-局部加工思维模式是否对新兴国家企业的产品判断产生影响，并进一步揭示负面原产国效应的作用机制。实验 1a 和 1b 是这一系列实验中的两个重要环节。在这两个实验中，科学家们操纵了两个重要的变量——加工模式（整体加工、局部加工）与原产国形象（好、差），以观察这两个变量对消费者产品评价的影响。实验 1a 邀请了 39 名参与者，他们被随机分为两组。一组被要求从旁观者的角度评价四款来自不同国家的自行车，即“远社会距离”组；另一组则需从自身的角度出发进行评价，即“近社会距离”组。实验过程中，参与者被提供了关于这四款自行车的详细信息，并被要求根据提供的信息进行评价。评价结果显示，在远社会距离情况下，消费者对原产国形象差的产品评价显著低于形象好的产品，负面原产国效应显著。

紧接着，实验 1b 扩大了样本量，邀请了 73 名新参与者，并增设控制组以排除情绪的干扰。在这次实验中，参与者被引导想象不同的时间距离：明年今天的生活或明天的生活。这种设置旨在探究时间距离对消费者加工模式和产品评价的影响。随后，参与者需要对四款产品进行产品评价，包括产品态度和购买意愿的 1～7 点评分。实验过程中，参与者被提供了关于这四款产品的详细信息，并被要求根据提供的信息以及自己想象的时间距离进行评价。评价结果显示，在近心理距离情况下，无论原产国形象好还是差，产品评价之间的差异不显著，负面原产国效应得到了削弱。这背后的原理与人们的思维模式密切相关。当人们与事物保持较远的心理距离时，更倾向于采用整体加工模式，依据先入为主的原产国形象来评判产品；而当心理距离拉近时，局部加工模式占据主导，消费者会更加关注产品的具体细节与实际体验，从而减少对原产国的刻板印象依赖。

这项实验不仅揭示了负面原产国效应的作用机制，更为企业提供了宝贵的启示。为了跨越这堵无形的墙，企业需要学会引导消费者走进产品的世界，让他们亲身体验产品的匠心独运之处。通过改变消费者的思维模式，企业有望在国际市场上打破偏见，赢得更多消费者的喜爱和信任。

资料来源：杨晨，王海忠，王静一．树木还是森林：消费者思维模式对新兴国家负面原产国效应的影响机制研究．南开管理评论，2016，19（2）：157－169.

问题：实验 1b 增加控制变量的好处是什么？

// 即测即评 //

扫描二维码可在线自测并查看答案。

// 第 7 章 //

态度的测量

知识目标

- 复述态度的三个要素，并理解三个要素之间的关系。——重点
- 列举四类测量尺度并分析其特点。——重点
- 了解两类测量量表的形式和特点。

能力目标

- 能够根据研究目的和对象的特点，选择合适的态度测量方法和工具。——难点
- 能够设计符合研究目的和对象特点的有效测量量表。——提升点

素养与价值目标

- 根据态度与行为的关系，理解“知行合一，知善立行”的价值，树立积极进取的人生观和生活态度。
- 明白“尺有所短，寸有所长”的道理，善于发现和利用事物的长处，同时也要正视和弥补其短处。

思维导图

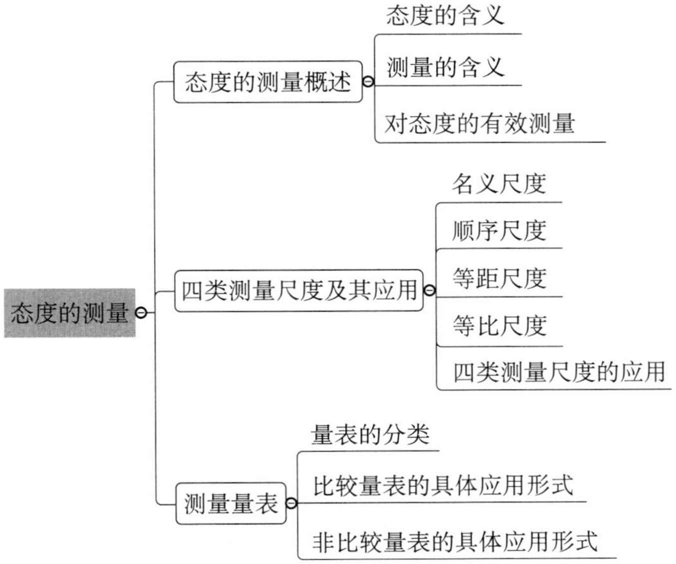

引例

高露洁公司对消费者态度的测量

在 20 世纪 80 年代后期的巴西市场，高露洁公司为提升牙膏的市场占有率，决定深入探究消费者对品牌及竞争对手佳洁士的认知。研究团队首先在里约热内卢组织了 5 个焦点小组，由 50 名有刷牙习惯的中年人组成，通过小组讨论与深度访谈，揭示了消费者在购买牙膏时最为重视的三个属性：去除牙垢、口气清新与预防蛀牙。

为了进一步量化这些发现，研究团队设计了结构性量表，特别针对“去除牙垢”属性，采用－3～＋3 及 1～7 的 7 点李克特量表，分别衡量了消费者对该属性的重视程度及对高露洁与佳洁士牙膏中该属性的认知。这一详尽的量表不仅评估了该属性的重要程度，也反映出两大品牌在消费者心中的具体表现。

随后，研究团队在巴西主要城市对成年人进行了大规模的随机抽样调查，确保了数据的广泛性和代表性。调查结果清晰表明，在“去除牙垢”这一关键属性上，高露洁牙膏在消费者认知中具有明显优势。这一发现为高露洁公司在巴西市场的营销策略优化提供了充分的依据，助力其进一步巩固并扩大了市场份额。

资料来源：王新珠．态度多属性模型与消费者态度测量及改变．市场论坛，2009（12）：60－61. 有改动。

思考：案例中高露洁公司是如何测量消费者对牙膏的态度的？

第 1 节　态度的测量概述

测量在研究中起着基础性作用，当下大部分采用定量/定性方法的自然科学和人文社科研究都离不开测量。本节旨在帮助读者深入了解态度和测量的含义，通过实际案例掌握有效测量需要具备的条件，掌握测量的本质与特征。

一、态度的含义

在市场调查中，消费者态度常被视为消费者研究的重要内容。因此，研究人员必须先弄清楚什么是消费者的态度以及个体的态度具体指什么。心理学将态度定义为："态度是人们脑海中对某件事情或环境的认识、判断以及指导他们的情感反应、行为倾向的某种状态。"在实际应用中，研究人员通常将态度拆分为三个要素——情感、认知和行为倾向，从而对消费者的个体态度进行具体化、操作化的处理。

例如，婷婷喜欢去金鹰商场购物（情感层面的表现）；她认为金鹰商场购物环境好，位置便利，商品丰富（认知层面的表现）；她每周都去金鹰商场购物（行为倾向层面的表现）。这个案例就是关于婷婷对金鹰商场的具体态度的描述，案例中的三句话分别代表了婷婷对金鹰商场的情感、认知和行为倾向，从而构成了婷婷对金鹰商场的总体态度。

态度包含三个要素：情感（affect）、认知（cognition）和行为倾向（behavior tendency/intention）。为了方便记忆和使用，研究人员常将这三个要素简称为态度的 ABC。认知是人们对某个目标的了解；情感是对某个目标的总体感觉或偏好；行为倾向则是人们的行为习惯，或对未来行动或意向的期望。因此，在进行消费者态度研究时，至少需要测量这三个维度。

二、测量的含义

在学术研究的范畴内，测量作为一种基本的认知手段，其起源可追溯至数学与物理学的基础理论与实践。然而，测量的应用远不止于此，它在人文社会科学领域内同样发挥着举足轻重的作用，成为理解复杂社会现象不可或缺的工具。社会现象包括商业现象，作为人类情感、认知、行为倾向及实践活动的综合体现，其多样性和复杂性要求研究者必须采取科学严谨的方法来进行测量。

在进行社会现象测量时，研究者应遵循一套系统化的流程。首要步骤是明确测量的目标，即精确界定所要探究的社会现象或具体调查指标，为后续的测量打下坚实基础。紧接着，要选择恰当的测量工具与方法，这要求研究者必须充分考虑社会现象的特有属性和特征，确保所选工具与方法能够有效且准确地捕捉这些信息。

最后，通过科学的测量方法，研究者需将所观测到的社会现象属性与特征做数量化或类型化的处理。这一过程不仅涉及对数据的精确计量，还包括对现象本质的分类与归纳，从而获得对社会现象更精准的理解。简而言之，测量的核心使命在于对测量对象进行严谨的数量化与类型化转换，以便揭示其内在规律与特征。

测量包含三层深刻含义：

（1）测量的对象并非对象本身，而是其特征或属性。这些特征或属性是区分该对象与其他对象的关键。例如，消费者的态度，包括其情感、认知和行为倾向，都是其特征或属性的体现。当研究人员希望了解一个人的个性和兴趣时，他们实际上关注的是这个人的某些特征或属性，而非其本体。

（2）测量过程涉及数字或符号的分配。这种分配的前提是：如果属性相似或相同，则分配的数字或符号也相同；如果属性或特征不同，则分配的数字或符号也不同。

（3）测量中的测量规则至关重要。不同的测量规则可能导致不同的测量结果。即使基于相同的测量规则，由于属性不同，也可能产生不同的数量化或类型化结果。因此，在制定测量规则时需要格外谨慎，确保规则是清晰的、具体的、可操作的。

综上所述，测量的本质是根据所设定的测量规则，对测量对象的属性或特征进行量化处理。换言之，测量是研究人员根据清晰、具体、可操作的测量规则，使用数字或符号对测量对象的属性或特征进行数量化或类型化的过程。

三、对态度的有效测量

在对态度进行测量时，必须要遵循准确性、互斥性和完备性这三个核心原则，以保障测量结果的可靠性、清晰性和全面性。

首先，准确性要求测量中所使用的数字或符号必须真实可靠地反映测量对象在特征或属性上的差异。这意味着所采用的测量工具和方法必须精确匹配测量对象的实际属性，确保数据能够准确无误地捕捉到消费者的真实态度。例如，在测量消费者对某一新产品的接受度时，问卷中的量表设计应确保题项准确反映了消费者对该产品的真实看法，避免有歧义或误导消费者。

其次，互斥性强调的是在测量过程中，每个测量对象的特征或属性只能被一个明确界定的数字或符号所代表，且属性之间应保持相互独立，避免重叠。

这一原则在问卷设计中尤为重要，特别是在设置多选题或量表评分时，必须确保各个选项或评分点之间是互斥的，从而保证被调查者能清晰地表达自己的态度，不会因选项之间的交叉而产生混淆。以询问“最近你在网络购物时选择的商品类别”为例，问卷应提供互斥的选项列表，如“服饰”“美容护肤品”“数码电子产品”等，以确保每位被调查者都能选择一个且仅选择一个最符合自身情况的选项。

最后，完备性则要求测量规则必须全面覆盖测量对象所有可能的状态，以确保测量结果的全面性和真实性。这意味着在设计测量工具和方法时，需要充分考虑测量对象可能呈现的各种状况，确保测量工具的量程和精度能够满足所有状态的需求。如果测量范围不足或精度不够，就可能导致测量结果的偏差和失真。例如，在测量大象的体重时，如果使用的磅秤量程不足，就可能导致磅秤崩溃或读数失效，从而无法准确测量出大象的真实体重。同样，在态度测量中，也需要确保测量工具能够覆盖所有可能的态度表达范围，以便全面捕捉消费者的真实态度。

综上所述，对态度的有效测量需要明确测量的目标，选择合适的测量工具和方法，遵循清晰的测量规则，并确保测量的准确性、互斥性和完备性。

营销洞察

小天才智能手表——精准洞察，引领儿童社交新风尚

在竞争激烈的儿童智能手表市场中，小天才凭借其深入的市场调查和精准的消费者需求洞察策略脱颖而出。小天才设计团队精准把握住了数字化时代家长的担忧，家长担心自己的孩子会沉迷网络，他们希望孩子能够在身心健康的环境中成长。因此，小天才专注于研究消费者态度，采用多项具体举措来深入洞察消费者需求。

首先，小天才设计团队进行了广泛的市场调查，走访多所学校，与家长和孩子们面对面交流，观察他们的日常行为，甚至参与他们的课外活动。这种深入的调查方式让他们能够真实了解家长对孩子使用智能手表的担忧和期望，以及孩子们对智能手表的实际需求。其次，团队工作人员还利用社交媒体和在线论坛等渠道，收集家长和孩子们的反馈意见，了解他们对智能手表在防止沉迷、促进身心健康方面的期望和建议。通过这些多元化的数据来源，小天才设计团队得以更准确地把握市场需求，确保产品能够同时满足家长和孩子们的需求。

在调查的基础上，小天才设计团队在设计上充分考虑了防止孩子沉迷网络的因素。他们通过合理设定使用时间、提供丰富多样的健康监测功能，以及鼓励孩子参与户外活动和社交互动的设计，确保智能手表有利于孩子的身

心健康。此外，小天才设计团队还不断推陈出新，从通话、定位功能到语音微聊、发布动态，再到情绪监测、健康管理等全面升级，始终走在行业前列。同时，手表设计也融入了丰富的元素和互动功能，让孩子们在使用过程中能够感受到乐趣与成就感，进一步保障他们的身心健康。

除了完善单一产品功能外，小天才还致力于构建一个完整的“生态系统”，通过App将家长与孩子紧密连接起来，实现家庭成员间的实时互动和沟通。同时，小天才还与用户形成了社区，让孩子们能够在社区中分享自己的动态、结交新朋友，增强了产品的社交属性和用户黏性。

资料来源：作者根据网络资源整理。

第2节　四类测量尺度及其应用

测量在市场调查中扮演着至关重要的角色，它帮助我们量化和理解各种现象的不同性质和特征。为了更深入地探讨测量的概念，我们将重点介绍四类不同的测量尺度，并详细阐述它们的等级层次及实践应用。

一、名义尺度

名义尺度，也称为定类尺度或类别尺度，是测量中最为基础的一种形式。它主要运用文字、数字代码或其他符号来对事物进行简单的分类。在这种尺度下，数字仅作为识别或分类目标或事物的标签，而不具有任何实际的数值意义。因此，名义尺度被视为测量等级中最低的一种。

性别是名义尺度最典型的应用之一，用于对受访者进行简单的分类。在名义尺度下，数字或符号仅代表不同的类别，而不能反映对象的属性或具体特征的性质和数量。这些类别之间没有任何的顺序和空间分布上的关系，只是用于将事物划分为不同的种类。

比如，学生们日常背包的不同方式、受访者的婚恋状况以及受访者的心情等，都属于名义尺度的范畴。当我们将受访者的心情进行分类时，如果不考虑好坏差异，而只是简单地对情绪进行分类，那么这就是名义尺度的应用。但是，如果我们把心情分为好与坏，就超出了名义尺度的范围。同样，受访者的购物方式（如电话购物、电视购物、网络购物或邮寄目录购物等）以及受访者喜欢的运动项目（如跑步、游泳、瑜伽等）也属于名义尺度的典型运用。在这些情况下，我们只是用数字或符号来代表不同的类别，而没有对这些类别进行任何排序或分出优劣。

二、顺序尺度

顺序尺度，也称为定序尺度或顺序测量，其级别比名义尺度更高。名义尺度主要侧重于分类，而顺序尺度则在此基础上提供了更多的功能。最典型的应用场景就是名次或排名，它根据某种特征、属性或逻辑对目标进行排序。

顺序尺度能够衡量事物的重要性、影响大小等序列特征，并经常涉及优于或次于的判断。它不仅能够对事物进行分类，还能进一步排序，区分优劣顺序。例如，学生成绩等级（如优、良、中、及格、不及格）就是一个典型的顺序尺度应用，它不仅能够将学生成绩分为不同的等级，还能明确这些等级之间的优劣关系。然而，需要注意的是，顺序尺度虽然能够提供事物间测量特征的多少或大小的关系，但它并不提供“间隔距离”信息，即无法衡量两个级别之间的差异程度。换句话说，顺序尺度能够对事物进行排序，但不能衡量它们之间的差距。

顺序尺度的典型应用还包括员工的职称等级、产品的质量等级、消费者对喜爱品牌的排名、雇员对理想雇主的排序，以及消费者对影响购物决策的因素的排序，等等。这些应用场景都充分展示了顺序尺度在分类和排序方面的重要作用。

三、等距尺度

等距尺度，也称为定距尺度、等量尺度或区间测量，是比顺序尺度级别更高的测量方式。它不仅具备顺序尺度的所有功能，还进一步定义了测量项目或事件特征之间的间距。这意味着等距尺度不仅可以对测量对象的属性进行排序，还可以测量不同顺序之间的间距或差距。

等距尺度的应用非常广泛，比如温度计测量的温度、学生的具体分数等。在日常生活中，我们熟悉的考试分数、温度、智商等也都是对等距尺度的具体运用。这些测量有一个共同的特点，即它们之间的间距是有意义的，可以进行加减运算。然而，需要注意的是，等距尺度不能进行除法运算，因为它无法比较绝对量或比率。这意味着，虽然等距尺度可以告诉我们两个测量值之间的差距，但它不能告诉我们这个差距相对于总体或某个标准的大小。

在市场调查中，研究人员有时会把评比量表得到的态度测量数据作为等距数据来处理。但实际上，当用评比量表去测量态度的时候，它本质上是顺序尺度，而不是等距尺度。这是因为态度测量通常只关注排序，而不关注具体的间距。然而，出于应用便利性的考虑，研究人员在实际应用中会将其作为等距数据来处理。同时，他们在应用评比量表时也会给出很多等距的刻度，这也是在人为地将其进行等距处理。

四、等比尺度

等比尺度，也称为定比尺度或比率尺度，是四类测量尺度中等级最高的一类。除了包含了名义尺度、顺序尺度和等距尺度的所有功能外，它的独特之处在于：拥有绝对或自然的起点。这使得等比尺度在数据分析时可以被当作连续变量来处理，从而拥有丰富的统计分析方法。

等比尺度的典型应用包括体重、时间、重量、长度、速度等。这些测量具有一个共同的特点，即它们都有一个绝对的、自然的起点，比如时间从 0 点开始，重量从 0 克开始。然而，尽管等比尺度在数据分析上拥有诸多优势，但在实际的市场调查中，能够用等比尺度进行具体测量的变量却很少。这是因为市场调查中的许多变量都是相对抽象的，比如消费者的满意度、品牌的知名度等，它们并不具备一个绝对的、自然的起点。因此，等比尺度在实际市场调查中的应用范围相对有限。

总的来说，等比尺度是一种功能强大、应用广泛的测量尺度，但在具体的应用场景中需要谨慎选择，确保所测量的变量具备等比尺度的特性。

五、四类测量尺度的应用

在测量尺度中，名义尺度、顺序尺度、等距尺度和等比尺度构成了由低到高、逐层上升的层次等级。名义尺度仅具备类别划分和级别区分的功能，是最低级别的测量尺度。顺序尺度则在此基础上更进一步，不仅能够分类，还能够对事物进行排序，区分优劣。等距尺度则更进一步，可以在顺序尺度的基础上测量出事物之间的差距。等比尺度，因为有绝对的、自然的起点，所以可以进行各种运算，甚至进行比例区分，是最高级别的测量尺度。但在实际的市场调查中，等比尺度的应用却是最少的，原因是在市场调查中，多数测量对象，比如态度、满意度、美誉度等都是相对抽象的，都不具备绝对的、自然的起点，因此在实际研究中更多采用顺序尺度和等距尺度来比较大小或测量差距。

下面以一份手机购买品牌态度调查问卷为例，进行四类尺度应用分析。

1. 您在过去一年内购买过哪些品牌的智能手机？（可多选）

□ 品牌 A

□ 品牌 B

☐ 品牌 C

☐ 其他，请说明：________

分析：应用了名义尺度，用于区分不同的品牌。

2. 您购买智能手机的主要考虑因素是什么？（单选）

☐ 价格

☐ 品牌

☐ 功能

☐ 外观设计

☐ 用户口碑

分析：应用了顺序尺度，用于对不同的考虑因素进行排序。

3. 您对目前使用的智能手机的满意度如何？

☐ 非常满意

☐ 满意

☐ 一般

☐ 不满意

☐ 非常不满意

分析：应用了顺序尺度，用于区分不同的满意度水平。（需要注意的是，此类数据最后会被当作等距数据来处理。）

4. 您给目前使用的智能手机在性能方面的打分是多少？（1～10 分，1 分为最低分，10 分为最高分）

☐ 1 分

☐ 2 分

☐ 3 分

☐ 4 分

☐ 5 分

☐ 6 分

☐ 7 分

☐ 8 分

☐ 9 分

☐ 10 分

分析：应用了等距尺度，用于测量受访者对手机性能的打分，并计算不同打分之间的差距。

5. 相比去年，您今年在智能手机上的花费是增加了还是减少了？如果增加了，大约增加了多少百分比？如果减少了，大约减少了多少百分比？

☐ 增加了，大约增加了________%

□ 减少了，大约减少了________%

□ 没有变化

分析：应用了等比尺度，用于测量受访者花费变化的百分比，可以表示增加的比例或减少的比例。

第 3 节　测量量表

测量量表是一种测量工具，是由若干问题或自我评分指标组成的标准化测定表格，用于测量研究对象的某种状态、行为或态度等。测量量表可视为一种标准化的测量工具或者测量技术。

一、量表的分类

具体来说，测量量表可以分成两大类：比较量表和非比较量表。

比较量表是一个大的类别，配对比较量表、等级顺序量表等都属于比较量表，此类量表都对刺激物体进行直接比较。例如让被调查者在京东商城和天猫商城之间选出自己更喜欢的商城，题设势必对刺激物进行比较。比较量表的数据必须是以相对的关系来解释的，因此它的答项具有定序的性质。题设形式多表现为“a 或 b 你更喜欢哪一个”。

非比较量表又可以称为单独量表，是对每个对象或其属性进行独立测量，连续评分量表、李克特量表和语义差别量表都属于非比较量表，其中后两种量表又属于分项评分量表。非比较量表本质上仍然是顺序的比较，也就是定序尺度，但是为了便于统计分析，研究人员常常通过增加量表的刻度，比如 5 点或 7 点，也就是以定距尺度来处理。

二、比较量表的具体应用形式

（一）配对比较量表

比较量表中的配对比较量表，需要每次给被调查者两个目标，请被调查者按照某种标准从中选择一个。比较的次数取决于要比较的目标数，即二中选一，所以是“配对”。

如果对 n 种品牌进行比较，那么被调查者就要做 $n\times(n-1)\div 2$ 次配对比较，即 C_n^2 个组合的结果，这包括了所有可能的物体的配对；在可传递的假设下，将配对比较的数据转化为一个等级顺序，因而配对比较量表获得的数据在性质上是定序的。

配对比较量表可以实现等级顺序的转换。例如，在表 7－1 中，有 100 个被调查者对 5 个品牌的偏爱程度进行排序，采用两两配对比较，统计结果见表格数据。在 A 和 B 两个品牌的比较中，100 个应答者中有 19 个选择了 A 品牌，选择 B 品牌的有 81 人。将 A 品牌与其他所有品牌的比较中被选择的频数汇总，即可得到 A 品牌被选择的总频数，其他 4 个品牌的总选择频数也可以按此法算出。B 品牌被选中的频数最高，所以排名第一，D 品牌被选中的频数最低，排名第 5。但在这种配对比较的结果中，排名靠前的品牌并不一定就是消费者喜欢的品牌，可能存在这样一种情况，那就是被调查者在 A、B 两个品牌中对 A 品牌略为偏爱，而实际上两个品牌他都不喜欢。因此测量结果只代表比较对象之间的顺序关系，无法确定对象或属性的特征水平。

表 7－1　偏爱品牌比较（共 100 个应答者）

	A	B	C	D	E
A	—	81	68	26	37
B	19	—	28	8	14
C	32	72	—	15	26
D	74	92	85	—	57
E	63	86	74	43	—
总频数	188	331	255	92	134
排序	3	1	2	5	4

（二）等级顺序量表

等级顺序量表通常指向被调查者提出若干个需要按优先顺序排列的项目，请他按照重要程度、喜好程度等来指出这些项目的顺序或者是位置。例如，某一个产品有五种特性，为了解这些特性的重要程度，可请被调查者对其进行排序，“1”为最重要，“5”为最不重要。等级顺序量表的题设直观，实际应用也比配对比较量表简单，制作更加方便，因此应用更广。被调查者在配对比较量表中需要做 $[n(n-1)/2]$ 次决定，而在等级顺序量表中只需做 $(n-1)$ 次决定，所以等级顺序量表更简单。另外，等级顺序量表和配对比较量表一样，得到的都是定序数据，是一个相对结果，所以在绝对意义上被调查者可能并不喜欢排序第一的品牌。

（三）常量和量表

常量和量表，又称为固定总和量表，要求被调查者根据设定的标准在一组刺激物中分配一个单位常量（如 100 分），用以反映被调查者对刺激物特质的相对偏好或重视程度。例如，消费者在选择快递公司时，主要考虑运送时间、运输价格、物品安全这三个因素，然后要求被调查者按照其对这些因素的重视程度来分配这 100 分。

常量和量表通过固定总分进行再分配，直观易懂，制作简单。如果某项属性不重要，被调查者会给它分配 0 分；如果某项属性的重要性是另一属性的重要性的两倍，属性分数将会是另一属性的两倍。但总分是固定的，既可以是 100 分也可以是 10 分。需要注意的是，常量和量表的缺点也是明显的，那就是题项不宜过多。如果量表中的比较项多于 5 个，可能会加重被调查者的认知负担，因此不建议使用。

三、非比较量表的具体应用形式

（一）连续评分量表

非比较量表中比较简单的是连续评分量表，要求被调查者在一条直线上做标记来为物体评分，这条直线从某个标准的一个极端到另一个极端。例如对巴黎春天百货商店进行评价，研究人员设计出三个版本的连续评分量表（见图 7 - 1），版本 1 只给出一条线，把两个端点给标示出来，要求被调查者标记出评分。版本 2 和版本 3 增加了线上的刻度和定性描述，更便于被调查者作答。

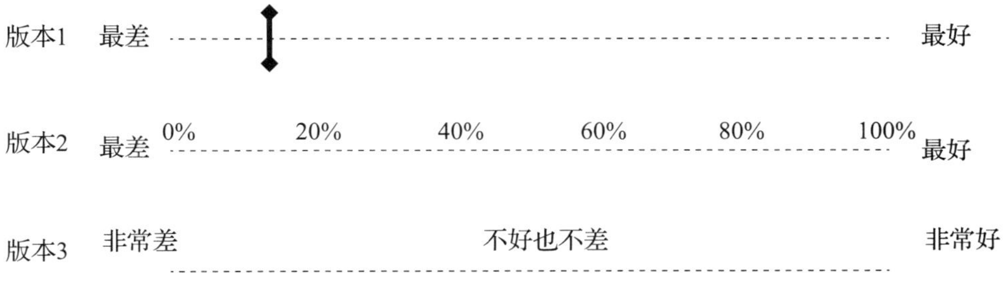

图 7 - 1　三个版本的非比较量表

资料来源：教学团队绘制。

连续评分量表制作非常简单，它可以同时对多个变量或者是一个变量的多个维度进行评分，在实际中应用比较广泛。需要注意的是，连续评分量表虽然给出了起点和终点，也设计了刻度，但本质上是顺序尺度，由于刻度比较清晰均匀，研究人员常常把它作为等距尺度来处理。另外，连续评分量表中，即使两位被调查者给出一样评分，也不代表他们的评价一致，而是取决于被调查者的评分标准，而标准通常是未知的，因此评分量表往往容易产生仁慈误差、中间倾向误差等问题。

（二）分项评分量表

非比较量表中的第二个大类叫分项评分量表，分项评分量表主要介绍两个常见量表——语义差别量表和李克特量表。分项评分量表是指量表中的每一类别都有一个数字或与每一类别相关的描述，即把变量的不同维度或一个研究对象的不同变量拆解开来进行测量。分项评分量表在市场调查中应用得非常广泛，是多题项的分项评分量表，语义差别量表和李克特量表都是典型的分项评分量表。

1. 语义差别量表

语义差别量表又叫语义分化量表，以形容词的正反意义为基础，设计一系列形容词和它们的反义词，在词义的程度之间设置 7～11 个区间，通过被试所选择的两个意义相反的形容词之间的区间来进行测量，主要用于测量人们对周围环境或事物的态度、看法、印象等。语义差别量表的特点就是可以非常清晰、直观地对测量对象进行描绘。

在图 7－2 中，研究人员使用语义差别量表调查消费者对花店的态度，量表设计了 6 组意义相反的形容词，左边都是正向的，右边都是负向的，然后中间设置了 7 个刻度。被调查者根据自己的主观判断来选择对应的刻度点。图中的实线和虚线，可以视作两位被调查者对同一家花店的评分结果，显然两位被调查者的评价差异较大，但同时，这两条线也可以代表同一群被调查者对两家花店的评价。

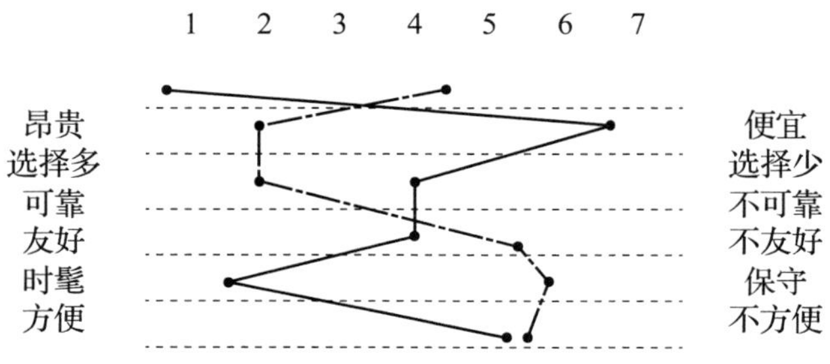

图 7－2　被调查者对两家花店的态度评价

语义差别量表可以形象地呈现数据结果，数据结果可以用来比较不同测量对象或不同被调查者的异同，还可将各项目的得分加总，用以比较不同测量对象整体的偏好等级。但是在实际应用中，恰当的正反义词并不容易找到，且无法了解被调查者的评价基准。很多研究人员将用语义差别量表获取的数据作为等距数据来处理，本质上还是顺序尺度。

2. 李克特量表

李克特量表是由美国社会心理学家李克特（Rensis Likert）于 20 世纪 30 年代提出的，它是由一系列能够表达对所研究的概念的肯定或是否定态度的陈述构成的。李克特量表是让被调查者对一组与测量主题有关的陈述语句发表自己的看法。量表会给出一系列态度陈述语句，让被调查者表达其对每一个陈述的认可程度，一般是从非常同意到非常不同意，通常中间会设置 5～11 个刻度。量表中矩阵式问题的排列，既不占空间，也便于被调查者作答。

李克特量表在社会调查、商业调查，乃至学术研究中的应用都非常广泛。因此，熟悉李克特量表的设计制作流程，可以更深入地理解其测量的原理，在不同的研究条件下找到合适的测量陈述。李克特量表的制作流程主要包括三个步骤，分别是列出备选语句，检测语句的辨别力，形成正式量表。

例如，在超市评价调查项目中，超市老板想了解消费者对超市的评价，研究人员首先要进行项目前期分析，提出表述清楚明确的测量问题，这些测量问题就是问卷设计的问题来源。项目根据测量问题罗列出一系列有关超市不同维度的陈述，李克特量表设计的第一步就是列出备选语句。第二步是检验所罗列出的陈述是否有效——语句辨别力的检测。辨别力检测，就是判断这些陈述是否有区分力，能否把对超市满意和对超市不满意的消费者区分开来，在这个例子中评分越高代表越不满意，评分越低则代表越满意。

研究人员通常需要借助一个小样本调查得到具体的评价数据，然后筛选出总分最高的 25%的子样本和总分最低的 25%的子样本（业界更多会选 27%的子样本），最后观察两个子样本对每一个语句的评分差值，差值足够大则说明这个问题有辨别力。例如，在表 7－2 中，表格对应的第 3 题和第 10 题的均值差很小，由此推断这两个题项的辨别力不足。

表 7－2　辨别力检测示例

子样本	受访者	1	2	3	4	5	6	7	8	9	10	个人总分
总分高的25%的人	某 1	5	3	2	4	5	4	5	4	5	5	42
	某 2	5	5	2	4	4	3	4	3	4	5	39
	某 3	3	4	2	4	5	5	4	3	4	4	38
	某 4	4	4	1	3	3	5	5	3	4	5	37
	某 5	3	5	2	3	4	4	2	4	5	4	36
	某 6	2	2	2	4	5	4	3	4	4	5	35
	……											

续表

子样本	受访者	1	2	3	4	5	6	7	8	9	10	个人总分
总分低的25%的人	……											
	某 56	4	4	2	2	3	2	2	1	2	5	27
	某 57	2	3	2	4	2	2	3	1	2	4	25
	某 58	2	4	1	2	3	1	2	2	1	5	23
	某 59	2	1	2	3	3	1	2	2	1	5	22
	某 60	1	3	3	1	2	1	2	2	1	3	19
总分高的 25%的人的平均分		4.2	4.2	1.8	3.6	4.2	4.2	4.0	3.4	4.4	4.6	
总分低的 25%的人的平均分		2.2	3.0	2.0	2.4	2.6	1.4	2.0	1.8	1.4	4.4	
辨别力系数		2.0	1.2	−0.2	1.2	1.6	2.8	2.0	1.6	3.0	0.2	

仅凭题项的均值差做出判断是草率的，缺乏说服力，因此研究人员还需要借助独立样本 t 检验，进一步确认差异和统计意义，从而形成正式的李克特量表。

在量表中，部分语句设计时会采用反向陈述，这么做的初衷是希望被调查者在回答的时候，不要形成填答的惯性，从而减少研究数据的误差。也有其他研究人员质疑这一做法的有效性，他们认为使用反向陈述可能会让被调查者在理解上出现误差，可能增加被调查者的认知负荷，所以不推荐使用。关于量表中是否应使用反向陈述，目前尚无定论，孰是孰非，相信初学的研究人员在实践中会有自己的理解和体会。

营销洞察

量表工具助力茶饮公司精准洞察消费者偏好

某茶饮公司为了深入了解消费者对新式即开即饮茶饮的口味和包装偏好，决定借助量表工具开展一次小范围的消费者调查。此次调查旨在为公司即将推出的新产品系列提供数据支持和市场洞察。

调查过程中，该公司与一家经验丰富的市场调查公司合作，共同设计了包含多个维度的量表。量表内容不仅涵盖了消费者对茶饮口味的偏好（如甜度、酸度、浓郁度等），还涉及对包装材质、设计风格、便携性等方面的评价。为了更精确地测量这些偏好，他们采用了李克特量表来量化消费者对各个维度的满意程度和偏好强度。此外，为了更全面地了解消费者的购买决策过程，他们还使用了语义差别量表来捕捉消费者对品牌、价格、购买场景等概念的细微差别和感受。

调查采用线上和线下相结合的方式，通过社交媒体平台、电子邮件以及街头随机抽样等多种渠道发放问卷。为了确保数据的准确性和代表性，调查公司在样本选择上注重年龄、性别、地域等人口统计特征的均衡分布。

通过对收集到的数据进行深入分析，他们发现，消费者对新式即开即饮茶饮的口味偏好呈现出多元化的趋势，其中低糖、天然健康的口味特别受青睐。同时，年轻消费群体对包装的个性化、创新性和环保性有着更高的要求，他们倾向于选择那些设计独特且易于携带的茶饮产品。基于这些深度洞察，该茶饮公司对即将推出的新产品系列进行了针对性的优化。公司调整了产品的口味配方，更加注重天然健康的成分，并减少了糖分含量。在包装设计方面，公司也大胆创新，采用了更加环保的材料，并融入了时尚、有趣的元素，以满足年轻消费群体的审美需求。

// 基本概念 //

1. 态度的ABC三要素［情感（affect）、认知（cognition）和行为倾向（behavior tendency/intention）］
2. 名义尺度（nominal scale）
3. 顺序尺度（ordinal scale）
4. 配对比较量表（paired comparison scales）
5. 李克特量表（Likert scale）

// 思考题 //

1. 态度的ABC三要素指什么？
2. 什么是测量？
3. 有效测量的三个核心原则是什么？
4. 如何判断测量尺度的类型及其适用范围？
5. 两类测量量表的具体应用形式是什么？

案例分析

我国新能源汽车产业创新发展对策研究
——基于中德日韩美五国的问卷调查

本案例从消费者态度和消费者感知价值两个角度研究消费者对新能源汽车的消费倾向及需求，从受访者对环境的态度和其车辆使用情况、受访者对新能源汽车的态度和认识、影响受访者购买新能源汽车的因素、受访者的基本信息四部分展开问卷调查。通过对比研究来自中国、德国、日本、韩国和美国五个国家2 567位消费者对新能源汽车的消费倾向及需求，挖掘我国新能源汽车市场发展的优势和劣势，提出我国新能源汽车创新发展的方式和合适的推广措施。下面重点介绍消费者对环境问题、使用新能源汽车和新能源汽车发展与本土汽车产业发展之间关系的看法。

目前，环境污染日益加重，使得节能减排成为全球共识。在调查消费者对环境问题的看法时，问卷设计了“环境问题与我息息相关”“我对全球变暖表示担忧”“应积极探索可再生能源”“我对环境问题很了解”四个选项，让受访者对各选项从1～7进行赋值，其中，“1”代表不重要，“7”代表十分重要。调查数据显示，五个国家的消费者对环境问题都十分重视，其中，相对于其他四国，中国的消费者对环境问题尤为重视，前三个选项的赋值都超过了6。

为了解消费者对使用新能源汽车的看法，问卷设计了“更多的人应该使用新能源汽车”“政府应加大激励力度”“使用新能源汽车是对社会负责的行为”“使用新能源汽车是对后代负责的行为”四个选项，并设置了1～7的得分，其中，“1”代表十分不同意，“7”代表十分同意。五个国家的消费者尤其是中国的消费者态度更为积极，四个选项的赋值都高达6.2以上，认为使用新能源汽车是对社会负责的行为，更多的人应该使用新能源汽车，并且政府应该加大对相关企业的扶持力度。由此可见，相对于其他四个国家的消费者，中国的消费者对新能源汽车发展的前景最为看好，对新能源汽车的接受度最高。

关于消费者对新能源汽车发展与本土汽车产业发展之间关系的看法，问卷设计了“发展新能源汽车对本土汽车产业的发展十分重要”一题，让受访者从1～7对该问题进行赋值，其中，“1”代表十分不同意，“7”代表十分同意。调查数据显示，五个国家的消费者普遍赞同新能源汽车发展对本土汽车产业发展的重要性，其中，中国消费者的态度尤为强烈，平均值高达6.25。与其他四个国家的消费者相比，美国消费者的态度较为保守，但平均值也达到了5.31。

资料来源：改编自刘学元，孙敏，Wujin Chu. 我国新能源汽车产业创新发展对策研究：基于中德日韩美五国的问卷调查. 科技进步与对策，2015，32（21）：77－83.

问题：这份调查问卷中应用了哪些量表？

// 即测即评 //

扫描二维码可在线自测并查看答案。

// 第8章 //

问卷设计

知识目标

- 理解并掌握问卷的定义、功能和基本结构。
- 理解评估问卷的基本原则，并能够在问卷设计实践中通过遵守这些原则保证问卷的质量。——重点
- 掌握问卷设计的流程，并能够遵循该流程科学地进行问卷设计。——重点
- 了解计算机辅助问卷设计的主要方法，并尝试将其运用于问卷设计实践。
- 理解问卷的信度和效度的概念，并能够在问卷设计实践中通过适当的方法确保、提升问卷的信度和效度。——难点

能力目标

- 能够掌握问卷设计的基本原则和方法，确保问题能够准确地反映研究目的。——重点
- 能够掌握问卷设计中的具体技巧和方法。——重点
- 能够使用问卷质量评估工具和方法，发现问卷设计中的问题并进行优化改进。
- 能够有效测量信度和效度。——提升点

素养与价值目标

- 培养严谨的科学研究态度，认识到每一个细节都可能对研究结果产生重大影响，进而树立细致、认真、负责任的科学研究态度。
- 增强数据敏感性和分析能力，培养对数据的敏感性和深入分析的能力。

思维导图

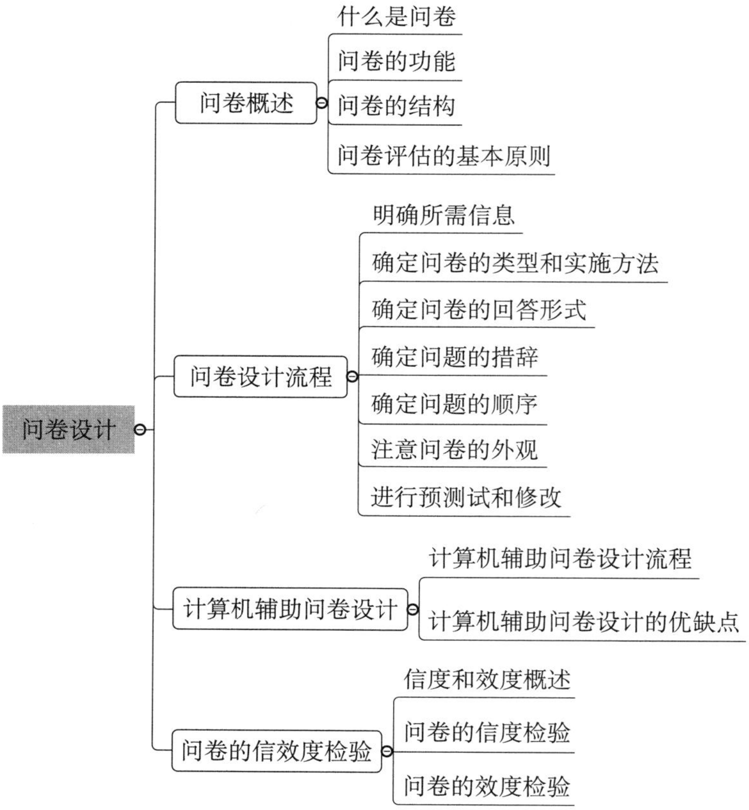

引例

问卷设计的力量

在当今竞争激烈的商业环境中，了解消费者的需求、偏好和行为变得至关重要。要深入了解消费者，问卷调查是必不可少的。问卷调查不仅可以帮助我们收集大量数据，还能够洞察消费者的心理和行为，为企业制定战略和决策提供有力支持。某餐饮连锁品牌“美味屋”近期计划推出一款新的午餐套餐，希望吸引更多的年轻消费者。在推出该套餐之前，“美味屋”需要了解目标消费者的口味偏好、用餐习惯以及价格敏感度等。于是，市场部决定开展一次问卷调查，以获取宝贵的市场洞察。在进行这次调查之前，市场部经过认真的准备和规划，按照以下步骤设计了问卷：在制定调查计划时，首先要明确调查的目的是什么。对于“美味屋”来说，调查的目的是了解目标消费者对新午餐套餐的态度和偏好。因此，受众群体主要是年轻的上班族和学生。根据调查目的，市场部设计了一系列问题，涵盖了消费者对午餐套餐的期望、喜好的菜品种类、价格接受度等方面。问题的设计要清晰明了，避免有引导性或出现歧义，以确保得到准确的回答。在正式发布问卷之前，市场部进行了问卷测试。他们邀请了一些内部员工和外部志愿者进行填写，并收集了反馈意见。通过测试，他们发现了一些问题的不足之处，及时对其进行了修改和优化。问卷设计完成并通过测试后，市场部便开始了问卷的分发工作。他们通过多种渠道，如线上调查平台、社交媒体和实地调查等方式，向目标受众发送问卷链接或发放纸质问卷，在一定时间内收集到了大量的数据。接下来，市场部对收集到的数据进行分析和总结。他们利用统计分析工具和方法，对不同问题的回答进行了统计和比较。通过数据分析，他们得出了一些重要的结论和洞察，为制定后续策略提供了依据。

资料来源：作者根据网络资源整理。

思考：结合这个案例分析问卷在市场调查中的作用。

第 1 节　问卷概述

一、什么是问卷

问卷，也称为调查表或询问表，是一种专为市场调查目的而设计的数据收集工具，其全称为“市场调查问卷”。问卷包括一系列问题、调查项目、预设的备选答案以及详尽的说明，旨在高效且精准地从被调查者那里获取所需的信息。问卷的设计，通常由调查者依据特定的调查目标及要求，严格遵循既定的理论假设与科学方法来进行，以确保其结果的有效性与可靠性。

在商业市场调查领域，市场调查问卷被广泛应用于深入了解消费者需求、分析市场趋势、评估产品与服务的效果等；在社会调查领域，它也是探究社会现象，了解民众意见和态度等的重要工具；在学术研究领域，问卷同样扮演着重要的角色，助力学者们收集实证数据，验证理论假设，推动学科知识的进步与发展。

二、问卷的功能

作为数据收集工具，问卷的功能主要体现在以下四个方面：

1. 规范数据收集程序

问卷提供了标准化和统一的数据收集程序，确保不同研究人员在收集数据时，不会因为个人差异（如询问方式、表述方式或问题提出顺序）而产生偏差。

2. 简化测量过程

问卷作为结构化的调查工具，设计简洁明了，能够简化测量过程，提高数据收集效率。

3. 降低调查成本

问卷的标准化和结构化设计，使得数据收集过程更加高效，从而有助于降低整体调查成本。

4. 减少非抽样误差来源

市场调查中的误差主要来源于抽样误差和非抽样误差。非抽样误差，常被称作系统误差，是指除抽样误差以外的所有误差，主要来源于数据获取过程。如果问卷设计专业、测量工具精确，就能有效减少这类非抽样误差。

三、问卷的结构

问卷主要由引言、主体内容、结束语及问卷附注组成。其中，引言主要包括问卷的标题和说明信。主体内容包括想要询问的具体问题、提供的答案选项以及可能的答题说明。结束语及问卷附注则主要是向被调查者表示感谢，表明调查已结束，有时还可以附上优惠券或购物券以表达谢意。

在设计说明信时，可以尝试换位思考，想象如果自己是一名被邀请的应答者，最希望了解哪些内容，或会有哪些疑问。问卷的说明信应该起到答疑解惑的作用，从而提高被调查者参与调查的积极性和回答的质量。问卷说明信的内容包括：（1）阐述调查的目的及调查者的身份，让被调查者了解调查的背景和目的；（2）强调被调查者参与的重要性，让他们认识到自己的回答对调查的意义；（3）提醒答题的原则，说明只需要如实回答，不存在对错或价值判断；（4）承诺保护被调查者的个人信息，确保他们的隐私安全；（5）表达自己对被调查者的期望与感谢，让被调查者感受到自己的参与被重视和感激。

四、问卷评估的基本原则

问卷评估的基本原则主要有五个。

1. 目的性原则

问卷应能达成研究目标，突出重点。这意味着问卷中的问题应该与研究目标直接相关，能够有效收集到与研究主题相关的信息。任何不相关或多余的问题都应该被剔除，以确保问卷的高效性和精准性。

2. 友好性原则

问卷的设计应考虑到被调查者的感受，让被调查者配合完成调查。这就要求问卷要考虑到被调查者的背景、文化和语言习惯，避免使用过于专业化或难以理解的术语和语言，问题和选项应设计得清晰明了。问卷的格式和排版也应该简洁明了，便于被调查者理解和完成。

3. 顺序性原则

问题的排列应符合逻辑。一般来说，问卷应该从简单的问题开始，逐渐过渡到更复杂或敏感的问题，避免使被调查者产生抵触情绪。相关的问题应该放在一起，形成连贯的问卷结构。

4. 简明性原则

问卷中的语言应简明清晰，避免产生歧义或造成被调查者理解困难。问卷中要避免使用复杂的句子结构或生僻的词汇。问题应该简洁明了，尽量避免使用含糊不清或模棱两可的表达方式，便于被调查者轻松作答。

5. 匹配性原则

问卷获取的数据应便于后期进行处理和分析。这包括保证问卷的结构和问题设计能够与后续的数据分析方法和技术相匹配，确保数据的准确性和可靠性。问卷中还应该包含必要的标识和说明，便于数据的归类、整理和分析。

营销洞察

益普索调查公司问卷设计、改进与定稿流程详解

益普索（Ipsos）作为全球知名的市场调查机构，其问卷设计流程集深厚的行业经验积累和前沿的研究方法为一体，确保每一项调查都能精准捕捉受访者的真实反馈。以下是益普索问卷设计、改进与定稿流程的详细解析。

1. 需求分析与目标设定

明确客户需求：益普索首先与客户进行深入沟通，了解调查目的、目标受众、预期成果等关键信息。

确定调查框架：基于客户需求制定详细的调查计划，包括研究范围、样本量、调查时间线等。

2. 问卷初稿设计

构建问卷结构：根据调查目标设计问卷的整体框架，包括开场白、指导语、问题部分、结束语等。

编制问题库：根据研究主题收集相关文献资料，结合行业经验和专家意见，编制出全面、具体的问题库。

问题筛选与排序：从问题库中筛选出与调查目标紧密相关的问题，并按照逻辑顺序进行排列，确保受访者能够顺畅作答。

选项设计：为每个问题设计合理的选项，确保选项之间具有互斥性和穷尽性，避免引导性回答。

3. 预测试与反馈收集

小范围预测试：选取与目标受众相似的样本群体进行小范围预测试，收集初步数据。

深入分析反馈：对预测试数据进行深入分析，识别问卷中可能存在的问题，如理解难度、敏感性问题、填答意愿等。

多渠道收集反馈：除了数据分析外，还通过面对面访谈、电话回访等方式收集受访者的直接反馈。

4. 问卷改进与优化

问题修订：根据预测试结果和反馈意见，对问卷中的问题进行逐一修订，确保问题的表述更加清晰、准确、无歧义。

选项调整：优化选项设置，增加或减少选项数量，确保选项能够全面覆盖受访者的可能回答。

结构优化：调整问卷的整体结构，使问题之间的逻辑关系更加紧密，提高问卷的流畅性和易读性。

视觉设计：注重问卷的视觉效果，采用合适的字体、颜色和排版方式，提升受访者的填答体验。

5. 问卷定稿与审核

内部审核：由经验丰富的问卷设计师和项目经理对修订后的问卷进行内部审核，确保问卷内容无误、格式规范。

客户确认：将定稿问卷提交给客户审核确认，根据客户的反馈进行必要的调整。

准备配套材料：编制问卷指导语、编码手册等配套材料，为后续的数据收集和分析工作做好准备。

6. 后续支持与持续优化

数据收集支持：在数据收集过程中提供技术支持和现场指导，确保问卷的顺利实施。

持续监测与评估：对问卷实施过程进行持续监测和评估，及时调整问卷内容和策略以应对突发情况。

反馈循环：建立反馈循环机制，定期收集用户反馈并进行分析总结，为后续调查项目提供借鉴和参考。

通过以上流程，益普索能够设计出高质量、高效能的调查问卷，为客户提供精准、可靠的市场调查服务。

第 2 节　问卷设计流程

问卷设计是一个系统而细致的过程，涉及多个关键步骤，每一步都需要精心设计，以确保问卷能够有效地收集到所需的数据，并为后续的数据分析提供准确可靠的信息。

一、明确所需信息

问卷设计的第一步是明确所需信息。这意味着研究者需要确定问卷中需要收集哪些具体的数据和信息。作为市场调查的工具，问卷的设计应基于对项目分析结果的深入理解，将企业决策者的管理问题转化为研究问题，再进一步转化为可通过数据研究和观察来检测的测量问题。在这一阶段，建议列出一个问题清单，无需考虑问卷的具体措辞和表达，只需将需要测量的问题逐一列出，以供后续步骤使用。

二、确定问卷的类型和实施方法

明确了所需信息后，接下来是确定问卷的类型和实施方法。问卷的内容不仅受信息需求的影响，还受到调查方法的制约。虽然问卷可应用于多种研究方法，如焦点小组讨论法、观察法、实验法等，但其在调查访问法中的应用最为广泛。不同的调查访问形式对问卷有不同的要求，如街头拦截调查需要问卷简短清晰，不占用过多时间；邮寄问卷则需设计得清晰无歧义，以便被调查者自行理解；电话访问需使用丰富的词汇来准确描述概念，确保被调查者理解问题；而网络调查则可借助图片、录像等多媒体手段，便于被调查者理解和参与。此外，研究者还需根据研究的具体问题，如消费者态度，设计相应题项以获取被调查者的相关信息，如性别、年龄、学历、职业等。

三、确定问卷的回答形式

第三步是确定问卷的回答形式。根据问卷的回答形式，可将问卷中的问题分为三类：开放式问题、封闭式问题、混合式问题。开放式问题允许被调查者自由表达想法，无固定答案。封闭式问题则提供一系列选项供被调查者选择，可以是单选也可以是多选。在设计封闭式问题时，需注意慎用二分式选项，因其测量可能过于粗糙，无法详细描述变量如情感、认知、行为倾向等。同时，选项设计需考虑完备性，确保覆盖所有可能的情况，避免被调查者找不到对应选项。当选项可复用时，可考虑采用矩阵式问题，将同类问题集中排列成矩阵，由被调查者选择答案，以节省空间并提高效率。但需避免密集安排此类矩阵问题，以免引起被调查者的疲惫和反感。混合式问题则结合了开放式问题和封闭式问题的特点，示例如下：

示例1：您现在学习“市场调查与消费者洞察”课程的主要形式是（　　）。【最多选择2项】

□ 独立在线学习

□ 与同学或朋友互助学习

□ 自学为主，有本校教师进行集中辅导

□ 本校教师讲授为主，线上课程为辅

□ 其他________

示例1中除了给出备选项外，对于其他选项进行了追问。所以混合式问题就是将开放式问题和封闭式问题结合起来，能够有效利用二者的优点。总体上来看，不管在问卷中采用哪种方式，都需要满足信息获取的基本需求。

四、确定问题的措辞

第四步是确定问题的措辞。在问卷设计中，措辞的选择至关重要，它直接影响到被调查者对问题的理解和回答的质量。以下是针对问卷措辞的建议。

（1）避免含糊不清的词汇或问题。

示例2：一般来说，您每月到××商场购物的频率是（　　）。

① A. 从不　　B. 偶尔　　C. 经常　　D. 定期

② A. 不多于1次　　B. 1～2次　　C. 3～4次　　D. 4次以上

示例2的第一组题项给出了4个时间副词，第二组题项给出了具体频次。时间副词的含义模糊，无法量化，因此直接给出具体的频次更可取。

示例3：您的年收入是（　　）。

个人收入本身就是一个比较敏感的问题，直接询问容易引起被调查者的反感，所以普遍的做法是给出收入区间。就示例3的问题来说，除了询问方式过于直接外，问题表述得也不够清晰。年收入包括工资、奖金、津贴、投资收益等，所以“年收入”这种问法过于笼统。另一个是关于年龄的问题，直接提问也不可取，如果实在有必要，也需要注明是“周岁”“虚岁”还是“实际年龄”。

（2）避免引导性问题。

示例4：科学家认为，钙是人体生长不可缺少的元素。您认为您的孩子需要补钙吗？

示例 5：最近不少驾驶员因为没有礼让行人而被罚款。您认为用罚款推进政策实施合理吗？

不应使用科学家或政策评价等词来引导被调查者的观点。

（3）避免概括或估计。

示例 6：过去一年来，您的通信费是多少？

避免让被调查者进行复杂的计算或估计，如询问一年的通信费用可能导致计算错误或让被调查者放弃参与。

示例 7：您最近五次看电影的经历，有几次是跟朋友一起看的？

尽量让问题符合被调查者的记忆习惯或者降低对记忆的要求。五次看电影的经历对不同被调查者来说时间跨度有长有短，如果是偶尔看电影的人，这个跨度可能会很长，因而无法给出准确的答案，容易影响结果的准确性。

（4）避免双重含义。

示例 8：您觉得酒后驾车和超速行驶应该被严惩吗？

确保每个问题的指向明确，如"您觉得酒后驾车应该被严惩吗？"和"您觉得超速行驶应该被严惩吗？"是两个问题，应分开询问。

示例 9：您是否赞成国家提高所得税比例，将多出来的税收用于改善国民的社会福利？

此题不仅存在双重含义，还有一定的引导性，可能产生不同的解读，影响数据的准确性和可靠性。

五、确定问题的顺序

确定问题的顺序，指的是确定问卷中各个问题的逻辑顺序。根据预热效应，一般会让被调查者先回答相对简单的问题，然后再回答相对复杂的问题。另外，根据逻辑效应，应尽量将同类问题安排在一起，方便被调查者回答，避免增加他们的认知负担。

如果问卷比较长，要穿插一些鼓励语，如"您的回答对我们非常重要，请继续！"或"感谢您的耐心回答，接下来我们将进入下一部分。"。在问卷设计中加入进度条或完成度提示，让应答者能够直观地看到自己的回答进度，增强完成问卷的动力。

六、注意问卷的外观

问卷的外观，虽然看似只是细节，但实际上它也是研究者专业形象的体现，对被调查者的第一印象和后续回答态度会产生不可忽视的影响。优质的纸张、清晰的印刷、悦目的色彩搭配以及合理的题项空间安排，都能传达出研究者对这项工作的重视和其专业精神。相反，如果问卷外观粗糙或混乱，可能会让被调查者对研究的专业性产生质疑，甚至影响到他们回答问题的意愿和认真程度。

当然，随着技术的发展，电子问卷的应用越来越广泛。电子问卷在物理外观上的要求与传统纸质问卷有所不同，但同样需要注重细节和用户体验。例如，电子问卷的页面布局应该清晰合理，字体大小和颜色要方便阅读，避免使用过于刺眼或难以辨认的颜色。同时，电子问卷的导航和交互设计也要简洁明了，确保被调查者能够轻松理解并顺利完成问卷。

七、进行预测试和修改

最后是进行预测试和修改问卷的环节。研究者通常会选择一个小样本进行测试，这个小样本的结构应尽可能与研究人群保持一致，以便更准确地反映问卷中存在的问题，如表述不清、选项设置不当或逻辑顺序混乱等。有些研究者还会采用开放式问题，让测试样本自由回答，以便更深入地了解被调查者的真实想法和反馈。这种方式可以帮助研究者发现问卷中可能遗漏或未充分探讨的重要问题，从而进一步完善问卷内容。

第 3 节　计算机辅助问卷设计

一、计算机辅助问卷设计流程

计算机辅助问卷设计流程通常包括以下几个步骤：

（1）明确调查目的和内容。在设计问卷之前，首先需要明确调查的目的和内容。这有助于确定问卷的主题、范围和所需收集的信息类型。

（2）收集相关资料。收集与调查主题相关的资料，了解领域内的研究现状、常用术语和概念定义等。这有助于设计出更加准确、专业的问卷题目。

（3）设计问卷框架。根据调查目的和内容，设计问卷的整体框架，包括确定问卷的标题、前言、正文和结语等部分，以及各部分的逻辑关系和顺序。

（4）利用计算机辅助设计问卷。利用问卷设计平台提供的工具和功能，如题型库、模板库、AI 辅助等，快速搭建问卷框架并填充具体题目。在这一过程中，可以根据需要调整问题顺序、设置逻辑跳转等。

（5）预测试与修订。在正式发布问卷之前，进行小范围的预测试。将问卷发送给同事、朋友或目标群体中的一小部分人填写，收集反馈意见并进行修订。这一过程有助于发现问卷中可能存在的问题和不足，并及时进行改进。

（6）发布与回收问卷。通过问卷设计平台提供的多渠道发布功能，将问卷发送给目标群体。同时，利用平台的回收机制确保问卷数据的及时性和完整性。

（7）数据分析与报告撰写。将回收的问卷数据导入统计分析软件进行分析。根据分析结果撰写调查报告或研究论文，得出结论并提出建议。

二、计算机辅助问卷设计的优缺点

计算机辅助问卷设计的优点包括：（1）提高设计效率。计算机辅助问卷设计平台提供了丰富的题型库、模板库和 AI 辅助等功能，极大地提高了问卷设计的效率。用户无需从零开始设计问卷，而是可以通过选择和组合现有资源快速搭建问卷框架。（2）确保数据质量。平台提供的多渠道发布功能和回收机制确保了问卷数据的及时性和完整性。同时，通过严格的样本筛选和质量控制流程，确保了问卷数据的真实性和代表性。（3）降低调查成本。计算机辅助问卷设计平台采用在线化的操作方式，无需印刷纸质问卷或雇用大量调查员进行面对面调查。这大大降低了调查成本和时间成本。（4）便于数据分析。平台支持将问卷数据导出至多种统计分析软件进行分析处理。同时，部分平台还提供了在线深度 SPSS 分析、交叉分析等高级功能，帮助用户挖掘数据背后的深层关联和规律。

计算机辅助问卷设计的缺点包括：（1）技术门槛较高。虽然计算机辅助问卷设计平台提供了丰富的功能和工具，但对于不熟悉计算机操作或统计分析软件的用户来说仍有一定的使用难度。这可能导致部分用户无法充分利用平台的功能和资源。（2）样本代表性受限。在线问卷调查主要依赖于网络覆盖范围和受访者的自愿参与程度。因此，样本的代表性可能受到一定限制。特别是对于特定群体或地区来说，可能难以获得足够的样本量来确保调查结果的准确性和可靠性。（3）数据的真实性难以保证。尽管平台采取了多种措施来确保问卷数据的真实性和代表性，但仍存在部分受访者故意填写虚假信息或随意作答的情况。这可能导致调查结果出现偏差或失真现象。因此，在数据分析过程中需要加强对无效数据的筛选和剔除工作。

综上所述，计算机辅助问卷设计平台在提高设计效率、确保数据质量、降低调查成本和便于数据分析等方面具有显著优势。然而，在使用过程中也需要注意技术门槛、样本代表性和数据真实性等问题。通过合理利用平台提供的功能和资源，并加强数据质量控制和筛选工作，充分发挥计算机辅助问卷设计的优势并克服其不足之处。

营销洞察

专业问卷调查平台：问卷星和见数

问卷星成立于2006年，由几位华中科技大学计算机系的学生创立。起初，他们致力于开发企业信息化软件项目，但逐渐意识到需要一个连贯性更强、能够积累行业和客户资源的品牌。于是，他们决定打造一个自助式的在线问卷调查、测评、投票平台，问卷星应运而生。经过十多年的稳步发展，问卷星已成为国内领先的在线问卷调查平台，拥有超过60%的市场占有率。每天，有超过3 000万用户在问卷星上回答问题，展现了其庞大的用户规模和广泛的社会影响力。

问卷星的主要功能与特色包括：提供多样化的题型和覆盖各种调查场景的模板库，方便用户快速搭建问卷；支持链接、二维码、邮件、社交媒体等多种分发方式，确保问卷能够广泛覆盖目标群体；同时，它还具备强大的数据分析功能，支持导出至Excel、SPSS等，并生成图表报告，帮助用户深入挖掘数据价值。

见数（Credamo）作为后来者，在问卷调查领域迅速崛起，凭借其独特的AI问卷设计功能和高质量样本服务赢得了广泛的市场认可和好评。见数在短时间内已积累了大量用户，其平台每日活跃用户数和累计服务项目数量均呈快速增长的态势，展现了强劲的发展势头和广泛的市场影响力。

见数的主要功能与特色十分鲜明。它提供了AI问卷设计功能，用户只需输入调查目的和内容，AI即可自动生成问卷框架和题目，极大地提高了问卷设计的效率。同时，见数还拥有庞大的在线被试资源，覆盖全球多个国家和地区，能够确保样本的真实性和代表性，为用户提供高质量的样本服务。这些独特的功能和优势使得见数在问卷调查领域脱颖而出，成为用户信赖的首选平台。

第4节　问卷的信效度检验

一、信度和效度概述

在社会科学研究中，问卷作为一种重要的数据收集工具，其质量和可靠性对于研究结果的准确性和有效性来说至关重要。为了确保问卷的质量，研究者需要对问卷进行信度和效度的检验。

信度（reliability）是指测量结果的稳定性和一致性，即使用相同的测量工具对同一对象进行多次测量时，所得结果的一致性程度。信度是评估测量工具质量的重要指标，它反映了测量结果的可靠性和稳定性。一个具有高信度的测量工具能够在不同时间、不同情境下对同一对象进行多次测量，并得出相对一致的结果。

效度（validity）则是指测量工具能够准确反映所要测量的概念或理论的有效性。效度是评估测量工具是否能够真实、准确地反映研究变量或理论构念的重要指标。一个具有高效度的测量工具能够准确地捕捉到所要测量的概念或理论的核心特征，并提供有效的信息来支持研究假设和结论。

信度和效度是评估问卷质量的两个重要方面，它们相互关联但又有所区别。信度主要关注测量结果的稳定性和一致性，而效度则主要关注测量工具是否能够准确反映所要测量的概念或理论。借助一个靶图来进行形象化的解释（见图 8－1）。

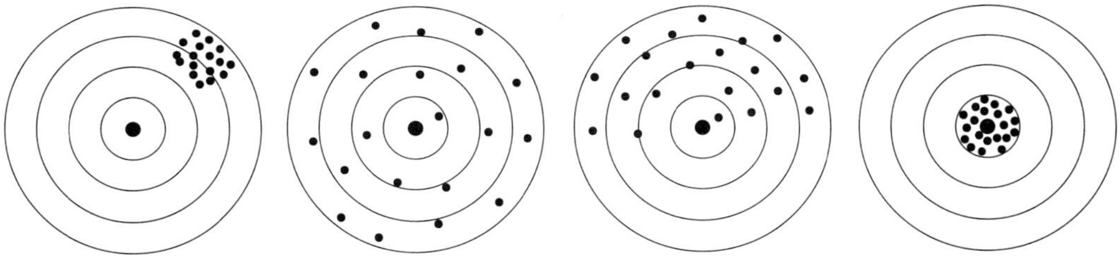

（a）有信度，无效度　（b）无信度，有效度　（c）无信度，无效度　（d）有信度，有效度

图 8－1　信效度比较的靶图

图 8－1 中的靶心：代表研究的核心概念或理论，即研究者想要准确测量的目标。内环代表效度。内环越接近靶心，表示测量工具（如问卷）越能够准确反映所要测量的核心概念或理论，即效度越高。外环代表信度。外环的紧密程度表示测量结果的稳定性和一致性。外环越紧密，即多次测量结果的差异越小，表示信度越高。

通过这个靶图，我们可以直观地看到信度和效度之间的关系。在实际研究中，研究者需要确保所选用的问卷或其他测量工具同时具备良好的信度和效度，以确保研究结果的准确性和有效性。

二、问卷的信度检验

问卷的信度检验是评估问卷测量结果稳定性和一致性的重要步骤。常用的问卷信度检验方法包括重测信度法、复本信度法、折半信度法和 Cronbach's Alpha 系数法。

1. 重测信度法

重测信度法是通过在不同时间点对同一组受试者进行相同测量，比较两次测量结果的相关性来评估信度的方法。具体步骤包括：选择一组受试者，使用同一份问卷在不同时间点（通常间隔两到四周）对他们进行调查；计算两次测量结果的相关系数，以评估问卷的信度。重测信度法的优点在于能够直接评估问卷在不同时间点的稳定性和一致性，但需要注意的是，要选择合适的时间间隔，避免过短导致记忆效应或过长导致变量产生实质性变化。

2. 复本信度法

复本信度法是通过使用两个等值但题目不同的测验（复本）来测量同一群体，根据这两次回答的信息结果进行分析，从而评估问卷的信度。具体步骤包括：设计两份在内容、格式、难度和对应题项的提问方向等方面基本一致的问卷（复本）；让同一组受试者在不同时间（或同时）填写这两份问卷；计算两份问卷的相关系数，以评估问卷的信度。复本信度法的优点在于能够评估问卷在不同表述方式下的稳定性和一致性，但需要注意的是，设计两个等值的复本难度较大，且在实际操作中可能受到多种因素的影响。

3. 折半信度法

折半信度法是将同一主题的问卷按照某种方式（如前后顺序、奇偶题号）分成两部分，让同一组受试者分别对这两部分进行回答，然后根据回答的结果计算两部分之间的相关性，以评估问卷的信度。具体步骤包括：将问卷按照某种方式分成两部分；让同一组受试者分别对这两部分进行回答；计算两部分之间的相关系数，以评估问卷的信度。折半信度法的优点在于简单易行，适用于态度题型或意见式题型，但需要注意的是，这种方法假设问卷的两部分具有相同的测量质量和难度，这可能在实际应用中受到限制。

4. Cronbach's Alpha 系数法

Cronbach's Alpha 系数是目前最常用的信度系数之一，适用于态度、意见式问卷（量表）的信度分析。它通过计算问卷中每个问题与其他问题的得分之间的相关性，来评估问卷的整体信度和每个问题的信度。具体步骤包括：计算问卷中每个问题与其他问题得分的协方差，计算问卷中所有问题得分的方差，根据协方差和方差计算 Cronbach's Alpha 系数。Cronbach's Alpha 系数的值介于 0 到 1，值越大表示信度越高。通常认为，Cronbach's Alpha 系数大于 0.7 时，问卷的信度是可以接受的。Cronbach's Alpha 系数法的优点在于简单易行，适用于多种类型的问卷和量表，但需要注意的是，这种方法假设问卷中的问题是相互独立的，这可能在实际应用中受到限制。

三、问卷的效度检验

问卷的效度检验是评估问卷测量结果准确性和有效性的重要步骤。常用的问卷效度检验有内容效度、结构效度和效标关联效度三种。

1. 内容效度

内容效度是指问卷项目对想测量的内容或行为范围取样的适当性和代表性。内容效度的检验方法主要有专家判断法、复本法和逻辑分析法。专家判断法是通过邀请相关领域的专家对问卷的每个项目进行评估，判断其是否覆盖了想要测量的内容或行为领域。复本法是由不同的人分别编写问卷，然后比较两个问卷的内容和项目，以评估问卷的内容效度。逻辑分析法是通过逻辑分析，检查问卷项目是否与测量的内容或行为领域相关。这些方法可以帮助研究者评估问卷的内容是否全面、准确，并确保问卷项目能够真实反映所要测量的概念或理论。

2. 结构效度

结构效度是指问卷的内部结构是否与想要测量的理论结构相符。结构效度的检验方法主要包括探索性因子分析（EFA）和验证性因子分析（CFA）。探索性因子分析是通过统计分析来确定问卷项目之间的共同因素或维度，探索问卷的内在结构；验证性因子分析则是通过统计方法验证和确认已经提出的理论模型，评估问卷的内在结构是否与理论结构相符。这些方法可以帮助研究者评估问卷的结构是否合理、有效，并确保问卷的测量结果与理论是一致的。

3. 效标关联效度

效标关联效度是指问卷得分与其他效标的相关程度。效标关联效度的检验方法主要包括相关系数法和判别效度法。相关系数法是通过计算问卷得分与某个效标的相关系数，评估其相关程度；判别效度法则是通过比较不同群体的问卷得分，评估问卷是否能够有效区分不同群体。这些方法可以帮助研究者评估问卷的测量结果是否与其他已知的、广泛接受的测量工具或客观指标相一致，并确保问卷能够有效区分不同的研究群体。

综上所述，问卷的信度和效度检验是确保研究质量的重要环节。通过科学的方法和严谨的态度进行信效度检验，可以确保问卷测量结果的可靠性和有效性，从而为研究提供坚实的基础。在实际研究中，研究者应根据具体的研究目的和问卷类型选择合适的信效度检验方法，并对问卷进行必要的修正和完善，以确保问卷的质量和可靠性。

营销洞察

艾瑞网2024年巴黎奥运会品牌广告效果调查报告

艾瑞网依托自主研发的大调查平台，携手旗下艾客帮调研社区，开展了专项问卷调查。本次调查通过线上问卷的形式，对观看过2024年巴黎奥运会的受众进行了深入调查。调查覆盖了不同性别、年龄、职业及地域的受访者，确保了样本的广泛性和代表性。

问卷主体主要围绕以下几个方面展开。

（1）观看行为分析：包括受访者对奥运会内容的关注情况、首选的观赛方式、对特定体育项目的偏好等。

（2）广告效果洞察：评估赞助商品牌在奥运会期间的广告植入效果，包括品牌印象分、不同性别和年龄段观众对品牌的印象差异、广告形式及渠道的偏好等。

（3）购买行为影响：探讨奥运会期间品牌广告对受访者购买行为的影响，包括是否购买过广告推广的产品、广告对购买意愿的提升作用等。

通过详实的数据分析，本次调查主要得出了以下研究结论。

（1）观看行为分析：1）近半数观众重点关注“赛事实况直播”“赛事回放/闭幕式”及“运动员表现与采访”。2）乒乓球成为最热门的体育项目，观看人次高达4.86亿。3）观众表现出强烈的社交互动需求，超过半数的观众会参与相关热点话题的讨论，并在社交媒体上发表观点。

（2）广告效果洞察：1）伊利成为观众印象最深的中国广告品牌，可口可乐则在国际品牌中占据首位，显示出两者在奥运会期间的广告策略取得了显著成效。2）不同性别和年龄段观众对品牌的印象存在差异，如男性观众更关注李宁的品牌广告，而安踏更受女性观众青睐；35～44岁的中年观众对伊利、李宁、蒙牛等品牌广告给予了高度评价，显示出品牌在不同受众群体中的差异化影响力。3）短视频成为奥运会期间观众接触最多的广告场景，触达效率超过传统媒体与流媒体。4）音视频广告和社交媒体广告是最受欢迎的广告形式，能够有效吸引观众的注意力。

（3）购买行为影响：1）超过60%的受访者表示曾购买过奥运会期间品牌广告推广的产品，以食品和饮料为主。2）近七成受访者表示奥运会广告对他们的产品购买行为起到了积极作用，其中27.60%的受访者认为广告会提升他们的购买和付费意愿。

综上所述，艾瑞网通过科学合理的调查方法和详实的问卷设计，对2024年巴黎奥运会期间的品牌广告效果进行了全面评估，得出了具有参考价值的研究结论。这些结论不仅为品牌商提供了市场洞察，也为未来的体育营销提供了有益的借鉴。

资料来源：作者根据网络资源整理。

// 基本概念 //

1. 问卷（questionnaire）
2. 信度（reliability）
3. 效度（validity）

// 思考题 //

1. 问卷的定义是什么？
2. 问卷有哪些功能？
3. 问卷评估的基本原则有哪些？

案例分析

××智能家居品牌市场调查问卷初稿

尊敬的受访者：

您好！我们正在进行一项关于××智能家居品牌的市场调查，旨在了解消费者对该品牌的需求、偏好及认知。您的意见对我们非常重要，希望您能抽出几分钟时间填写以下问卷。感谢您的支持与配合！

1. 您对××智能家居品牌的了解程度如何？（1～5 分，5 分为非常了解）

1 分　　2 分　　3 分　　4 分　　5 分

2. 您对××智能家居品牌的第一印象是什么？（单选）

A. 高端奢华　　B. 科技感强　　C. 实用便捷

D. 环保节能　　E. 其他（请说明）________

3. 您购买智能家居产品时，对各方面的重视程度如何？（1～5 分，5 分为非常重视）

功能多样性	1 分	2 分	3 分	4 分	5 分
操作便捷性	1 分	2 分	3 分	4 分	5 分
价格实惠	1 分	2 分	3 分	4 分	5 分
品牌口碑	1 分	2 分	3 分	4 分	5 分
售后服务	1 分	2 分	3 分	4 分	5 分

4. 您对××智能家居品牌的满意度如何？（1～5 分，5 分为非常满意）

1 分　　2 分　　3 分　　4 分　　5 分

5. 您认为××智能家居品牌在市场上的优势是什么？（1～5 分，5 分为最大优势）

品牌知名度	1 分	2 分	3 分	4 分	5 分
产品功能	1 分	2 分	3 分	4 分	5 分
用户口碑	1 分	2 分	3 分	4 分	5 分
售后服务	1 分	2 分	3 分	4 分	5 分
价格实惠	1 分	2 分	3 分	4 分	5 分

6. 您对××智能家居品牌的哪些功能或特点最感兴趣？（多选）

A. 远程控制　　B. 语音控制　　C. 节能环保　　D. 安全防护

E. 个性化定制　　F. 其他（请说明）________

7. 您通常通过哪些渠道购买智能家居产品？（多选）

A. 线上电商平台　　B. 品牌官网

C. 实体店　　D. 其他（请说明）________

8. 您对智能家居产品的环保性和可持续性有何看法？（1～5 分，5 分为非常重要）

1 分　2 分　3 分　4 分　5 分

9. 您向朋友或家人推荐××智能家居品牌的意愿如何？（1～5 分，5 分为非常愿意）

1 分　2 分　3 分　4 分　5 分

10. 您对××智能家居品牌的未来发展有何期待或建议？（开放式问题）

____

感谢您花时间完成此问卷！您的反馈对我们非常重要。

问题：这份问卷要调查什么？问卷初稿有哪些地方可以改进？

// 即测即评 //

扫描二维码可在线自测并查看答案。

// 第 9 章 //

抽样设计

知识目标

- 了解抽样的概念和抽样步骤。——重点
- 能够计算样本量的大小。——难点
- 理解抽样调查和非抽样调查的主要形式。——重点

能力目标

- 能够提前防范概率抽样误差和非概率抽样误差的产生。——难点
- 能够根据抽样需求采取合理的抽样框。——提升点
- 能够根据实际需求设计合理的抽样方案。——提升点

素养与价值目标

- 理解抽样“以小见大”的原理，避免“以偏概全”的代表性问题，培养严谨细致的调查态度。

思维导图

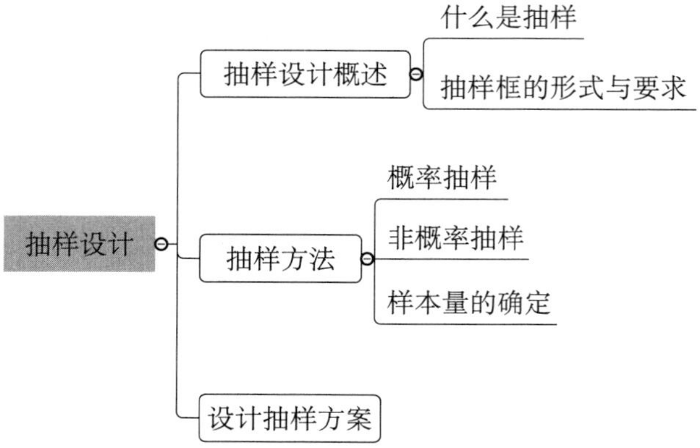

引例

速溶咖啡，回味无穷

咖啡作为仅次于茶的第二大饮品，在全球有约 1/3 的人饮用。近年来，随着居民可支配收入的增加和消费结构的升级，中国的咖啡消费量呈逐年递增的态势。以速溶咖啡为主要产品的 A 公司想要确认是否还有进入中国咖啡市场的机会。

从消费者视角分析，咖啡饮品市场的竞品众多、竞争激烈，新品牌进入其中的机会不大。目前，咖啡市场主要分为三类：现磨咖啡、速溶咖啡和即饮咖啡。在中国，现磨咖啡的市场现在主要被瑞幸和星巴克两大连锁咖啡专营店占据。资料显示，瑞幸咖啡在 2020 年一季度线下门店数量赶超星巴克，与星巴克并肩成为国内两大连锁咖啡专营店巨头，远超 Costa 咖啡等连锁品牌的线下门店数量。但是，从宏观角度分析，依据现有咖啡饮品的市场调查报告，如今中国潜在的咖啡消费者有上亿人，已经成为世界第一大咖啡消费市场。而且随着国内咖啡消费习惯逐渐被培养起来，市场还有上升的空间。

不同调查报告对于目前中国咖啡市场得出的研究结论有所不同。对总的市场而言，现在市场份额占比最高的还是速溶咖啡。Mintel 前瞻产业研究院整理的资料显示，中国咖啡消费市场规模约 1 000 亿元，其中速溶咖啡占 72%，现磨咖啡占 18%，即饮咖啡占 10%。可以看到，速溶咖啡在整个中国咖啡市场的消费结构中占主要地位。资料显示，中青年将成为咖啡市场的主流消费群体。90 后的年轻群体，对新生事物的反应非常快速，他们对外国的饮食文化感兴趣并易接受，这将更进一步促进中国咖啡市场的成熟。咖啡市场的消费主要依托于年轻群体，其中大学生是较为主要的消费者。

因此，A 公司为了更好地了解该市场，升级产品，提高市场占有率，计划重点关注大学生群体，想要了解大学生群体的咖啡购买习惯、对于速溶咖啡的态度，包括对速溶咖啡的品牌、包装、口味的偏好等等，进而了解他们的消费需求。

资料来源：作者根据网络资源改编。

思考：如何设计抽样方案，调查我国大学生群体的咖啡消费需求？

第 1 节　抽样设计概述

一、什么是抽样

抽样，是从总体中抽取样本的过程，也就是从目标总体的一个子集中获得信息的过程。目标总体，是指拥有研究人员所要寻找的信息的个体或物体的集合。在实际的市场调查活动中，我们常常会因为各种原因无法对总体中的所有个体进行调查。这时我们会希望通过样本的一些特征去推断总体的特征，也就是用抽样调查的结论，当作对总体真实信息的估计。

人们通常会采用样本统计量来表征样本的特征，如：样本均值 $\overline{X}$，样本的方差 S^2。此后，就可以进一步去推断总体均值 μ，以及总体方差 σ^2。当然，这样的推断势必会存在误差，而科学良好的抽样设计，能有效减少这种误差，提高推断的准确性。

为了实现这一目标，研究人员需要精心选择抽样方法，如随机抽样、分层抽样、系统抽样或整群抽样等，以确保样本具有代表性。同时，他们还需确定合适的样本量，以在成本效益和统计精确度之间找到平衡点。那么，为什么不直接调查总体？或者进一步说，什么情况下需要进行抽样调查？

（一）采用抽样调查的情况

严格意义上来说，在普查不可行的时候，会采用抽样调查。

第一种情况是普查成本太高或时间周期太长。如果总体很庞大，对总体中的个体进行普查，成本太高，就会倾向于采用抽样调查。或者说，如果普查的时间周期太长，会影响调查结果的时效性，这时也会考虑采用抽样调查。

第二种情况是普查困难。像产品的质量检查或者对某种产品的寿命期进行测试，采用普查可能会导致所有的商品都不能够再销售了，所以这个时候只能采用抽样调查。

第三种情况是抽样调查得出的结果反而可能会比普查得到的更精确时，会优先采用抽样调查。虽然我们普遍认为普查是对总体中的所有个体进行调查，它应该比抽样调查更准确，但其实不一定。那什么情况下，抽样调查会比普查的精度更高呢?

（二）两种误差

回答这个问题前就需要先考虑抽样带来的问题。我们从式 9－1 可以看到，如果由样本去代表总体，会存在两个误差来源：抽样误差和非抽样误差。

$$P=S+e_s+e_{ns} \qquad (9-1)$$

式中，P 表示未知的、真实的总体特征；S 表示从样本得来的结果；e_s 表示抽样误差——相对稳定；e_{ns} 表示非抽样误差或系统误差——不太稳定。

抽样误差 e_s 是抽样调查中固有的代表性误差，也就是用样本代表总体的时候，不可避免存在的误差。

非抽样误差，也就是这个公式里的 e_{ns}，也称系统误差或数据收集误差，它涵盖除抽样误差外的所有误差，与整个研究的数据收集过程紧密相关。无论是采用抽样调查还是普查，非抽样误差均存在。若普查中对数据获取过程控制不足，可能导致较大的非抽样误差 e_{ns}。因此，普查的准确性并不一定优于抽样调查，因为非抽样误差 e_{ns} 往往难以控制，且随着抽样规模的增大会成倍甚至指数级增加。故而，不应过分关注抽样误差 e_s 而忽视非抽样误差 e_{ns} 的影响。

（三）抽样误差的来源

抽样误差主要源自四个方面：

（1）总体的标志变异程度。也就是总体中个体的差异程度，差异程度越高也就是说 σ^2 越大，那抽样误差也会越大。

（2）样本量。在所有的条件一致的情况下，样本量越大抽样误差越小。

（3）样本的抽选方法。在同样的条件下，采用重复抽样相对于不重复抽样的抽样误差会更大。

（4）抽样调查的组织形式。不同的总体特征需要适配的抽样方法，选择不适配的方法，会产生更大的抽样误差。

（四）非抽样误差的来源

非抽样误差主要源自三个方面：

（1）抽样框误差：不合理的抽样框设计，如不完整、超限或重叠，会增加非抽样误差。

（2）无回答误差：这包括应答者不回答的情况，分为随机因素（如应答者恰好不在或生病）和非随机因素（如应答者主观排斥调查）。非随机因素导致的误差可能更大，因为缺失这部分样本可能使调查结果产生偏误。

（3）计量误差：主要源于抽样调查过程的不规范，包括问卷设计质量低、调查人员引导不当、被调查者回答质量低以及数据编码和录入错误等。

在实际的市场调查与分析中，有效控制抽样误差和非抽样误差至关重要。为控制抽样误差，可选择恰当的抽样方式以提高样本的代表性，并适当增加样本量。对于非抽样误差，可通过设计合理的抽样框、提升调查人员的专业素养和责任心，以及通过激励措施提高被调查者的配合度等方式来降低。

二、抽样框的形式与要求

抽样框，作为总体中所有样本单位的全面清单，是代表总体并据以抽取样本的关键框架。它构成了由不重叠抽样单位组成的统计总体及其一览表，使得研究者能够清晰地概览并选取样本。

（一）抽样框的形式

抽样框的具体形式多种多样，包括但不限于以下几种：（1）单位名册。如企业员工名单、学生花名册等。（2）登记表。如人口普查登记表、选民登记册等。（3）电话号码簿。用于电话调查时的抽样。（4）地图。在地理空间研究中，可用于确定抽样区域。（5）企业名录。用于商业调查或市场分析。（6）编码表。为特定对象分配唯一编码，便于抽样和数据分析。（7）数据库。包含大量数据的电子存储系统，可按需筛选样本。（8）时间表。在时间序列研究中，用于确定抽样时间点。

（二）对抽样框的要求

抽样框的设计是抽样调查的基础。为了确保抽样框的有效性和抽样结果的准确性，设计时应遵循以下基本要求：

（1）完整性：抽样框必须全面覆盖总体中的所有个体，确保无遗漏。例如，在全国消费者调查中，抽样框应涵盖所有地区，而不仅仅是部分城市或地区，以避免遗漏而导致的偏差。

（2）实时性：抽样框需保持更新，以避免过时而导致抽样调查结果失真。例如，人口结构、消费习惯或市场状况可能随时间发生变化，因此抽样框需相应更新，避免使用过时的数据导致调查结果失真。

（3）可得性：考虑到获取抽样框的难易程度，优先选择相对容易获取的抽样框。若需依赖政府部门或安全部门等获得抽样框，应评估获取难度并寻找替代方案。例如，利用行业协会或公开数据库获取企业样本。

（4）避免重叠：当使用多个抽样框时，需确保它们之间不重叠，即避免超限或重复覆盖，以保证抽样的代表性。例如，在城市居民调查中，应确保基于户籍和居住地的抽样框不重叠，每个居民只被纳入一个抽样框中。

营销洞察

《文学摘要》大选预测失误：抽样框偏差导致的误判

在1936年的美国大选中，两位主要竞争对手——兰登与罗斯福的角逐异常激烈。当时，《文学摘要》杂志进行了一次大规模的民意调查，预测兰登将以57%对43%的优势战胜罗斯福。然而，选举结果却出人意料，罗斯福以62%对38%的压倒性优势连任总统。这一预测与实际的巨大偏差，引起了广泛的关注和深入的分析。

《文学摘要》的预测方法看似科学，它依据电话号码簿、汽车执照和俱乐部成员名单上的地址，发出了1000多万份调查问卷，并回收了200多万份问卷。然而，正是这一看似庞大的样本库，埋下了预测失误的种子。

深入分析发现，问题的关键在于抽样框的选择。在20世纪30年代的美国，拥有电话、汽车以及能够成为俱乐部成员的人，主要集中在中上收入阶层。这部分人群虽然在社会中有一定的影响力，但他们并不能代表全体选民。实际上，构成选民主体的，是中低收入阶层。而这部分人群，由于经济条件和社会地位的限制，往往没有电话、汽车，也很少有人能成为俱乐部成员。因此，他们被《文学摘要》的抽样框严重忽略。

这种抽样框的偏差，导致了样本的代表性严重不足。尽管《文学摘要》回收了两百多万份问卷，但这些问卷主要反映了中上收入阶层的意见和倾向，而未能准确反映中低收入阶层的声音。因此，当基于这样一个偏斜的样本进行预测时，结果自然会出现偏差。

资料来源：作者根据网络资源整理。

思考：如何改进《文学摘要》的抽样框？

第2节　抽样方法

抽样方法，作为样本选取的组织形式，可划分为概率抽样与非概率抽样两大类。概率抽样，其特点在于，样本中每一个体被选中的概率是明确且可量化的。此类别下又可进一步细分为两种具体形式：一是等概率抽样，即所有样本单位被选中的机会完全均等，无偏倚地反映总体特征；二是不等概率抽样，尽管每个样本被选中的概率依然可计算，但这些概率在样本单位间并不统一，而是根据特定标准或需求有所差异。

相较于概率抽样，非概率抽样则呈现出截然不同的特性。在此类抽样方法中，样本单位被选中的概率是未知的，且无法进行精确计算。这意味着，非概率抽样不依赖于随机性原则来确定每个样本单位的出现概率，因此也常被称为不随机抽样。在此模式下，样本选取缺乏严格的概率基础，对样本代表性的评估及后续统计分析的可靠性构成了挑战。

综上所述，概率抽样（涵盖等概率与不等概率两种形式）与非概率抽样，共同构成了抽样方法的两大基本框架。二者在样本单位被选中概率的确定性上存在着根本性的差异，这一差异直接影响了抽样的科学性与结果的可靠性，是研究者在设计与实施抽样调查时必须审慎考虑的关键要素。

一、概率抽样

（一）简单随机抽样

简单随机抽样，亦称单纯随机抽样，是一种在总体 N 个单位中随机选择 n 个单位构成样本的抽样方法，其核心特征是确保每个可能的样本组合被选中的概率完全相同。该抽样技术主要应用于以下情境：当总体中的个体能够被明确编号，且总体规模相对不大，同时个体间差异不显著时，简单随机抽样便成为一种高效且公正的选择方式。

以教育领域为例，假设需要从一个拥有 100 名学生的班级中随机挑选 20 名学生进行考试成绩的分析，简单随机抽样尤为适用。具体操作步骤如下：首先，从 1 至 100 为这 100 名学生依次编号；其次，通过抽签或使用随机数生成器等手段，随机选取 20 个编号，这些编号的学生即构成研究样本。

在实现手段上，除了传统的抽签法和直接信手抽取外，利用随机数表或现代计算机软件进行抽样更为便捷。特别是 Excel 等电子表格软件，其内置的随机函数（如 RANDBETWEEN）为简单随机抽样提供了强大的支持。以前述班级抽样为例，在 Excel 中，通过输入公式“＝RANDBETWEEN（1,100）”并拖动填充空格，即可快速生成 20 个介于 1 至 100 的不重复（或允许重复，根据具体需求设置）随机整数，这些整数对应的编号即代表了被随机选中的学生样本。值得注意的是，Excel 中还存在其他随机函数，用户可以根据实际需求灵活选用，并通过调整函数参数来满足不同的抽样要求。

（二）系统抽样

系统抽样，亦称机械抽样，是一种依据特定顺序规则，以固定间隔从总体中选取样本的方法。具体而言，该方法首先确定一个随机的起始点，随后按照预设的间隔 K，依次从总体中挑选出后续样本点，直至达到所需的样本量。此处的 K 值，是通过将总体规模 N 除以样本量 n，并对结果进行向上取整（或根据具体抽样设计确定）来确定的，确保了抽样的系统性和均匀性。

与简单随机抽样相比，系统抽样在保持统计推断有效性的同时，显著简化了抽样过程，因其仅需对起始点进行随机选择，后续样本点的选取则遵循固定的间隔规则。然而，该方法也潜在地受到了总体中可能存在未知周期性模式的影响。若抽样间隔 K 恰好与总体中的某个周期性特征相吻合，则可能导致样本的代表性受损，即出现所谓的“周期性偏差”。因此，在实施系统抽样前，对总体是否存在周期性特征进行预先考察显得尤为重要。

至于简单随机抽样与系统抽样的适用场景，一般来说均需要满足以下条件：调查总体规模适中或较大（即全面调查的难度大或成本高），且存在一个能够全面覆盖总体所有个体的抽样框。在这样的条件下，无论是采用简单随机抽样还是系统抽样，都能确保样本的随机性和代表性，从而满足调查需求。

（三）分层抽样

分层抽样，亦称分类抽样，是一种精细化的抽样方法，其核心在于将调查总体依据某种特征或标准划分为若干同质、互不交叉的层次或类型，并在这些层次或类型中分别独立地进行样本抽取。该方法的实施过程可概括为两个关键步骤：首先是分层，即根据研究目的和总体特征，将总体划分为若干具有显著差异的层次；其次是抽样，即在每个已划分的层次内部，采用简单随机抽样或系统抽样等方式，抽取符合要求的样本。

以 10 000 名学生构成的总体为例，若需抽取 1 000 人的样本，可依据学生的学历层次进行分层，如专科生、本科生和研究生，并依据各层次在总体中的比例来确定各层应抽取的样本量。假设专科生、本科生、研究生在总体中的比例分别为 30%、50%、20%，则在 1 000 人的样本中，应分别抽取 300 名专科生、500 名本科生和 200 名研究生。此即分层抽样的基本思路。

分层抽样的适用性主要体现在那些层间差异显著、层内个体同质的总体中。通过分层，可以确保每个层次都能得到适当的代表，从而提高总体估计的精度。相较于简单随机抽样，分层抽样在具备分层属性的情况下，能够更有效地捕捉总体的特征，使抽样结果更具代表性、准确性更高。例如，在零售店调查中，可根据店铺规模（大型、中型、小型）进行分层抽样；在人口统计研究中，则可根据年龄、性别、收入等人口统计特征进行分层。此外，消费者类型、企业规模、行业类型等也是分层抽样中常用的分层指标。

（四）整群抽样

整群抽样，亦称聚类抽样，是一种在总体自然形成或人为划分的群体基础上进行随机抽样的方法。该方法首先要求对总体进行科学的分群，确保每个群体（或称“簇”）内部包含的所有基本单位相互排斥且无遗漏，同时群体之间在特征上保持相对一致性，即群体间差异较小。在此基础上，随机选取部分群体作为样本，并对所选群体内的所有基本单位进行全面调查。整群抽样的核心在于“先群后全”，即先抽取群体，再对群体内个体进行普查。

那什么时候采用整群抽样呢？就是在群体间差异很小，群体和群体没有什么太大区别，但是群体内的个体差异很大的情况下。一般来说，我们可以根据地域或者外观来划分群体，但是如果群体内单位有趋同性，它的精度会比简单随机抽样低。这是因为做整群抽样，首先是要求群体间差异小，而群体内差异大，如果群体间差异小，群体内差异也小，那这个时候我们其实用简单随机抽样就好了。

整群抽样的适用性主要体现在群体间差异小、群体内差异大的情境下。当总体中的基本单位难以单独划分或调查成本较高时，通过整群抽样可以有效降低调查难度和成本。例如，根据地域、行业、组织等特征将总体划分为若干群体，然后随机抽取部分群体进行调查。然而，需要注意的是，如果群体内部单位之间存在高度趋同性，就没有必要进行普查了（整群抽样的第二阶段要求），采用简单随机抽样就能满足要求。

二、非概率抽样

（一）方便抽样

方便抽样，亦称偶遇抽样，是一种在实际操作中较为简便、灵活的抽样方法。其特点在于，调查人员主要依据自身的便利性来选择样本，而非遵循严格的概率原则。这种方法在多种场合下均有广泛应用，诸如会议、展览、街头拦截访问、商场调查，以及通过报刊发布问卷、网络投放问卷等形式。然而，方便抽样也有其固有的局限性。

方便抽样的核心问题在于，它无法有效测量或控制抽样误差。这是因为，在方便抽样中，总体中的每个个体被抽中的概率并非已知且相等的。以电视采访为例，当记者宣称随机选择三位市民进行采访，并声称他们的观点能代表整个社会时，这种说法的合理性是值得质疑的。实际上，那些没有路过采访地点的市民，根本就没有被抽中的可能性。而最终被选中的三位市民，仅仅是因为他们恰好处于采访的便利范围内，因此他们的观点只能代表他们自己，而无法推广到整个总体。

鉴于方便抽样的这一局限性，它在实际应用中更适合于探索性调查或对准确性要求不高的总结性调查。在探索性调查中，方便抽样可以帮助研究人员快速获取初步信息，为后续深入研究奠定基础。而在对准确性要求不高的总结性调查中，方便抽样则能以一种相对经济、高效的方式提供大致的调查结果。然而，在需要精确估计总体特征或进行严谨统计分析的场合下，方便抽样则可能不是最佳选择，因为它无法保证样本的代表性，也不能有效控制抽样误差。

（二）判断抽样

判断抽样，是一种基于调查人员或熟悉总体情况的相关专业人士的主观判断来选取样本的抽样方法。某种程度上，它可被视为一种更为精细化的方便抽样。与纯粹的方便抽样不同的是，判断抽样在实施抽样之前，会充分利用调查人员或专业人士对总体的深入了解，进行有针对性的样本选择。例如，在已知总体中男性和女性比例大致为 1∶1 的情况下，判断抽样会依据这一比例，在样本中严格控制男性和女性的比例，以确保样本的代表性。

判断抽样的应用领域广泛，尤其在探索性调查和特定领域专家团队的组建中表现出色。在新产品潜在市场的判断与测试市场选择方面，判断抽样能够充分发挥其优势。借助行业内的专业知识和经验，研究人员可以更加准确地确定哪些市场具有测试新产品的潜力，以及这些市场的选择是如何影响最终产品的推出的。此外，在组建专家团队时，判断抽样也能帮助我们从众多候选人中筛选出最具代表性和专业性的成员，确保团队的整体素质和研究方向的准确性。

判断抽样的主要特点是便捷、低成本和可操作性强。然而，这一方法也存在明显的局限性。由于判断抽样高度依赖于调查人员或专业人士的主观判断，因此容易受到个人偏见、经验不足或专业素养差异等因素的影响。这可能导致样本选择不够客观、全面，进而影响研究结果的准确性和可靠性。因此，在使用判断抽样时，应充分考虑其优缺点，并结合研究目的和实际情况进行权衡和选择。

（三）配额抽样

配额抽样，是一种依据总体结构特征来为调查员分配定额，从而获取一个与总体结构特征大致相符的样本的抽样方法。其实施过程主要分为两个阶段。

在第一阶段，需明确总体中个体的特征，并据此进行配额分配。这一步骤的关键在于，确保具有相应特征的个体在样本中所占的比例，与其在总体中所占的比例是一致的。例如，若总体中男女性别比例为 1∶1，则在样本中亦应确保男女比例为 1∶1，以体现总体中的性别结构特征。在第二阶段，利用方便抽样或判断抽样等具体方法来进行样本的抽取。在这一阶段，调查员需根据前一阶段确定的配额，在总体中选取符合要求的个体，以构建满足特定结构特征的样本。

关于配额抽样与判断抽样的区别，值得进一步阐明。以男女比例 1∶1 为例，若此比例是基于总体的客观特征而确定的，并在样本中严格遵循，那么这种抽样方式即属于配额抽样。相反，若此比例是专业人员凭主观判断设定的，且并未经过客观验证，那么该抽样方式更倾向于判断抽样。在判断抽样中，样本的质量在很大程度上取决于人员的判断水平，而配额抽样则严格依据总体的客观特征进行配额分配，从而确保样本的代表性和准确性。

（四）滚雪球抽样

滚雪球抽样，作为一种独特的抽样方法，其样本的形成是通过逐层推荐的方式逐渐累积的，这一过程呈现出一种类似滚雪球般的效应，即样本规模是通过已有样本成员的推荐而不断扩大的。具体来说，当研究者需要针对某一特定群体（如某学校里的云南人或对汽车感兴趣的女性）进行调查时，若该群体在总体中分布较为分散或难以直接接触，滚雪球抽样尤为适用。例如，研究者可以先找到少数几个属于该群体的个体，然后请这些个体推荐其认识的其他同类个体，以此类推，逐渐形成一个规模适中的样本。

滚雪球抽样的主要特点是，它能够在确保样本具备特定特征的同时，有效控制抽样误差，并且所需的样本量相对较小。这一优势使得滚雪球抽样在资源有限或总体规模庞大的情况下尤为适用。然而，该方法也存在一定的局限性。首先，滚雪球抽样高度依赖于人际关系网络，这可能导致样本的代表性受到一定限制，因为被推荐的个体往往与推荐者存在一定的关联。其次，抽样的质量在很大程度上取决于内层人员的素质和判断力，若推荐者缺乏足够的认知或存在偏见，可能会影响样本的准确性和全面性。

鉴于上述特点，滚雪球抽样通常被应用于一些特殊的专业领域或针对特定群体的研究中。特别是当研究者需要寻找具有特殊嗜好的群体、患有罕见疾病的群体，或难以通过常规途径接触的群体时，滚雪球抽样能够提供一种有效的解决方案。在这些情况下，采用其他抽样方法可能难以获得满足研究需求的样本，而滚雪球抽样则能够利用人际关系的传递性，逐步构建起一个符合要求的样本集。

营销洞察

长埭村“链上·数字乡民”调查项目的抽样设计

调查员为了对长埭村“链上·数字乡民”产品消费情况展开调查，需要先进行样本量的计算和抽样方法的设计。长埭村“链上·数字乡民”是一种非普遍性的集商业和社会效益于一体的产品，并且设置了限额销售，所以实际积累的消费者只有1 000名左右。而长埭村希望通过调整营销策略，增加潜在消费人数，提高“链上·数字乡民”产品的销量，因此项目组初步将与长埭村有一定关联且具备价值共创意愿或能力的潜在消费者作为重点突破对象。

为了对长埭村“链上·数字乡民”产品消费情况进行全面而有效的调查，项目组精心设计了样本量计算与抽样方法，以确保调查结果既能反映当前消费者的特征，又能为扩大潜在消费人群提供策略依据。鉴于“链上·数字乡民”产品的特殊性和有限的消费者基数（约1 000名），以下是具体的抽样设计。

首先，在确定样本量时要遵守两个原则。一是基础样本覆盖：要先确保现有约1 000名消费者中有30%～40%被纳入样本，以保证基础数据的代表性；二是潜在消费者拓展：额外增加样本量，聚焦与长埭村有一定关联且具备价值共创意愿或能力的潜在消费者，以评估市场扩展潜力。

其次，设计抽样方法。抽样方法有三种：

(1) 数字社群抽样（方便抽样），用来快速收集对数字产品有较深理解的消费者反馈。其中，目标群体为数字藏品爱好者，特别是参与“链上·数字乡民”产品交流群、数字藏品论坛的成员。抽样方式为利用在线平台的便利性，直接在这些社群中发布问卷链接或邀请码，鼓励成员参与调查。

(2) 村委会与企业协助抽样（判断抽样），用于获取更广泛且具体的消费者行为数据，包括投资、旅游动机等。其中，目标群体是通过村委会和企业项目对接人掌握的、有联系方式的现有消费者及潜在投资者、旅游者。抽样方式为基于村委会和企业的判断，选择具有代表性的个体进行邀请，采用电话或电子邮件方式发送问卷。

(3) 滚雪球抽样，利用社交网络效应，发掘更多潜在消费者，增加样本多样性和深度。其中，目标群体为通过上述两种方式已参与调查的消费者推荐的新消费者或潜在消费者。抽样方式为在问卷末尾设置推荐机制，鼓励受访者推荐其知晓的其他“链上·数字乡民”产品消费者或感兴趣者参与调查，形成样本的连锁扩大。

资料来源：根据全国大学生市场调查与分析大赛国赛一等奖作品整理。

三、样本量的确定

在抽样设计中，样本量的确定是一个重要的环节，就是看在市场调查中应抽取多少样本才适宜。需着重指出的是，样本量的精确计算，往往以简单随机抽样为理论基石。当调查采用其他类型的概率抽样方法时，则需依据具体方法的特点，对样本量进行必要的调整与优化，以确保抽样结果的代表性和准确性。然而，在非概率抽样的情境下，通过公式直接计算得出的样本量可能并不具备严格的统计意义。尽管如此，这些计算结果仍可作为确定最低样本量的重要参考，为调查者提供基本的样本规模指导。

样本量的确定过程，实则是一个综合考虑多重因素的复杂决策。其中，总体规模的大小、调查资源的有限性、时间的紧迫性程度等因素均会对样本量的选择产生影响。但最为关键的，还是调查者对容许抽样误差的严格把控。容许抽样误差的大小，直接决定了样本量需求的多少，是样本量确定过程中不可忽视的核心要素。

为了更深入地理解样本量的计算原理，并便于实际操作中的应用，接下来我们将详细展示两个与样本量计算紧密相关的公式。通过这些公式的运用，调查者可以更加科学、合理地确定样本量，为市场调查的顺利实施奠定坚实的基础。

式 9－2 是通过绝对抽样误差的方法来确定样本量，这里的 ε 表示的就是绝对抽样误差。比如说，考试成绩的均值容许误差在±10 分范围内，这个±10 分就是绝对抽样误差。

式 9－3 是通过百分比抽样误差的方法来确定样本量，这里的 ε 表示的就是百分比抽样误差。比如说，调查使用某产品的女性比例占多少，容许误差在±10％的范围内，这个±10％就是百分比抽样误差。

$$n=\frac{Z^2\sigma^2}{\varepsilon^2} \tag{9－2}$$

$$n=\frac{Z^2[\pi\times(1-\pi)]}{\varepsilon^2} \tag{9－3}$$

下面我们具体来看一下式 9－2、式 9－3 的由来以及在不同情况下样本量计算的应用。

首先，我们由总体参数的区间估计推导式 9－4 可以得出：总体均值 μ 的置信区间是由样本均值和抽样误差两部分组成的，即为 $\overline{X}\pm Z\frac{\sigma}{\sqrt{n}}$，这里面的抽样误差则为 $\pm Z\frac{\sigma}{\sqrt{n}}$，也就是 Z 值和样本量 n 共同确定了抽样误差的大小。反过来，样本量 n 的确定则是由 Z 值和所容许的抽样误差 ε 来决定的。也就是说，在这个公式里，一旦确定了 Z 值和总体标准差 σ，就可以确定任意希望的抽样误差所需要的样本量。同理，式 9－5 是通过对总体成数 π 的区间估计得到的，大家也可以以此类推。

$$\text{总体均值}\ \mu\ \text{的置信区间为：}\overline{X} \pm Z\frac{\sigma}{\sqrt{n}} \qquad (9-4)$$

$$\text{总体比例}\ \pi\ \text{的置信区间为：}P \pm Z\sqrt{\frac{\pi \times (1-\pi)}{n}} \qquad (9-5)$$

这些公式里的字母所对应的概念如表 9－1 所示。

表 9－1　符号及其含义

符号	含义
n	必要样本量
ε	容许的抽样误差
$Z_{(95\%)}$	置信度 95%时正态分布的值，此时值为 1.96
π	总体比例或总体成数
P	样本比例或样本成数
σ	总体的标准差
S	样本的标准差

在确定样本量的过程中，有一个关键参数不容忽视，那就是 Z 值。Z 值代表的是置信度所对应的临界值，而置信度是调查者在研究开始前根据实际需求预先设定的。通常情况下，调查者会选择 90%、95%或 99%的置信度，这些置信度在统计学中较为常见。对应于这些置信度的 Z 值，可以通过查阅标准正态分布表来获取。为便于应用，建议调查者熟记这三个常用置信度对应的 Z 值：90%置信度对应的 Z 值为 1.64，95%对应 1.96，而 99%则对应 2.58。

在样本量的计算公式中，还会涉及总体标准差 σ 和总体成数 π 这两个参数。然而，在实际操作中，我们往往无法直接获取这两个参数的确切值。为了解决这个问题，我们可以用样本标准差 S 和样本成数 P 来替代。S 和 P 的确定可以通过以下三种途径来实现：

首先，调查者可以进行一次小规模的前导样本调查，以该样本的标准差作为 S 的估计值，同时以该样本的成数作为 P 的估计值。这种方法能够直接提供所需的 S 值和 P 值，但需要注意的是，前导样本的选取应尽可能具有代表性。

其次，调查者还可以利用他人已有的相关调查结果来代替 S 和 P。这种方法可以节省大量的时间和精力，但前提是已有的调查结果必须与研究问题高度相关，且数据质量可靠。

最后，对于成数 P 值，如果在实际操作中无法准确获取，调查者可以采取一种谨慎的估计方法。从样本量的计算公式中可以看出，当 P 值取 0.5 时，计算出的样本量 n 将达到最大值。因此，在无法确定准确的 P 值时，选择$P=0.5$ 作为估计值，可以确保样本量足够大，从而满足调查需求。这种方法虽然可能增加一些不必要的样本量，但能够确保调查的可靠性和准确性。

下面就这两个公式对应的两种情况分别举例说明。

例 9-1：某大学要调查该校学生平均每天参加体育锻炼的时间。在一个小样本调查中发现，他们的锻炼时间标准差为 36 分钟。试以 99%的置信度并要使估计处在总体均值附近 5 分钟以内的误差范围，该大学调查项目应抽多大的样本？

解：由题意可知：该题的调查目标是总体均值。$S=36$，$Z_{(99\%)}=2.58$，$\varepsilon=5$。

直接将已知条件带入式 9-2：

$$n=\frac{Z^2\sigma^2}{\varepsilon^2}=\frac{Z^2S^2}{\varepsilon^2}=\frac{2.58^2\times 36^2}{5^2}=345.1(\text{人})$$

最后的结果向上取整等于 346 人。

例 9-2：某商家想通过抽样调查了解使用其产品的消费者中女性的比例，试以 95%的置信度并要使估计处在总体均值附近 5%以内的误差范围，需要多大的样本？

解：由题意可知：该题的调查目标是总体成数。$Z_{(95\%)}=1.96$，$\varepsilon=5$，这里是比例误差的表示形式。

直接将已知条件带入式 9-3，发现这里 P 值未知，所以采用谨慎估计的方法，取 $P=0.5$，

$$n=\frac{Z^2[\pi\times(1-\pi)]}{\varepsilon^2}=\frac{Z^2[P\times(1-P)]}{\varepsilon^2}=\frac{1.96^2[0.5\times(1-0.5)]}{0.05^2}$$

$$=384.2(\text{人})$$

最后的结果向上取整等于 385 人。

关于调查总体成数时样本量的确定，如果 P 值取 0.5 的话，大家可以查询一下表 9-2 中对应的 n 的计算结果。

表 9-2　样本量的确定

最大容许误差	90%（置信度）	95%（置信度）	99%（置信度）
1%	6 806	9 604	16 641
2%	1 702	2 401	4 160
3%	756	1 067	1 846

续表

最大容许误差	90%（置信度）	95%（置信度）	99%（置信度）
4%	425	600	1 040
5%	272	384	666
6%	189	267	462
7%	139	196	340

此外，通过观察此表格，我们可以清晰地观察到样本规模与推断的把握性及精确性之间存在紧密关联。具体而言，在保持其他条件恒定的情况下，置信度的提升意味着推论结果的可靠性随之增强。然而，这种可靠性的增加并非无代价，它要求我们必须相应地扩大样本规模。换句话说，若我们期望获得更高置信度的推论，就必须投入更多的资源来收集更大规模的样本数据。

同样，在控制其他条件不变的前提下，我们对样本统计量与总体参数值之间容许的误差范围设定得越严格，即追求更高的推论准确性，那么所需的样本规模也会相应增大。这是因为更小的误差范围意味着我们需要更多的样本来确保统计结果的稳定性和可靠性，从而满足更高的准确性要求。

综上所述，样本规模、推断的把握性和精确性三者构成了一个相互制约、相互影响的动态平衡关系。在实际应用中，调查者需要根据调查目标、资源条件以及对推论可靠性和准确性的具体要求，来合理确定样本规模，以确保调查结果的科学性和有效性。

需要提醒的是，以上公式都是针对简单随机抽样方法来计算的。在简单随机抽样中，每个个体被选中的概率是相等的，但在更复杂的抽样设计（如分层抽样、整群抽样或系统抽样）中，每个个体被选中的概率可能不相等，这会影响样本的代表性，需要进一步考虑设计效应。设计效应（design effect，deff）是抽样调查中用于校正样本量计算的关键调整因子，其本质为复杂抽样设计与简单随机抽样的估计量方差之比。设计效应的计算如式 9－6 所示。

$$deff=\frac{\text{复杂抽样设计下的方差}}{\text{简单随机抽样下的方差}} \tag{9-6}$$

在样本量确定公式中应用设计效应，可以按照以下步骤进行：

（1）确定研究所需的精度和置信度，以及总体的估计比例或均值。

（2）使用简单随机抽样的样本量计算公式，计算出基本的样本量。

（3）根据抽样设计的类型，计算设计效应。

（4）将设计效应乘以基本的样本量，得到调整后的样本量。

（5）进一步考虑到应答水平，得到最终样本量。

例如，如果简单随机抽样下的样本量为 n_1，设计效应为 $deff$，应答水平为 r，则最终样本量 n_2 如式 9－7 所示。

$$n_2=\frac{n_1\times deff}{r} \tag{9-7}$$

设计效应的具体计算方法和应用，需要根据研究的具体情况和抽样设计的类型来确定。$deff$ 通常大于 1，这意味着在复杂抽样设计下，为了达到与简单随机抽样相同的精度，需要更大的样本量。在实际应用中，设计效应的值可以通过统计软件或抽样设计的专家来确定，也可以采用保守原则，借鉴世界卫生组织（WHO）的建议取 2.0。

本节内容主要聚焦于样本量的计算及其影响因素。除之前详述的置信度、容许误差范围等关键因素外，样本规模的确定还受诸多其他因素的影响，这些因素同样不容忽视。

其中，总体的同质或异质性程度是一个重要的考量因素。总体而言，若总体呈现出高度的同质性，即各元素间差异较小，那么所需的样本规模相对较小，因为较少的样本就能较好地代表总体特征。相反，若总体异质性程度较高，元素间差异显著，则需更大的样本规模来确保样本的代表性和全面性，从而准确反映总体的多样性和复杂性。此外，调查者所拥有的经费、人力和时间资源也是决定样本规模的重要因素。样本规模的扩大往往伴随着人力、物力和时间投入的增加，进而提高调查成本。因此，在实际操作中，调查者需在保证研究质量的前提下，充分考虑资源限制，寻求样本规模与成本之间的最佳平衡点。

综上所述，在确定样本规模时，我们不仅要依据公式精确计算必要的样本量，还需全面考虑总体的同质或异质性程度、资源限制等多重因素。通过综合权衡，我们才能设计出既符合研究需求又经济合理的样本规模，为市场调查活动的成功实施奠定坚实的基础。

营销洞察

长埭村“链上·数字乡民”调查项目的样本量计算

村民作为长埭村“链上·数字乡民”项目红利的直接获得者，是调查者的主要调查对象之一，考虑到长埭村“链上·数字乡民”项目和乡村经济的发展也离不开政府的规划和指领，因此村委会各领导和基层人员的想法和评价也是调查者关注的重点之一。因此，决定采用多阶段抽样进行样本选择，并且根据随机性原理、代表性原理、样本量原理和分层原理严格控制设计效应。

供给端主要调查对象为村民，根据村民分布的特性，其适合用样本量公式进行计算，根据如下步骤计算样本量：

$$n_0=\frac{z_{\alpha/2}^2 p(1-p)}{\Delta^2}=\frac{1.96^2\times 0.5\times(1-0.5)}{0.05^2}\approx 384$$

式中，$z_{\alpha/2}$ 表示一定置信度下所对应的临界值，p 为样本比例，Δ 为绝对误差。

为了保证抽样推断的可靠程度，令置信度为 95%（此时 Z 值为 1.96），抽样误差为 0.05，由于得不到较好的总体方差估计值，设置样本比例为 0.5，此时总体方差最大，估计的精确度较高。

根据预调查问卷有效率和相关文献，设计效应为 1.2，因此根据公式计算得出最终的样本量为 512。

$$n_1=\frac{n_0\times deff}{r}=\frac{384\times 1.2}{0.9}=512$$

长埭村位于杭州市西湖区转塘街道西面。村庄总面积 3.12 平方公里，共有农户 360 户，总人口 1 521 人。为保证样本的代表性，在抽取长埭村村民群体时采取概率抽样下的多阶段抽样。多阶段抽样是按照抽样个体的隶属关系或层次关系分为两个或两个以上的阶段，从总体中抽取样本的一种遵循随机原则的调查方式。针对长埭村村民的调查，采用分层抽样结合配额抽样的方法进行两阶段 PPS 抽样，PPS 抽样是与规模成正比的概率抽样，以四个市区为独立控制变量，以各区居民人数的比例为标准，根据调查地区的比例来分配每个地区发放的问卷数量，在配额内随机选择样本。

阶段 1——分层抽样：首先对长埭村进行分层，将其按照下辖地区分成柯村、天平山、达公园、大山脚、孵鸡湾、杨府新苑六个片区。抽取的初级抽样单位为长埭村的不同自然村。

阶段 2——配额抽样：样本量的确定综合考虑了被调查地区经济、人口等多种因素，对样本量进行合理的配额设计，以确保抽取的样本尽可能地体现六个下辖地区的实际情况，具体抽样结果如表 9-3 所示。

表 9-3　长埭村配额抽样具体数据

下辖地区	居民人数（人）	占比（%）	发放问卷数（份）
柯村	395	26	137
天平山	152	10	52
达公园	243	16	84
大山脚	183	12	63
孵鸡湾	228	15	79
杨府新苑	320	21	110

资料来源：作者根据网络资源整理。

第 3 节　设计抽样方案

在深入理解抽样基本原理、抽样框的界定与要求、两大类抽样方法（概率抽样与非概率抽样）的异同，以及样本量确定方法的基础上，我们需依据具体项目的独特需求，精心设计抽样方案。抽样方案的设计应全面考量调查目的、调查对象特性及现实条件，力求在概率抽样（涵盖简单随机抽样、系统抽样、分层抽样、整群抽样等）与非概率抽样（如方便抽样、判断抽样等）之间找到最佳平衡点，确保抽样设计既科学又实用。核心原则是在保证调查结果的精确度与可靠性的同时，追求成本效益与时间效率的最大化，这是抽样设计有效性的基石，也是保障调查成果质量的关键。

抽样方案设计通常遵循一个系统化的流程，包括五个核心步骤：首先，明确调查的目标总体；其次，选定合适的抽样框；再次，根据调查需求确定抽样方法；又次，科学设定样本规模；最后，实施样本抽取工作。为了更直观地阐述这一过程，我们将通过一个具体案例——对中国特大城市中 50 岁以上男性的调查——来深入分析抽样方案的设计。

简单的思路是，我们尝试获取全国所有特大城市（即人口 500 万以上 1 000 万以下的城市）的居民名单，并从中筛选出 50 岁以上的男性，再随机抽取所需样本。然而，这一方法在实践中面临巨大挑战，主要因为目标总体庞大且复杂，构建一个全面覆盖的抽样框几乎不可能。鉴于此，我们提议采用一种更为灵活且高效的策略：多阶段抽样。

多阶段抽样策略将整个抽样过程分解为若干阶段，每个阶段依据特定的抽样框进行操作。例如，第一阶段，可以先从全国特大城市中随机选取一部分城市作为初级抽样单元；第二阶段，在这些被选中的城市内，进一步抽取代表性的社区或区域；第三阶段，在这些社区或区域内筛选出符合条件的 50 岁以上男性，并最终从中抽取所需样本。通过这种方式，我们不仅能够有效缩小抽样框的规模，提高抽样的可操作性，还能在保证样本代表性的同时，显著降低调查的成本与时间消耗。以下给出了一个四阶段抽样范例：

第一阶段：在所有城市中抽选出特大城市。

第二阶段：在选定的特大城市中，进一步抽选城市社区。

第三阶段：在抽选的社区中，再抽选家庭。

第四阶段：在抽选的家庭中，抽选 50 岁以上的男性。

通过这种方式，我们将原本难以构建的、覆盖全国所有特大城市 50 岁以上男性的抽样框分解为了四个更易于操作的抽样框（见表 9-4）。这不仅降低了抽样难度，还提高了抽样的可行性和效率，这就是多阶段抽样的核心思路。

表 9-4　对中国特大城市的 50 岁以上男性进行调查的抽样设计

阶段	抽样单位	抽样框
1	人口 500 万以上 1 000 万以下的城市	符合要求的城市列表
2	城市社区	被选中的城市的社区列表
3	家庭	被选中的社区的家庭列表
4	50 岁以上男性	被选中的家庭 50 岁以上男性列表

同理，如果需要调查某高校的在校学生每月伙食费使用状况，要求最终调查结果的误差范围在 25 元以内，应该抽取多大的样本？如果是 50 元以内的误差范围，应该抽取多大的样本？（置信度取值为 95%）要求采用概率抽样方式估算样本被抽中的概率。应该怎么完成这个任务呢？

第一步：按照简单随机抽样来计算所需的最小样本量，但是缺少已知条件，需要查询总体标准差 σ，或者采取一个小样本调查计算样本的标准差 S。假设调查项目组通过小样本调查得知 $S=168$，则可以选择式 9-2，即 $n=\frac{Z^2\sigma^2}{\varepsilon^2}$，代入数值，计算可得：

$$n=\frac{Z^2\sigma^2}{\varepsilon^2}=\frac{1.96^2\times168^2}{25^2}=173.5\approx174(\text{人})$$

如果误差范围在 50 元以内，则

$$n=\frac{Z^2\sigma^2}{\varepsilon^2}=\frac{1.96^2\times168^2}{50^2}=43.4\approx44(\text{人})(\text{注意此时只能向上取整})$$

第二步：进行抽样设计。

最简单的方式就是获取全校学生的名单，然后随机抽取样本，但是这显然并不容易，可以考虑多阶段抽样，降低抽样难度（见表 9-5）。

表 9-5　对某高校的在校学生每月伙食费进行调查的抽样设计

阶段	抽样单位	抽样框
1	院系	全部院系列表
2	专业	被选中的院系的专业列表
3	年级	被选中的专业的年级列表
4	班级	被选中的年级的班级列表
5	学生	被选中的班级的学生名单

合理的抽样设计，如同架起了一座桥梁，连接着微观的样本数据与宏观的总体特征。它使我们能够通过精心挑选的样本，准确地推断出总体的关键信息，从而利用有限的资源达到调查目的。这种“以小见大”的能力，正是抽样调查方法的精髓所在。

同时，合理的抽样设计也是避免“以偏概全”错误的有效手段。在复杂的现实世界中，总体往往呈现出多样性和异质性。如果抽样设计不当，很容易导致样本缺乏代表性，进而使得基于样本得出的结论偏离总体的真实情况。而通过科学的抽样设计，我们可以确保样本在关键特征上与总体保持一致，从而最大限度减少偏差，提高调查结论的准确性和可靠性。

// 基本概念 //

1. 抽样（sampling）
2. 抽样误差（sampling error）
3. 非抽样误差（non-sampling error）
4. 非概率抽样（non-probability sampling）
5. 概率抽样（probability sampling）
6. 样本量（sample size）

// 思考题 //

1. 在进行调查研究时，你认为什么样的抽样方法最适合用于获取一个国家或地区的民意调查结果？为什么选择这种方法？你如何确保这种抽样方法的代表性和可靠性？

2. 在医学研究中，常常需要进行临床试验来评估新药物的疗效和安全性。你会选择哪种抽样方法来招募参与临床试验的志愿者，为什么？

3. 一位市场调查员想要了解某个城市的消费者购买行为。你会建议他采用什么样的抽样方法来选择调查对象？除了样本的抽取方法，你认为在这种调查中还需要考虑哪些因素来确保调查结果的准确性和可信度？

案例分析

汽车消费市场的抽样调查方案

在当今竞争激烈的汽车市场中，了解消费者的购买意向对汽车制造商和经销商至关重要。为了更好地把握市场动态，深入了解消费者的购车偏好和决策因素，一家汽车制造商 A 决定委托一家经验丰富的市场调查公司 B，开展一项旨在探究消费者购车偏好与决策因素的专项调查。此次调查的目标人群锁定为

25～50岁、收入中等及以上的城市和城市周边地区的潜在购车者。这一群体不仅购车需求旺盛，而且其选择往往能反映出市场的主流趋势，对汽车制造商的产品定位和营销策略具有非常高的参考价值。

为了确保调查结果的广泛代表性和深度洞察性，市场调查公司设计了详细的分层抽样方案。首先，将目标人群按照地理位置（城市核心区域、城市郊区、周边小城镇）、年龄段（25～35岁、36～45岁、46～50岁）以及收入水平（中等偏高、高收入）三个维度细分为多个层次。其次，在每个层次内部，采用配额抽样的方式精选出一定数量的样本，确保每个子群体的声音都能被充分听取。具体来说，包括：

（1）目标总体界定。

目标人群：拟购买汽车的消费者，年龄为25～50岁，收入为中等及以上，居住在城市和城市周边地区。

总体规模估计：根据国家统计局或相关市场调查机构的数据，初步估计目标总体规模。

（2）抽样框构建。

数据来源：整合政府公开的人口统计数据、汽车消费市场调查报告、社交媒体用户画像等数据资源，构建包含目标人群基本信息的抽样框。

信息完善：确保抽样框中每个样本单位（即潜在受访者）的姓名、年龄、性别、收入水平、居住地址、联系方式等关键信息准确无误。

（3）分层策略。

分层维度：a）地理位置：城市核心区域、城市郊区、周边小城镇。b）年龄段：25～35岁、36～45岁、46～50岁。c）收入水平：中等偏高（根据当地平均收入水平界定）、高收入（超过当地平均收入水平一定幅度）。

层数确定：根据分层维度的不同组合，初步估计将总体划分为9个层次（3×3）。

（4）样本量分配。

比例分配原则：根据各层次在总体中的比例分配样本量，同时考虑各层次内部的异质性，适当调整样本量分配。

样本量计算公式：采用统计学中的样本量计算公式，结合总体大小、置信水平、容许误差等因素，计算每个层次所需的最小样本量。

（5）抽样方法。

方便抽样：在每个层次内部，采用方便抽样方法，从抽样框中获取样本单位。

替代方案：若某层次内样本单位数量不足或难以接触，考虑从相邻层次或总体中抽取替代样本。

资料来源：作者根据网络资源整理。

问题：在进行这项调查时，研究人员在样本选择和调查过程中应如何提高样本的代表性和可信度？

// 即测即评 //

扫描二维码可在线自测并查看答案。

// 第 10 章 //

数据分析的基础工作

知识目标

- 理解数据分析的基础工作在市场调查中的重要性及其概念。
- 掌握数据审查、编码的基本类型和过程。——重点
- 掌握数据表格化的基本步骤。——难点

能力目标

- 能够独立完成市场调查数据的收集、整理工作。——难点
- 能够根据需求对调查数据进行表格化。——提升点

素养与价值目标

- 培养严谨的数据分析思维，注重数据的客观性和真实性。
- 树立数据驱动的决策理念，强调数据在市场决策中的关键作用。

思维导图

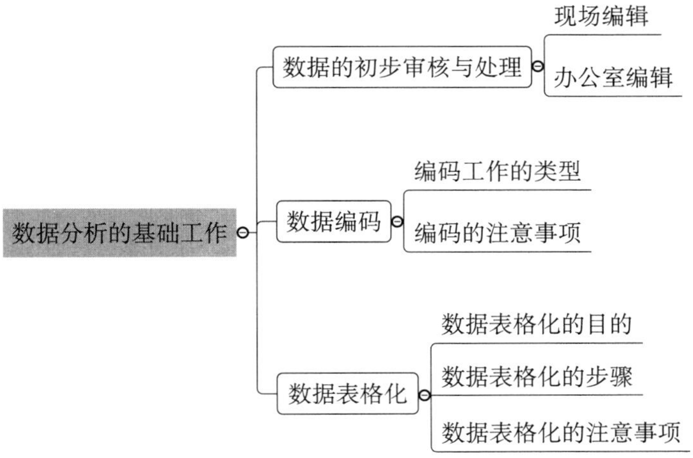

引例

数据分析从数据完整性开始

数据完整性是市场调查中不可或缺的一环，它决定了调查结果的准确性和可靠性。在市场竞争日益激烈的今天，没有精确的数据支持，任何市场调查的结论都将是空中楼阁，无法为企业的决策提供有力依据。

国内一家知名市场调查公司深知数据完整性的重要性，并在实践中严格把控数据收集和处理的每一个环节。在书面形式的数据收集方面，如邮寄调查，该公司同样采用电子文档和表格形式，便于后续的统计分析。为了确保数据的准确性，该公司实施数据双输入制度，并严格比对两次输入的结果，以消除潜在的错误。

在数据收集渠道上，该公司不仅限于书面形式，还广泛采用计算机辅助电话调查（CATI）和网络调查等多种方式。无论是用哪种方式收集到的数据，都会被直接输入公司的数据库中，并要经过严格的审核流程，以确保数据的真实性和准确性。在进行电话调查时，该公司利用先进的计算机技术来系统地管理整个调查流程。CATI 系统的应用不仅提高了调查效率，还通过提供更全面、更透明的监控方式，进一步提升了数据的质量。

在数据分析阶段，该公司同样注重数据的准确性和可靠性。数据分析员会把所有的调查数据制成列表，并根据需要进行细分，如人口统计特征等，他们还会仔细检查每一个数据点，并运用专业的软件工具对不同列表进行对比和分析，以确保分析结果的准确性和可信度。

一个典型案例是，在某次市场调查中，公司人员错误输入了某个数据，导致初步的分析结果出现了偏差。幸运的是，该公司的数据分析员在数据准备过程中发现了这个问题，并及时予以纠正。这一纠正使得最终的分析结果更加准确，避免了决策失误。

出于对数据完整性的严格把控和高度重视，这家市场调查公司在激烈的市场竞争中脱颖而出，为众多企业提供了准确、可靠的市场调查服务。这也使得该公司在市场中树立了良好的声誉，赢得了客户的信任和赞誉。

数据完整性是成功市场调查的基础。该市场调查公司通过严格把控数据收集、处理和分析的每一个环节，确保了调查结果的准确性和可靠性。这为企业提供了有力的决策支持，也让企业在市场竞争中占据了有利地位。

资料来源：帕拉苏拉曼，格留沃，克里希南．市场调研：第 2 版．王佳芥，应斌，译．北京：中国市场出版社，2009：340. 有改动。

思考：数据完整性的缺失会对市场调查结果产生哪些影响？

第 1 节　数据的初步审核与处理

数据初步审核，作为原始数据阶段的核心质量控制环节，旨在设定严格的品质基准，确保数据满足基础质量规范。此过程通过精准筛选出问卷中缺失、矛盾或含混不清的内容，有效提升了问卷数据的精确性与可靠性。

初步审核通常采取两种方式。其一，在数据收集现场即时开展，以便迅速把控数据质量，防止低质量数据流入后续分析流程。其二，待数据回收完毕后，在办公室环境中进行深入审核，重点关注数据的完整性、清晰性以及逻辑连贯性，确保数据在各方面均达到分析要求。

一、现场编辑

现场编辑就是在实地调查中进行初步的数据检查和编辑，这是数据收集过程中的重要环节，旨在即时对收集到的所有数据进行细致检查。这一工作通常在填答问卷当天进行，对于确保数据的准确性和完整性至关重要。

（一）现场编辑的作用

在生活方式调查研究中，现场编辑的作用尤为突出。调查者在收集完所有调查问卷后，应立即进行初步检查，即使只是粗略的审查，也能发现一些明显的错误。此外，对于那些答案分布过于集中或者比重明显的，也就是对每个问题都在量表的同一分数处打钩的问卷，调查员需要从样本中剔除。还有那些明显是随意作答、不符合逻辑、前后矛盾以及答卷速度太快的问卷都需要剔除，从而降低废卷率。

（二）现场编辑的核心目标

现场编辑的核心目标有两个：一是确保受访者的选择符合研究设计的程序要求；二是准确记录受访者的反应，并在问题扩大之前及时纠正错误。时效性对于现场编辑至关重要，最好能在每天访问工作结束后立即进行。无论是现场填写的纸质问卷，还是以计算机为主导的电话或互联网调查访问，都需要确保计算机程序中包含自动检查的环节，并且应由监督员当场进行核查确认，以确保数据的实时性和准确性。

（三）现场编辑的注意事项

1. 问卷的检查编辑

在实地调查开始以及问卷完成时，对问卷的检查编辑非常重要。此时需要确保受访者能够积极参与调查，且样本组成符合研究设计的结构要求。在检查个人问卷时，应确保每个问题都已得到回答，且不存在信息缺失。同时，还需关注访谈是否有按照预设的路径要求进行，尤其要关注在线调查和其他由受访者自己独立完成的问卷。

2. 答案的质量评估

现场编辑不仅关注问卷的完整性，还要对答案的质量进行评估。对于频繁勾选“不知道”、中间分数或同一答案连续出现的问卷，需要从样本中予以剔除。同时，对于明显随意作答、逻辑不符、前后矛盾以及答卷速度过快的问卷，也应予以剔除。这些措施有助于提升样本的代表性和数据的可靠性。

总之，现场编辑是确保调查数据质量的关键环节。通过有效的现场编辑，我们可以及时发现并纠正错误，提升数据的准确性和可靠性，为后续的数据分析和研究提供有力支撑。因此，在调查过程中应充分重视现场编辑工作，并不断优化编辑流程和方法，以适应不同调查项目的需求。

二、办公室编辑

办公室编辑，也就是离开调查现场的后续编辑，旨在对调查问题的回答进行详尽的审核，确保回答的一致性与准确性，并在必要时进行修正。同时，根据数据的完整性和可靠性，判断是否应部分或全部剔除某些数据。因此，编辑的第二阶段是将经过现场编辑的所有数据汇集到一个中心地点，进行进一步的精细化处理。对于以计算机为基础的电话或网上访问等无需实体问卷的调查方式，调查者可将收集的资料直接录入电脑，以便进行后续的数据处理。最终编辑工作可借助计算机完成，极大地提高了编辑的效率和准确性。

数据净化是数据分析前的重要步骤，旨在对录入的数据进行仔细核对和清理。在这一过程中，主要关注对异常值、互斥数据、重复数据以及缺失值的处理。

1. 处理异常值

清理异常值时，首要任务是识别异常值并确定其所在个案。在 SPSS 软件中，可以通过数据排序、评述统计或描述性统计的方法来精准定位异常值及其个案。这一步骤至关重要，因为它能帮助我们理解异常值的来源，可能是录入错误、填写时的异常或是未经处理的缺失值。通过对比原始数据，我们能够更准确地标识和处理这些异常值。

2. 处理互斥数据

在原始数据中，前后关联的问项之间可能存在矛盾。例如，一个受访者可能表示拥有手机，但每月手机消费额为 0；另一人可能没有手机，但其手机消费额却不为 0。通过交叉列表分析，我们能够发现这类矛盾数据，并对其做出相应处理。

3. 处理重复数据

SPSS 软件使排查重复数据的工作变得简单高效。软件提供了专门的菜单功能，即“标志重复个案”，帮助我们迅速识别和处理重复数据。

4. 处理缺失值

对于缺失值的处理，最简单直接的方法是在进行变量分析时将其从分析列表中排除。此外，SPSS 软件还提供了五种替代方案。其中，常用的方法包括使用邻近点的均值或序列均值（即平均值）来替代缺失值。更为常见和推荐的做法是，对缺失值进行标识，并在数据分析时将其排除，以确保分析结果的准确性和可靠性。

营销洞察

智能家居市场问卷调查数据初筛

在某调查公司负责智能家居项目的小张，带着团队前往不同的社区和购物中心，针对消费者进行了关于智能家居的问卷调查。现场编辑是数据处理的第一阶段，主要目的是确保问卷信息的准确性和完整性，为后续的数据分析提供可靠的基础。

小张和团队成员在调查现场向受访者发放问卷，并耐心解答他们的疑问，确保受访者能够充分理解问卷内容并做出真实有效的回答。问卷回收后，小张首先进行初步检查，剔除那些明显有问题的问卷，如填写不完整或随意作答的问卷，保证数据的初步质量。

接下来，小张将有效问卷中的信息录入电子表格中。在录入过程中，小张特别注意数据格式的统一和准确性，比如将年龄、收入等数字信息按照规定的格式输入，将选项类信息按照预设的分类进行编码。录入完成后，小张还会对数据进行核对，确保录入的数据与原始问卷一致。

在数据录入和核对的过程中，小张发现了一些现场调查时未能及时解决的问题，比如某些问题选项设计得不够简洁明了，导致受访者理解困难；或者某些受访者对于智能家居概念的理解不够清晰，给出的答案与调查目的不符。对于这些问题，小张都进行了详细的记录，并准备在后续的办公室编辑阶段做进一步的处理。

回到办公室后，小张开始了更为细致的数据处理工作。办公室编辑是数据处理的关键阶段，它需要对数据进行深入的清洗、分析和整理，以提取出有价值的信息。在办公室编辑阶段，小张首先对数据进行清洗。小张利用统计软件对数据进行了筛选和过滤，去除了那些明显不符合逻辑或超出合理范围的异常值。同时，小张还对现场编辑阶段记录的问题进行了修正，比如对于设计得不够简洁明了的选项，小张重新定义了选项的分类标准，并对相关数据进行了重新编码；对于受访者对概念理解不清的选项，小张根据问卷中的其他信息进行了推断和修正。

在数据清洗和修正的基础上，小张进一步对数据进行了分类和编码。小张根据智能家居市场的特点和调查目的，将数据分为多个维度，比如受访者的基本信息、智能家居产品的使用情况、购买意愿等。每个维度下又包含了多个具体的指标和变量，小张为这些指标和变量制定了统一的编码规则，以便于后续的数据分析和可视化。

资料来源：作者根据网络资源整理。

第 2 节　数据编码

在市场调查、社会调查以及各类研究中，数据编码是不可或缺的一个环节。数据编码也称数据编号，即给问卷答案分配数字或符号，为后续的数据表格化和计算等工作奠定基础。此过程需区分定量资料和定性资料。以问卷调查为例，定量资料主要涉及封闭式问题。定性资料的编码类似于开放式问题的处理，需将答案分类汇总后转化为封闭式选项。尽管选项数量可能较多，但最终仍按照封闭式问题的处理方法进行数据编码。

一、编码工作的类型

在数据编码的过程中，我们需要明确区分定量资料和定性资料。定量资料通常指的是那些可以用数值来衡量的数据，如年龄、收入等；而定性资料则更多地涉及文字描述或分类，如职业、性别等。对于这两种不同的数据类型，我们需要采用不同的编码方法。

（一）定量资料的数据编码

以问卷调查为例，定量资料主要涉及封闭式问题，如单选题、多选题和排序题等。这类问题的答案通常是预设的，因此数据编码相对简单和直接。接下来我们将详细阐述定量资料数据编码的过程，并结合具体实例进行分析。

1. 单选题编码

单选题是问卷调查中最为常见的问题类型之一，每个问题通常包含几个固定选项，受访者只能从中选择一个作为答案。在数据编码时，我们可以为每个选项分配一个唯一的数字或符号，以便后续的数据处理。

例如，在一份关于消费者偏好的问卷中，有这样一道单选题："您最喜欢的水果是什么？"选项包括"A. 苹果；B. 香蕉；C. 橙子；D. 其他"。在数据编码时，我们可以将选项 A 编码为 1，选项 B 编码为 2，选项 C 编码为 3，选项 D 编码为 4。这样，当受访者选择"苹果"时，我们就可以在数据库中记录为 1，选择"香蕉"时记录为 2，以此类推。

这种编码方式简单明了，不仅便于数据录入，也利于后续的数据分析和统计。通过统计每个选项的选择频次，我们可以快速了解受访者的偏好分布情况。

2. 多选题编码

与单选题不同，多选题允许受访者选择多个选项作为答案。因此，在数据编码时，我们需要采用一种能够表示多个选项的方法。二进制编码是处理多选题的一种常见方式。

例如，在一份关于购物习惯的问卷中，有这样一道多选题："您通常通过哪些渠道了解商品信息？"选项包括"A. 电视广告；B. 网络搜索；C. 朋友推荐；D. 实体店展示"。在二进制编码中，我们可以为每个选项分配一个二进制位，如选项 A 对应第一位（1000），选项 B 对应第二位（0100），选项 C 对应第三位（0010），选项 D 对应第四位（0001）。

当受访者选择某个选项时，我们在对应的位上标记为 1，未选择的则标记为 0。例如，如果某受访者选择了 A 和 C 选项，那么其编码就是 1010。通过这种方式，每个受访者的多选题答案都可以转化为一个独特的二进制数，便于后续的数据处理和统计。

二进制编码的优点在于能够清晰地表示受访者的选择情况，即使是多个选项的组合也能通过不同的二进制数进行区分。这有助于我们深入了解受访者的多种行为和偏好。

3. 排序题编码

排序题要求受访者对一系列选项按照某种标准进行排序。在数据编码时，我们需要考虑选项的顺序信息。

以一份关于品牌偏好的问卷为例，其中有一道排序题："请按照您的喜好程度对以下品牌进行排序（1 代表最喜欢，4 代表最不喜欢）：A. 品牌 X；B. 品牌 Y；C. 品牌 Z；D. 品牌 W。"在这个问题中，受访者需要将四个品牌按照喜好程度进行排序。

在数据编码时，我们可以为每个选项分配一个从 1 开始的连续数字，然后根据受访者的排序将这些数字重新排列。例如，如果某受访者将品牌 X 排为最喜欢（1），品牌 Y 排为第二喜欢（2），品牌 Z 排为第三喜欢（3），品牌 W 排为最不喜欢（4），那么其编码就是 1234。通过这种方式，我们可以得到一个表示受访者排序结果的数字序列，进而分析受访者的品牌偏好和排序规律。

排序题的编码能够反映出受访者的偏好顺序和差异，有助于我们更深入地了解受访者的心理和行为。通过对排序结果的分析，我们可以发现不同品牌之间的竞争优势和劣势，为企业的市场定位和品牌推广提供有价值的参考。

（二）定性资料的数据编码

定性资料的编码相对复杂，因为这类资料常常包含大量的文字描述，需要调查者进行细致的解读和分类。以问卷调查中的开放式问题为例，我们需要对受访者的答案进行分类汇总，并将每个类别转化为一个封闭式的选项。接下来我们将详细阐述定性资料数据编码的过程，并结合具体实例进行分析。

1. 答案分类

答案分类是定性资料数据编码的首要步骤。在这一阶段，调查者需要仔细阅读受访者的答案，深入理解其含义和意图。随后，根据调查的目的和需要，将相似的答案归为一类。这一过程要求调查者具备较强的主观判断能力和分类技巧。

以一份关于消费者购物体验的调查问卷为例，其中一个开放式问题是："请描述您最近一次购物体验中最不满意的地方。”对于这个问题，受访者的答案可能涉及多个方面，如商品价格、服务态度、商品质量、购物环境等。调查者需要仔细分析这些答案，将具有相同或相似主题的答案归为一类。例如，所有关于服务态度的答案归为一类，所有关于商品质量的答案归为另一类。

2. 类别编码

在答案分类完成后，接下来是为每个类别分配一个唯一的数字或符号。这一步骤的目的是将文字描述转化为可以量化的数据，便于后续的数据处理和分析。

以上述购物体验调查为例，假设调查者将答案分为四个类别：服务态度、商品质量、购物环境和商品价格。接下来，可以为这四个类别分别分配一个数字或符号，如服务态度编码为 1，商品质量编码为 2，购物环境编码为 3，商品价格编码为 4。这样，每个受访者的答案就可以转化为一个对应的数字或符号，便于后续的数据统计和分析。

在类别编码的过程中，调查者需要确保编码的一致性和规范性。这意味着对于相同的答案内容，应该分配相同的编码；对于不同的答案内容，应该分配不同的编码。这样可以避免出现混淆或误解，保证数据的准确性和可靠性。

3. 处理特殊情况

在定性资料的编码过程中，调查者可能会遇到一些特殊的情况。这些特殊情况需要特殊处理，以确保数据的完整性和准确性。

一种常见的特殊情况是某些答案无法明确地归入任何一个已有类别。这时，调查者可以考虑设立一个“其他”类别来容纳这些无法归类的答案。例如，在购物体验调查中，有些受访者可能提到了一些与购物体验不直接相关的因素，如个人心情、天气状况等。这些答案可以归为“其他”类别。

另一种特殊情况是某些答案可能包含多个类别的信息。对于这种情况，调查者可以采用多重编码或拆分编码的方法。多重编码是指为这些答案分配多个类别编码，以反映其包含的多方面信息。拆分编码则是将这些答案拆分为多个部分，每个部分分别归入相应的类别。例如，在购物体验调查中，有受访者可能同时提到服务态度和商品质量的问题。对于这样的答案，调查者可以采用多重编码的方法，同时为其分配服务态度和商品质量两个类别的编码。

综上所述，定性资料的数据编码是一项复杂而重要的工作。通过合理的答案分类、类别编码以及特殊情况的处理，调查者可以将文字描述转化为可以量化的数据，为数据分析和解读提供有力的支持。

以下是一个具体的实例分析，展示了定性资料数据编码的实际操作过程。

假设在某项关于消费者满意度的调查中，开放式问题是：“您认为我们的产品有哪些可以改进的地方？”调查者收到了以下几个典型的答案：

“我觉得产品的外观设计不够时尚。”

“产品的功能不够齐全，希望增加更多实用功能。”

“产品的价格有些偏高，超出了我的预算。”

“我对产品的售后服务不太满意，希望改进售后服务。”

在答案分类阶段，调查者可以将这些答案归为四个类别：外观设计、功能需求、价格定位和售后服务。然后，为每个类别分配一个数字或符号，如外观设计编码为 1，功能需求编码为 2，价格定位编码为 3，售后服务编码为 4。

对于特殊情况的处理，假设有一个答案是：“我觉得产品的外观和功能都还不错，但价格偏高且售后服务不到位。”这个答案包含了价格定位和售后服务两个类别的信息。调查者可以采用多重编码的方法，为这个答案同时分配价格定位（3）和售后服务（4）两个类别的编码。

二、编码的注意事项

在进行数据编码时，我们需要注意以下几点：

1. 保持一致性

对于同一类型的数据，我们应该采用相同的编码方法和规则。这样可以确保数据的一致性和可比较性。

2. 避免主观性

在定性资料的编码过程中，我们需要尽量客观地理解和对受访者的答案进行分类，避免将个人的观点或偏见带入编码过程中。

3. 确保准确性

数据编码的准确性对于后续的数据分析和解释至关重要。因此，在编码过程中，我们需要仔细核对每个答案和对应的编码，确保没有错误或遗漏。

4. 记录编码过程

为了方便后续的数据处理和解释，我们需要详细记录编码的过程和方法。这包括编码的规则、特殊情况的处理方式等。这样，其他人就可以根据这些记录来理解和验证编码结果。

数据编码是调查报告数据处理中的一个重要环节。通过合理的编码方法和技巧，我们可以将原始的问卷答案转化为结构化的数据，为后续的数据分析和解释提供有力的支持。因此，在进行数据编码时，我们需要认真对待每一个步骤和细节，确保编码的准确性和可靠性。

营销洞察

关于消费者手机购买偏好和需求调查的问卷编码

随着移动互联网的快速发展，智能手机已成为现代人生活中不可或缺的一部分。它不仅仅是通信工具，更是人们获取信息、娱乐休闲、工作学习的重要载体。在激烈的市场竞争中，各大手机品牌纷纷推陈出新，力求满足消费者日益多样化的需求。然而，消费者的购买决策过程涉及多个方面，如品牌认知、功能需求、价格敏感度等。因此，为了更好地了解消费者的购买偏好和需求，某知名手机公司决定开展一次相关的调查。

本次调查旨在通过收集和分析消费者的真实声音，深入剖析消费者在购买手机时的心理和行为。通过了解消费者对手机品牌、功能、价格等的看法和期望，公司可以更加精准地把握市场趋势，优化产品设计和营销策略，提升品牌竞争力，扩大市场份额。

公司市场调查部的一个员工设计的部分调查问卷题目如下：

一、单选题

您目前使用的手机品牌是？（　　）

A. 苹果　　B. 华为　　C. 小米

D. 三星　　E. 其他

您购买手机时，最看重的方面是（　　）。

A. 性能　　B. 拍照效果　　C. 外观设计

D. 品牌口碑　　E. 价格

二、多选题

您在购买手机时，通常会考虑哪些附加功能？（　　）

A. 快充技术　　B. 防水防尘　　C. 大容量存储

D. 5G 网络支持　　E. 人工智能助手　　F. 其他

三、排序题

请您按照喜好程度（从最喜欢到最不喜欢）对以下手机品牌进行排序。（　　）

A. 苹果　　B. 华为　　C. 小米

D. 三星　　E. OPPO　　F. 其他（请注明）

四、开放题

在最近一次购买手机时，哪些因素促使您最终做出了购买决定？

您对未来手机的发展有哪些期待或建议？

通过本次调查，公司希望能够全面了解消费者的购买偏好和需求，为未来的产品研发和市场策略提供有力支持。同时，公司也将根据调查结果不断优化产品和服务，提升消费者满意度和忠诚度。

资料来源：作者根据网络资源整理。

思考：从该公司数据分析员的视角，谈谈如何对问卷进行编码以便于开展后续的数据分析工作。

第 3 节　数据表格化

在市场调查数据分析的过程中，数据表格化是一项至关重要的基础工作。通过数据表格化，我们可以将复杂烦琐的统计表内容进行归纳整理，使其变得简洁明晰，为后续的数据处理和分析提供极大的便利。

一、数据表格化的目的

数据表格化是市场调查数据分析的初步工作，其主要目的是将原始数据转化为结构化、标准化的表格形式，以便更好地展示数据的特征和规律。通过数据表格化，我们可以实现以下几个方面的目的：

1. 简化数据展示

在市场调查数据分析的过程中，简化数据展示是一项至关重要的任务。原始数据往往呈现为大量的、散乱无序的信息，这样的数据形态使直接观察和分析变得十分困难。数据表格化，正是解决这一问题的有效手段。

2. 提高数据分析效率

在表格化的数据中，我们可以方便地运用各种统计方法和分析工具进行处理和分析。无论是简单的数据汇总和计算，还是复杂的统计分析和预测模型，都可以用表格化的数据来呈现。这不仅节省了分析师的时间和精力，还能快速提取出有价值的信息和规律，为企业的决策提供有力支持。

3. 确保数据的准确性和一致性

在表格化的过程中，我们会对数据进行清洗和校验，发现并纠正其中的错误和异常值。通过对数据的标准化和规范化处理，我们可以确保表格中的数据具有一致性和可比性，从而提高数据分析的准确性和可靠性。

综上所述，数据表格化在市场调查数据分析中扮演着举足轻重的角色。它不仅能够简化数据展示、提高数据分析效率，还能确保数据的准确性和一致性。

因此，在进行市场调查数据分析时，我们应该充分重视数据表格化的作用，合理利用这一工具来优化数据分析流程，提升分析结果的质量和价值。

二、数据表格化的步骤

在进行数据表格化时，我们需要按照一定的步骤进行操作，以确保表格的准确性和有效性。数据表格化包括以下几个步骤：

1. 确定表格结构和内容

在进行数据表格化之前，我们首先需要明确表格的结构和内容。这包括确定表格的列数、行数以及每列的具体内容。我们可以根据市场调查的目的和数据分析的需求来设定表格的结构和内容，确保表格能够全面、准确地反映数据的特征和规律。

2. 整理原始数据

在确定了表格结构和内容之后，我们需要对原始数据进行整理。这包括清洗数据、去除重复值、处理缺失值等。通过整理原始数据，我们可以确保表格中的数据的质量和准确性，为后续的数据分析提供可靠的依据。

3. 填充表格内容

在整理好原始数据之后，我们可以开始填充表格内容。根据表格的结构和内容，我们将原始数据按照一定的顺序和格式填入表格中。在填充表格内容时，我们需要注意数据的准确性和一致性，确保每个单元格中的数据都是正确的。

4. 调整表格格式

为了使表格更加美观和易读，我们还可以对表格的格式进行调整。调整表格格式，包括调整字体、字号、颜色等，以及设置合适的行高和列宽，可使表格更加符合视觉习惯，增强数据展示的效果。

三、数据表格化的注意事项

在进行数据表格化时，我们需要注意以下几个方面：

1. 保持数据的原始性

在表格化的过程中，我们需要尽可能保持数据的原始性。这意味着我们应该避免对数据进行不必要的修改或删除，以免影响数据的真实性和完整性。如果需要对数据进行处理或转换，应该明确记录处理方法和过程，以便后续对数据进行追溯和验证。

2. 注意数据的准确性和一致性

数据表格化的目标是使数据更加准确和一致。因此，在表格化的过程中，我们需要仔细对数据进行检查，确保每个单元格中的数据都是正确的。同时，我们还需要注意数据之间的逻辑关系，确保表格中的数据能够相互印证、相互支持。

3. 合理设置表格结构和内容

表格的结构和内容应该根据数据分析的需求进行设置。过于复杂或过于简单的表格都不利于数据的展示和分析。因此，在设置表格结构和内容时，我们需要充分考虑数据的特征和规律，以及分析的具体要求，确保表格能够充分展示数据的价值和意义。

4. 不断优化表格设计

随着数据量的增加和分析需求的变化，我们可能需要不断调整表格的结构和内容，以适应新的需求。因此，在进行数据表格化时，我们需要保持开放和灵活的心态，不断学习和探索新的表格设计方法和技术。

综上所述，数据表格化是市场调查数据分析基础工作中的重要一环。通过确定表格结构和内容、整理原始数据、填充表格内容、调整表格格式以及注意相关事项，我们可以将数据整理得简洁明晰，为后续的数据处理和分析提供极大的便利。在未来的市场调查工作中，我们应该充分重视数据表格化的作用和价值，不断提高表格化的质量和效率，为企业的决策和发展提供有力的支持。

营销洞察

某路段商业网点调查项目的统计表设计

在市场调查行业，数据表格化是数据分析的基础工作之一。某调查公司近期承接了一项关于某路段的商业网点调查项目，该路段作为城市的主要商业街区，拥有众多商业网点，涵盖了餐饮娱乐、服务等多个行业。调查公司的目标是通过收集、整理和分析这些商业网点的数据，为商家提供市场定位、竞争策略以及消费者行为等方面的洞察。

为了深入了解该路段的商业布局、网点经营状况以及消费者行为，调查公司决定在数据分析基础阶段进行数据表格化工作。在进行数据表格化之前，调查公司首先明确了调查的目的和所需数据的内容。调查目的是要深入了解调查路段商业网点的经营状况、消费者行为以及市场竞争态势，以便为商家提供有针对性的市场分析和建议。因此，所需数据主要包括该路段的各类商业网点的基本信息，例如商店的数量、销售额、客流量等。

表格的部分内容如下：

商业网点统计表

路段名：__________

分类	商店类型	数量	分类	商店类型	数量
零售商店	大型百货商厦		餐饮娱乐	快餐店	
	超市			西餐店	
	家具店			电影院	
	化妆品专卖店			宾馆	
	服饰专卖店			酒吧	
	文化用品店			咖啡馆	
	药房				
	书店				
	合计			合计	
居民服务	房产中介		其他商业	机电商店	
	广告社			建材商店	
	干洗店			汽配商店	
	印务社				
	修理店				
	合计			合计	

// 基本概念 //

1. 现场编辑（field editing）
2. 办公室编辑（office editing）
3. 定量资料的数据编码（quantitative data coding）
4. 定性资料的数据编码（qualitative data coding）
5. 数据表格化（data tabulation）

// 思考题 //

1. 简述现场编辑在数据初步审核中的作用。
2. 数据编码时有哪些注意事项？
3. 数据表格化与其他数据处理方式相比有哪些独特的优势？

案例分析

“智慧商城”项目的数据分析基础工作

某国内电商巨头“智慧商城”希望通过对用户购买行为的数据进行深入分析，来优化其商品推荐系统，提升用户购物体验及销售额。为了实现这一目标，该公司启动了一项全面的数据分析项目，内容包括数据初步审核、编码、数据表格化、数据分析。

在收集用户购买行为数据时，“智慧商城”的现场编辑团队负责确保数据的准确性和完整性。他们实时监测销售系统，检查是否存在数据录入错误、遗漏或重复等情况，并及时进行修正。在收集完数据后，办公室编辑团队会对数据进行进一步的清洗和整理。他们使用专业的数据处理软件，识别并去除异常值、缺失值以及无效数据，确保后续分析的数据质量。

“智慧商城”的编码工作主要包括对商品类别、用户属性、购买时间等变量进行编码。例如，将商品类别编码为数字或缩写，便于后续的数据处理和分析。在编码过程中，“智慧商城”团队特别注意保持编码的一致性和准确性。他们制定了详细的编码规则，并对所有编码人员进行培训，确保每个人都能准确理解并遵循这些规则。

“智慧商城”的数据表格化工作主要包括以下几个步骤：首先，确定需要表格化的数据变量；其次，选择合适的表格格式（如 Excel、数据库等）；再次，将原始数据导入表格中，并按照一定的规则进行整理；最后，对表格进行校验和修改，确保数据的准确性和完整性。在数据表格化过程中，“智慧商城”团队特别注意保护用户隐私和数据安全。他们采取了一系列安全措施，如数据加密、访问控制等，确保数据不被泄露或滥用。

通过数据初步审核、编码和数据表格化等基础工作，“智慧商城”成功构建了高质量的用户购买行为数据集，为后续的数据分析和挖掘提供了有力保障。

问题：该项目的数据分析的基础工作做得是否全面？是否还需要补充呢？

// 即测即评 //

扫描二维码可在线自测并查看答案。

// 第 11 章 //

数据分析

知识目标

- 了解定量数据与定性数据的区别，以及它们在数据分析中的应用。
- 了解数据分析类型，熟悉描述统计和推断统计的基本概念、作用和应用场景。——重点
- 掌握图形展示方法，学习如何选择合适的图形来展示数据特征。——难点
- 了解假设检验的基本原理，掌握常用的假设检验方法。——重点、难点

能力目标

- 能够应用 SPSS 软件录入和整理数据，并且能够确保数据的质量和准确性。
- 能够使用 SPSS 软件进行基本的描述性统计分析和推断性统计分析。——提升点

素养与价值目标

- 提高决策能力，基于数据能做出更明智、更合理的决策。
- 培养批判性思维，对数据分析结果能进行深入思考。

思维导图

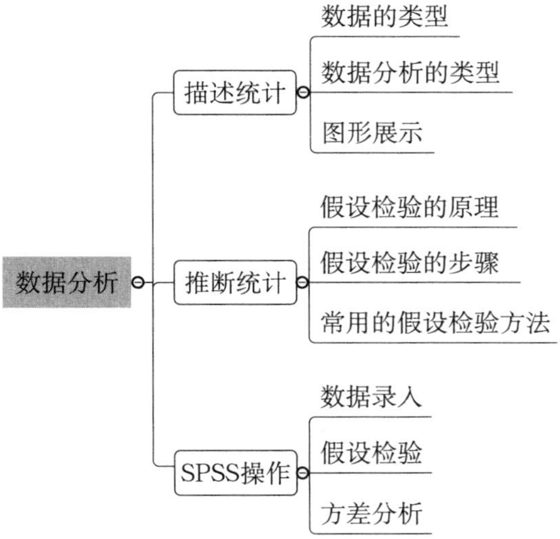

引例

燕麦市场调查

随着数字化时代的快速发展，企业决策越来越依赖于精确的数据分析。特别是在市场竞争日益激烈的今天，如何准确捕捉市场趋势，把握消费者需求，成为企业成功的关键。定量分析，作为市场调查中的重要工具，正日益受到企业的重视。

近年来，随着大众健康意识的增强，健康食品市场蓬勃发展。其中，以燕麦为主要原料的燕麦片，因营养丰富、口感好，成为健康食品市场中的热门产品。某食品企业看到燕麦片市场的巨大潜力，计划推出自己的燕麦片产品。然而，在进入市场之前，企业需要对市场进行深入的调查，了解市场规模、消费者需求、竞争状况等信息。

为了更准确地把握市场情况，该企业决定采用定量分析的方法进行市场调查。首先，调查团队收集了大量的销售数据、消费者行为数据以及市场趋势数据。通过整理和分析这些数据，调查团队发现燕麦片市场的增长速度迅猛，且预计未来几年将保持高速增长。同时，调查团队发现，消费者对燕麦片的品质、口感、价格等方面有着明确的需求和偏好。于是，调查团队进一步利用定量分析方法，对市场进行细分，并确定了不同细分市场的规模和增长潜力。此外，调查团队还分析了竞争对手的销售额、市场份额等数据，评估了市场的竞争状况。

基于定量分析结果，企业制定了详细的市场进入策略和产品推广计划。企业根据消费者的需求和偏好，设计了符合市场需求的燕麦片产品，并确定了合理的定价策略。同时，企业还根据市场的竞争状况，制定了有针对性的营销策略，以提高产品的市场占有率和品牌知名度。

资料来源：作者根据网络资源整理。

思考： 报告中可能采用了哪些定量分析方法？

第 1 节　描述统计

描述统计作为数据分析的基石，其核心价值在于通过系统化手段描述数据的特征和分布，揭示数据内在规律，为决策提供量化依据。在市场调查实践中，这一过程不是对数据的简单汇总，而是通过科学方法将原始信息转化为可解读的市场信号。为构建完整的分析框架，本节将从数据的类型与数据分析的类型两个维度展开阐述，并结合实例阐释其在实践中的应用。

一、数据的类型

在市场调查的数据收集与分析过程中，准确把握数据类型是确保分析精准有效的关键。特别是分类变量与连续变量，它们各自具有独特的性质和应用场景。

（一）分类变量

分类变量，亦称为定性变量或离散变量，指的是仅能取有限个数值或类别的变量类型。这些数值或类别在数学上不具有连续性，而是代表了某种属性或状态的分类。在市场调查中，分类变量常被用于刻画受访者的基本特征、行为习惯或态度倾向。例如，消费者的性别（男、女）、教育水平（小学、初中、高中、本科、研究生及以上）等，均属于分类变量。在评估新产品市场接受度的调查中，消费者的购买意愿（非常愿意、愿意、一般、不愿意）同样是一个典型的分类变量。

分类变量的优势在于其直观易懂，便于解释，它能够直接反映受访者的某些特征或态度。然而，其取值的离散性，可能造成无法捕捉到变量间的细微差异，从而在分析过程中造成一定程度的信息损失。

（二）连续变量

连续变量，亦称为定量变量或数值变量，指的是那些可以取任意数值（包括小数）的变量类型。这些数值在数学上具有连续性，能够表示某种量的多少或大小。在市场调查中，连续变量常用于度量受访者的购买数量、消费金额、满意度评分等。例如，在调查消费者对某品牌手机的满意度时，采用 1～10 分的评分制度，消费者可根据自身感受给出任意分数，这便是一个典型的连续变量应用案例。

连续变量的优势在于其能够精细地反映变量间的细微差别，提供更为丰富的信息。然而，其取值范围广泛，可能导致数据分布的离散性较大，从而增加分析的复杂性。因此，在处理连续变量时，往往需要进行适当的统计处理，如数据分组、标准化等，以更有效地揭示数据的内在规律。

在实际市场调查中，分类变量与连续变量往往需结合使用，以全面、准确地描绘和分析市场现象。例如，在探究消费者对某产品的购买意愿时，可同时收集分类变量（如性别、年龄段）和连续变量（如购买数量、满意度评分）的数据，以便从多个维度对市场进行深入的剖析。

综上所述，分类变量与连续变量在市场调查中各有千秋，适用场景也不相同。正确理解并合理运用这两种变量类型，对于提升市场调查的质量和效果来说至关重要。

二、数据分析的类型

市场调查的核心目的在于深入挖掘并精确回应客户对于其业务相关问题的探索、描述、解释、理解和评估需求。科学的问卷设计与精准的问题设置，是确保所收集数据具有代表性和有效性的关键。随后，通过对这些数据进行系统的分析，我们能够揭示隐藏在数据背后的规律与趋势，进一步洞察调查问题的本质。

数据分析不仅是理解和解释调查结果的重要手段，更是提供问题解决新思路和新方法的有效途径。描述性数据分析工作主要涵盖以下两种类型：单变量描述性分析和双变量描述性分析。这两种分析方法各有侧重，共同构成了全面、深入理解数据的强大工具集。

（一）单变量描述性分析

单变量描述性分析，顾名思义，就是对一个变量进行描述性分析。这是一种非常基础但却非常实用的数据分析方式，主要关注变量的集中趋势、离散程度和分布形态，以揭示该变量的整体情况。

1. 集中趋势分析

在单变量描述性分析中，集中趋势分析占据核心地位。它能够帮助研究者快速而准确地把握数据的中心位置或典型水平。集中趋势主要有以下三个度量指标：

（1）平均值：又称算术平均数，是所有数值的总和除以数值的个数。它提供了一个直观的方式来了解数据的中心位置。例如，在消费者购买力调查中，通过计算月收入的平均值，可以洞察目标市场的购买力水平，为企业制定合适的定价策略和产品定位提供依据。

（2）中位数：将一组数据按照大小顺序排列后，位于中间位置的数。在数据分布呈偏态时，中位数往往更能代表数据的典型水平。例如，在调查中发现，有一部分消费者的月收入极高或极低，这时相比平均数，中位数就更能准确地反映大多数消费者的月收入水平。

（3）众数：在一组数据中出现次数最多的数值。它反映了数据集中最常见的数值，对于描述离散型变量或分类数据的集中趋势尤为有效。例如，在调查消费者对某种产品的偏好时，我们可以统计每种偏好出现的次数，并找出众数，也就是被选择次数最多的品牌，由此得知哪个品牌最受欢迎。

小结：平均值适用于等距或等比数据，能够全面反映数据集总体水平；中位数则适用于避免极端数值干扰的情况，能够更真实地反映数据的中间水平；众数则适用于描述分类变量的集中趋势，能够直接体现数据集中某一数值的普遍程度。在实际应用中，我们需要根据数据的类型和分布特征选择合适的指标来揭示数据的集中趋势。通过综合运用这三个指标，我们可以更加全面、准确地了解数据的中心位置或典型水平，为决策提供有力的数据支持。

2. 离散程度分析

单变量描述性分析中的离散程度分析，是统计学中用于量化数据波动大小或离散程度的重要方法。了解数据的离散程度有助于我们更全面地把握数据的分布特征，进而做出更准确的判断和决策。以下介绍四个常用的离散程度分析指标：

（1）极差：指数据集中最大值与最小值之间的差值。极差计算简便，能够直观地反映数据的波动范围。例如，一家快餐连锁店想要了解不同的门店之间销售额的离散程度，以评估各门店的经营状况。为此，该连锁店收集了最近一个月内各个门店的日销售额数据。计算每个门店的日销售额的极差，比较各门店的极差大小。如果极差较大，说明该门店的日销售额波动较大，可能存在经营风险或者客户需求不稳定等问题；如果极差较小，则说明该门店的日销售额相对稳定。但极差只考虑了极值，忽略了中间数据的分布，且易受极端值影响。

（2）标准差和方差：方差是每个数值与均值之差的平方的平均值，而标准差则是方差的平方根。标准差和方差越大，说明数据波动越大，离散程度越高；反之，则说明数据波动较小，离散程度较低。例如，在消费者满意度调查中，通过计算满意度的标准差或方差，我们可以了解消费者对满意度的评分波动程度，从而判断消费者对品牌的整体满意度是否稳定。

（3）变异系数：是标准差与均值之比。变异系数消除了量纲的影响，可以比较不同数据集的离散程度。当两组数据的均值相差较大时，变异系数能够提供更有意义的离散程度信息。例如，在比较两个不同品牌手机的销售数据时，如果两个品牌的销售额平均值相差较大，但变异系数相近，那么我们可以认为这两个品牌在销售波动上具有相似的离散程度。

小结：极差适用于初步了解数据的波动范围，特别是在数据量较小或者对计算复杂度有严格要求的场合。标准差适用于对数据的离散程度进行精确度量，特别是在正态分布或近似正态分布的数据集中。方差通常用于需要了解数据波动幅度的场合，如风险评估、质量控制等。变异系数适用于比较具有不同均值或量纲的数据集的离散程度，如比较不同国家、地区或行业的经济发展水平差距。它特别适用于在平均值相差悬殊或单位不完全相同的情况下比较数据的变异程度。

综上所述，单变量描述性分析通过对集中趋势和离散程度的分析，能够全面揭示数据的整体状况和分布特征，并为后续的双变量描述性分析奠定了坚实的基础，是数据分析过程中不可或缺的一环。

3. 分布形态分析

单变量描述性分析中的分布形态分析是统计学中的核心环节之一，它为我们揭示了数据的分布状况，从而帮助我们洞察数据的内在规律和特征。在分布形态分析中，我们主要关注数据的形状、集中趋势以及离散程度。正态分布、偏态分布以及偏度和峰度等指标，是描述数据分布形态的关键要素。以下是对这些指标的概念、特点及适用情况的详细说明。

（1）正态分布：是一种连续型概率分布，其概率密度函数呈钟形曲线，具有对称性、单峰性和均值、众数、中位数相等的特点（见图11－1）。正态分布在实际中应用极为广泛，如用于测量误差、身高、体重等。正态分布的特点使其在很多统计分析场景中具有特殊地位，如参数估计、假设检验等。然而，并非所有数据都服从正态分布，因此在实际应用中需要事先检验数据正态性。

（2）偏态分布：指数据分布形态偏离正态分布的概率分布。根据偏离方向

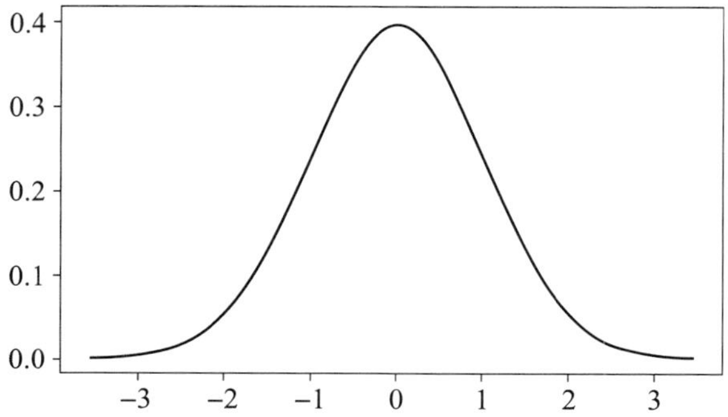

图 11－1　正态分布图

的不同，偏态分布可以进一步区分为左偏态和右偏态。左偏态表明数据向左侧倾斜，即左侧数据较为分散，右侧数据较为集中；而右偏态则相反，数据向右侧倾斜，右侧数据较为分散，左侧数据较为集中。偏态分布在实际应用中也很常见，如收入分布、考试成绩分布等。偏态分布的存在可能影响统计分析的准确性和可靠性，因此在分析前需要对数据进行适当的处理或转换。

（3）偏度和峰度：为了更精确地刻画数据的分布形态，我们引入了偏度和峰度这两个统计量。偏度是衡量数据分布形态偏斜程度的指标，它描述了数据分布相对于正态分布的不对称性。偏度为正表示右偏态，偏度为负表示左偏态，偏度为 0 表示对称分布。通过计算偏度，我们可以更加清晰地了解数据的倾斜方向和程度，从而更准确地把握数据的分布特征。峰度则是衡量数据分布形态尖锐程度的指标，它描述了数据分布相对于正态分布的陡峭或扁平程度。当峰度大于 3 时，表示数据分布形态比正态分布更尖锐；当峰度小于 3 时，则表示数据分布形态比正态分布更扁平。峰度的计算有助于我们了解数据的集中程度和离散程度，进一步揭示数据的内在规律。

综上所述，单变量描述性分析中的分布形态分析是了解数据分布情况的重要手段。通过正态性检验和计算偏度、峰度等指标，我们可以更全面地把握数据的分布形态和特征。在实际应用中，我们需要根据数据的实际情况选择合适的方法和指标进行分析，以确保分析的准确性和可靠性。

营销洞察

体重分布描述

表 11－1 给出了江苏省某高校部分大一学生的体重记录。试分析这 69 名学生体重的分布特征。提示：可以计算平均值、最大值、最小值、标准差、峰度、偏度等统计量。

表 11－1　学生体重表　　单位：千克

编号	体重	编号	体重	编号	体重
1	62.7	24	46.5	47	61.4
2	60.7	25	78.5	48	61.5
3	53.6	26	78.7	49	60.6
4	51.7	27	82.1	50	59.8
5	67.5	28	48.7	51	75.4
6	55.3	29	44.6	52	62.2
7	56.6	30	41.0	53	45.4
8	58.4	31	74.4	54	43.4
9	54.3	32	74.5	55	67.1
10	52.9	33	73.5	56	66.1
11	48.9	34	64.3	57	65.3
12	55.0	35	42.3	58	70.1
13	44.4	36	45.7	59	67.9
14	75.8	37	45.8	60	66.4
15	92.0	38	47.7	61	77.0
16	52.0	39	60.9	62	87.9
17	55.0	40	67.0	63	72.5
18	50.4	41	47.2	64	46.6
19	62.7	42	46.1	65	77.9
20	39.6	43	44.8	66	72.8
21	37.6	44	51.1	67	45.9
22	42.6	45	44.1	68	45.3
23	50.9	46	53.5	69	79.0

资料来源：作者根据网络资源整理。

（二）双变量描述性分析

在市场调查中，双变量描述性分析也是一种重要的统计方法。这一统计方法主要用于探索两个变量的关系，理解两个变量的相同点和不同点，从而揭示它们之间可能存在的关联。下面我们将重点介绍双变量描述性分析方法中的列联表，包括列联表的基本概念、分析方法以及其在市场调查中的应用。

1. 列联表的基本概念

列联表，又称为交叉分类表或交叉表，是一种将两个或多个分类变量的不同取值组合展示在表格中的工具。通过列联表，我们可以直观地看到不同变量取值之间的关联程度，进而分析它们的相互影响。在列联表中，行和列分别代表不同变量的取值，而单元格中的数值则代表这些取值组合的观察频数或比例。

2. 列联表的分析方法

使用列联表不仅需要理解其基本结构，还需掌握一系列分析方法，以挖掘变量间的潜在关系和规律。下面将详细介绍列联表的分析方法，包括频数与比例分析、关联分析等，并结合实例进行说明。

（1）频数与比例分析。

频数与比例分析是列联表分析的基本方法，通过观察列联表中的频数和比例，可以初步了解两个变量之间的关系。频数表示某个数值或类别在数据集中出现的次数，而比例则是该频数占总频数的百分比。在进行频数与比例分析时，可以从以下几个方面入手：

一是计算某一变量在不同取值下另一变量的分布情况。例如，在一个关于消费者年龄和购买行为的列联表中，我们可以分析不同年龄段消费者的购买行为分布，如各年龄段的购买频率、购买金额等。这有助于我们了解不同年龄段消费者在购买行为上的特点和差异。

二是比较不同变量取值组合之间的频数差异。通过对比不同组合的频数，我们可以识别哪些组合是常见的，哪些组合较为罕见，从而揭示潜在的关联和模式。例如，在性别与职业关系的列联表中，我们可以观察到某些性别与职业组合的出现频率较高，进而推测性别与职业之间可能存在某种关联。

三是计算比例并观察其变化趋势。通过计算比例，我们可以更直观地了解某一变量取值在另一变量取值下的相对分布情况。同时，通过观察比例的变化趋势，我们能够识别变量之间的关系是否随着某些条件的变化而发生变化。这有助于我们更深入地理解变量之间的关系。

需要注意的是，频数与比例分析只能提供初步的观察结果，对于变量之间关系的进一步验证，还需借助更严格的统计方法。通过综合运用这些方法，我们可以更准确地揭示列联表中变量间的关系，从而为市场决策提供有力支持（见表 11－2）。

表 11－2　列联表中的频数分析

Q.5 未来三个月升级电脑的可能性	18～24 岁	25～35 岁
非常可能	30	5
有点可能	43	23

续表

Q. 5 未来三个月升级电脑的可能性	18～24 岁	25～35 岁
有点不可能	21	35
非常不可能	9	54
不知道	10	6
不愿意回答	57	137
样本数	(170)	(260)

(2) 关联分析。

常用的关联分析方法包括 Phi 系数和 Cramer's V 系数。Phi 系数用于衡量 2×2 列联表中两个二元分类变量之间的关联强度。其取值范围为 −1 到 1，其中 0 表示无关联，−1 表示完全负关联，1 表示完全正关联。Cramer's V 系数是 Phi 系数的扩展，适用于更大尺寸的列联表。Cramer's V 的取值范围为 0 到 1，其值越接近 1，表示相关性越强。Cramer's V 的计算涉及列联表的行数和列数、观察频数和期望频数，具体的计算公式较为复杂，通常需要使用统计软件进行计算。

3. 列联表在市场调查中的应用

列联表作为一种强大的数据展示和分析工具，在市场调查中发挥着至关重要的作用。通过构建列联表，研究人员能够深入挖掘消费者行为、产品市场和品牌形象等多个方面的信息，从而为企业制定精准的市场策略提供有力支持。

(1) 消费者行为分析。消费者行为分析是市场调查的核心内容之一，涉及消费者需求、购买偏好、决策过程等多个方面。列联表通过交叉分类的方式，能够直观地展示消费者不同属性与购买行为之间的关系，帮助企业更好地理解消费者需求和市场趋势。

以年龄和性别为例，通过构建列联表，企业可以分析不同年龄和性别的消费者在购买偏好、购买频率、购买金额等方面的差异。例如，年轻消费者可能更倾向于购买新颖、时尚的产品，而中老年消费者则可能更注重产品的实用性和性价比。此外，性别差异也会影响消费者的购买决策，例如，与男性消费者相比，女性消费者可能更注重产品的外观。通过列联表分析，企业可以根据不同消费者群体的特点制定个性化的营销策略，从而提高市场占有率。

(2) 产品市场分析。产品市场分析是企业制定市场策略的重要依据。列联表可以帮助企业了解不同产品特征与市场接受度之间的关系，从而优化产品设计和市场推广策略。通过列联表，企业能够分析消费者对产品不同属性的偏好程度，进而为精准定位和产品改进提供数据支持。

例如，关于智能手机，消费者可能关注其性能、外观、价格等多个方面。通过构建列联表，企业可以比较不同产品属性下消费者购买意愿的差异，从而识别出消费者最为关心的属性。基于这些分析结果，企业可以针对关键属性进行产品优化，提升产品的市场竞争力。

此外，列联表还可以用于分析不同市场细分中消费者的购买行为。通过比较各市场细分中消费者的购买频率、购买金额等指标，企业能够识别出最具潜力的细分市场，并据此制定有针对性的市场推广策略。

（3）品牌形象研究。品牌形象是企业竞争力的重要组成部分，影响着消费者对产品的认知和购买决策。在品牌形象研究中，列联表的应用主要体现在分析消费者对品牌形象不同维度的评价与其购买意愿之间的关系。

品牌形象通常包括多个维度，如品质、创新、服务、信誉等。通过构建列联表，企业可以分析消费者对这些维度的评价分布情况，以及它们与购买意愿之间的关系。例如，如果消费者对某品牌的品质和创新维度给予较高评价，且这些评价与购买意愿之间存在显著正相关关系，那么企业可以进一步强化这两个维度的品牌形象传播，以提升消费者的购买意愿和忠诚度。

此外，列联表还可以用于比较不同品牌在品牌形象各维度上的差异。通过对比不同品牌在相同维度上的评价，企业可以了解自身品牌在市场中的竞争地位，识别自己的优势和不足。这有助于企业制定有针对性的品牌提升策略，从而提升品牌形象和市场竞争力。

需要注意的是，在利用列联表进行市场调查时，企业必须确保所收集的数据具有代表性和准确性。同时，在解读列联表的分析结果时，企业应结合实际情况和市场环境进行综合考虑，以确保决策的科学性和有效性。

综上所述，列联表在市场调查中具有广泛的应用价值。通过深入分析消费者行为、产品市场和品牌形象等方面的信息，企业可以更精准地把握市场需求和竞争态势，为制定有效的市场策略提供有力支持。在未来的市场调查中，列联表将继续发挥重要作用，为企业创造更多价值。

三、图形展示

描述性统计图形展示是一种直观且有效的数据分析方法。通过选择合适的图形，我们能够清晰地展示数据的分布、趋势以及变量之间的关系，从而为市场调查分析中的决策制定提供有力支持。接下来，我们将重点介绍四种常用的描述性统计图形——饼图、条形图、直方图和折线图，并详细阐述它们的应用场景和绘制方法。

（一）饼图

1. 定义与特点

饼图是一种用于展示分类数据占比的图形。它通过将一个完整的圆分割成若干个扇形区域，每个扇形区域代表一个类别，扇形的面积大小表示该类别在整体中的占比。饼图直观易懂，且便于比较各类别之间的相对比例，因此适合展示有限数量的分类数据。

2. 应用场景

饼图在市场调查中常用于展示消费者对不同产品、品牌或服务的偏好，以及市场份额的分配情况。例如，通过绘制饼图，我们可以直观地了解某一品牌的市场占有率，并与其他品牌的市场份额进行对比，从而揭示品牌之间的竞争关系。

3. 绘制方法

绘制饼图时，首先，收集分类数据并计算各类别的占比。其次，根据各类别的占比，将圆形分割成相应的扇形区域。最后，为每个扇形区域添加标签和颜色，以便更好地区分和解读。例如，在手机品牌市场调查中，受访者使用的手机品牌占比如下：品牌 A 占 5%，品牌 B 占 24%，品牌 C 占 37%，品牌 D 占 32%，其他品牌占 2%。使用 SPSS 软件，可以绘制出相应的饼图，具体步骤如下：

首先我们录入相关数据，并把“手机品牌”定义为名义变量，然后点击“图形”，选择“旧对话框”，点击“饼图”，如图 11－2 所示。

图 11－2　录入手机品牌数据

点击“个案百分比”，点击“手机品牌”，使之进入“分区定义依据”列表框（见图 11－3）。

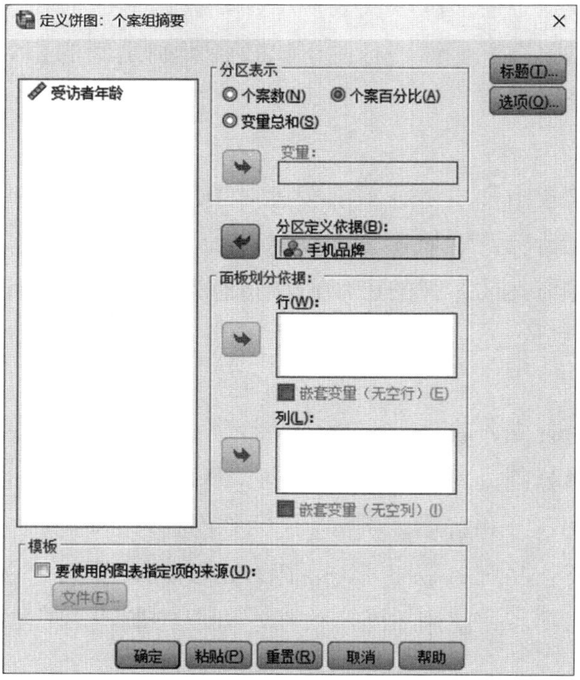

图 11－3　“定义饼图：个案组摘要”操作框

从图 11－4 结果中我们会发现，图中没有显示各品牌的具体占比，为此需要对图进行处理。在原始饼图中，点击右键，点击“编辑内容”，选择“在单独窗口中”，如图 11－5 所示。

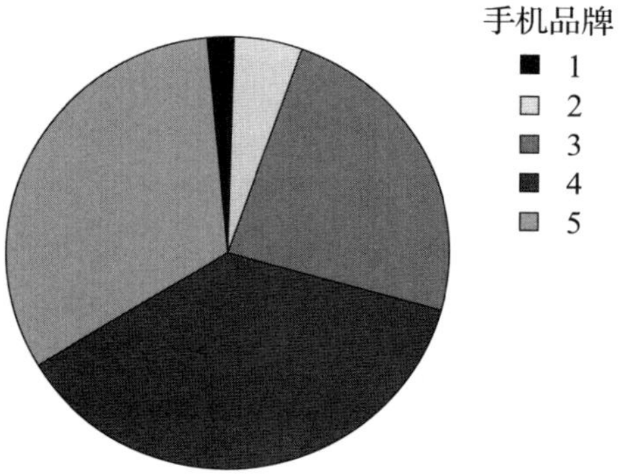

图 11－4　原始饼图

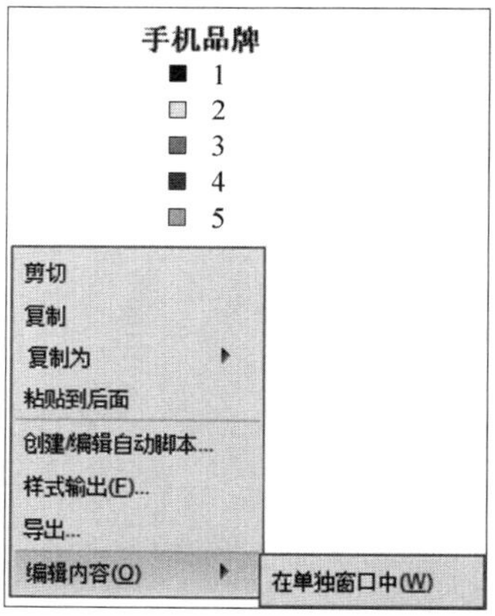

图 11－5　打开“独立窗口”

点击“元素”，选择“显示数据标签”（见图 11－6、图 11－7）。

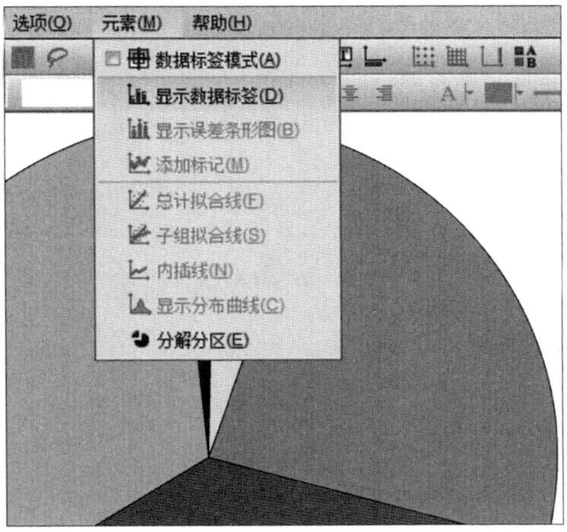

图 11－6　选择“显示数据标签”

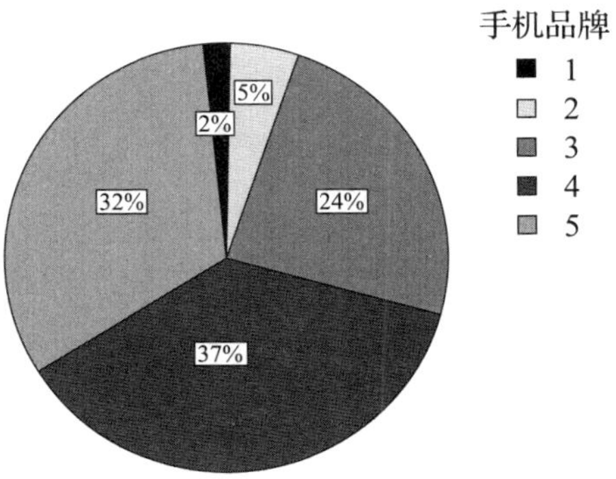

图 11－7　带数据标注的饼图

（二）条形图

1. 定义与特点

条形图是一种用于展示分类数据数量的图形。它通过一系列垂直或水平的条形来表示不同分类的数据值，条形的长度或高度代表数据的大小。条形图具有清晰、直观、易于理解的特点，适用于展示多个分类之间的数量对比。

2. 应用场景

条形图在市场调查中常用于比较不同产品、地区或时间段的销售数量、市场份额等。绘制条形图，可以直观地展示不同分类（如产品、地区或时间段）之间的数量差异。例如，在比较不同产品在同一时间段内的销售业绩时，条形图能够帮助我们识别畅销产品和滞销产品，从而为制定营销策略提供有力支持。

3. 绘制方法

绘制条形图时，首先需要收集并整理分类数据，将其呈现在表格中。接着，选择合适的绘图软件或工具，根据各类别的数值绘制相应长度的条形。为了提高图形的可读性，可以为每个条形添加标签和数据值，并使用不同的颜色或填充样式来区分不同的分类。

（三）直方图

1. 定义与特点

直方图是一种用于展示连续型数据分布的图形。它将连续的数据范围划分为若干个相等的区间（称为组距），然后统计每个区间内数据的频数或频率，并用矩形的面积表示。直方图能够直观展示数据分布，易于发现异常值和模式。

2. 应用场景

直方图在市场调查中常用于分析消费者的年龄、收入等连续型变量的分布情况。通过直方图，我们可以了解数据的集中趋势、离散程度以及是否存在异常值，从而为市场细分和目标客户定位提供依据。

3. 绘制方法

绘制直方图时，首先需要确定数据的范围和组距，并将数据划分为若干个区间。其次，统计每个区间内的数据频数或频率，并根据频数或频率绘制矩形的高度。最后，使用绘图软件或工具绘制直方图，并添加标题、坐标轴标签等辅助信息。

（四）折线图

1. 定义与特点

折线图是一种用于展示数据随时间或其他连续变量变化趋势的图形。它通过一系列连接的数据点表示数据的变化情况，折线的走势反映了数据的增减趋势。折线图具有清晰展示数据变化趋势、易于发现转折点和周期性变化的特点。

2. 应用场景

折线图在市场调查中常用于分析产品销售量、市场份额等随时间变化的趋势。通过折线图，我们可以直观地看到数据的变化趋势和变化速度，从而预测未来的市场走势并制定相应的策略。

3. 绘制方法

绘制折线图时，首先需要收集按时间或其他连续变量排序的数据。然后，使用绘图软件或工具将数据点连接起来形成折线。为了增强可读性，可以为折线图添加标题、坐标轴标签、数据点标记等辅助信息。同时，可以通过调整线条的颜色、粗细和样式来突出数据的重点或特点。

我们已介绍了市场调查分析中常用的四种描述性统计图形：饼图、条形图、直方图和折线图。这些图形各具特点，适用于不同的应用场景和数据类型。通过选择合适的图形进行数据展示，我们可以更加直观、清晰地了解数据的分布、趋势和关系，为决策制定提供有力支持。在实际应用中，我们可以根据具体需求和数据特点灵活选择和使用这些图形，以取得最佳的展示效果。

营销洞察

中式糕点行业分析

传统中式糕点，作为中国独特的食品文化代表，历史悠久，品种繁多。它们以面粉、米粉、糖、油等为主要原料，经过精细的制作工艺，形成形状、口感和风味各不相同的美食。中式糕点不仅具有食用价值，更承载着深厚的文化内涵和情感记忆。近年来，随着人们对健康饮食的追求和对传统文化的重视，传统中式糕点市场呈稳步增长趋势。

根据行业统计数据，中式糕点市场规模不断扩大，预计未来几年仍将保持快速增长。目前，中式糕点市场竞争激烈，既有老字号品牌，也有新兴的创新型企业。老字号品牌凭借深厚的文化底蕴和消费者的信赖，占据了一定的市场份额；某企业想开发新中式糕点，通过产品创新切入中式糕点赛道。

为了给该企业进驻中式糕点市场提供一定的参考，某调查小组查阅了近年来与中式糕点相关的专业调查公司报告。艾媒咨询数据显示，预计 2023 年中国烘焙食品行业市场规模达 3 069.9 亿元，同比增长 7.6%。随着人均消费水平的增长及餐饮消费结构调整，中国烘焙食品市场将持续扩容，2025 年市场规模将达 3 518.0 亿元（见图 11 - 8）。

图 11 - 8　2018—2025 年中国烘焙食品行业市场规模及预测

艾媒咨询数据显示，年轻群体和中年群体购买中式糕点较多（见图 11 - 9）；消费者购买中式糕点的频次集中在每月 1～6 次，占比为 90%（见图 11 - 10）。

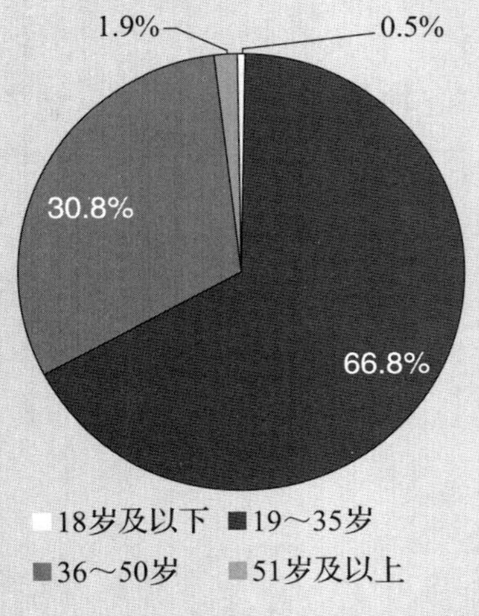

图 11 - 9　中式糕点消费者年龄分布图

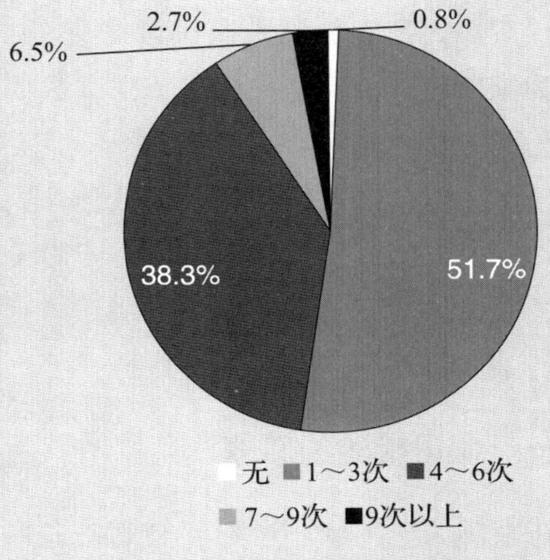

图 11 - 10　消费者购买中式糕点的频次

对中式糕点行业标杆企业——五得利（经营情况）的研究显示：五得利日加工小麦产量从 2013 年的 2.6 万吨增长至 2022 年的 8 万吨，年复合增长率达 13.3%（见图 11－11）。目前，五得利遂平面粉有限公司正建设“数字化工厂项目”，将企业资源管理系统、设备管理系统、客户关系管理系统、OA 协同办公系统引入企业的生产经营管理中，并搭建具有独立知识产权的物流信息平台，打造信息化、数字化工厂。

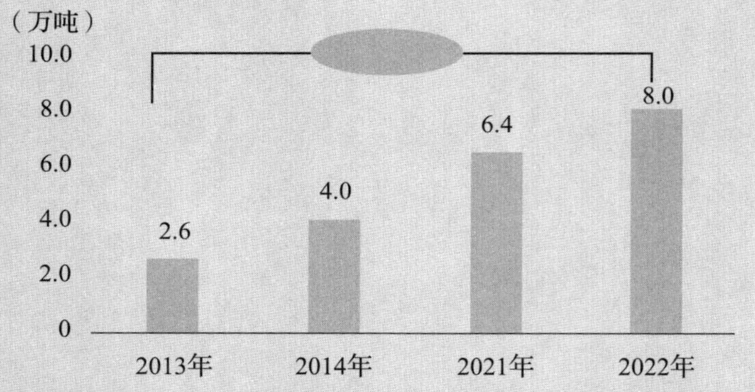

图 11－11　2013—2022 年五得利日加工小麦产量

资料来源：艾媒咨询发布的《2023 年中国中式糕点行业创新及消费需求洞察报告》，有改动。

思考： 定量分析是如何帮助企业做出市场决策的？

第 2 节　推断统计

接下来，我们将深入探讨数据分析中的另一个关键领域——推断性分析，也称为推断统计。这是一种基于样本数据推测总体特性的统计方法。该方法主要分为两大类：第一类是参数估计，它侧重于利用样本数据推断总体的特征。参数估计主要包括点估计和区间估计，这些方法的具体细节在此不再详述。第二类，也是我们此次探讨的重点，即假设检验。假设检验是一种利用样本数据评估关于总体假设是否成立的方法。通过这种方法，我们能够根据样本信息对总体的某些特性做出有根据的判断。

一、假设检验的原理

在市场调查领域，全面实施普查往往面临实际困难，或者在某些情境下，例如执行质量检查时，可能并不具备成本效益。因此，我们通常采取抽样调查的方式，从总体中抽取一部分作为样本，以获取相关信息，我们还需要依据这些样本数据来验证关于总体的某些假设是否成立。

具体而言，假设检验的原理可以通过以下案例来详细说明：某企业为了评估职工培训的效果，开展了一项调查。调查预设，经过培训后，每名职工的月产量能够达到 2 000 件。然而，在培训结束后对 16 名接受培训的职工进行抽样检查时，发现他们的平均月产量仅为 1 700 件，标准差为 244。那么，我们是否能据此断定培训未达到预期效果呢？

在此案例中，我们观察到样本均值（1 700）低于预设的总体均值（2 000）。这种差异可能源于抽样过程中的随机性，即我们可能恰好抽取了一个月产量相对较低的职工样本。从全局角度来看，培训可能仍然达到了预期效果，但由于我们抽取的样本表现较差，因此抽样误差导致了样本均值与总体均值之间的差异。在这种情况下，我们不能直接得出总体培训效果未达到预期的结论。

另外，如果实际培训效果确实未达预期，那么我们随机抽取的 16 名职工的样本均值自然会低于 2 000。这就涉及两种可能性之间的根本区别：差异是抽样误差造成的，还是两者之间存在本质区别而导致的。假设检验的目的正是判断这种差异是源于随机误差，还是反映了总体与假设之间的实质性差异。

为了进行准确判断，我们需要考虑，在培训有效的前提下，这 16 名职工的样本均值应该不会太偏离总体均值，而应该接近 2 000。当然，如何定义“接近”是一个需要进一步探讨的问题，这需要对样本均值与总体均值之间的差值进行深入分析。关于如何进行这种分析，我们将在后续内容中详细展开。

二、假设检验的步骤

假设检验是一种统计方法，用于根据样本数据对总体假设进行推断。它主要包括以下四个步骤。

（一）确立研究假设与原假设

原假设，也称为无效假设（null hypothesis），通常表示为 H_0，它假定总体没有特定效应。备择假设（alternative hypothesis）是研究假设，通常表示为 H_1，它与原假设相对。原假设与备择假设之间只能接受其中一个为真，两者是对立的关系。例如，H_0：$\mu=\mu_0$，则 H_1：$\mu\neq\mu_0$。在上述职工培训的案例中，原假设 H_0：$\mu=2\,000$，表示培训效果达到预期（每名职工月产量等于 2 000 件），而备择假设 H_1：$\mu\neq2\,000$，则表示培训效果未达到预期（每名职工月产量不等于 2 000 件）。

（二）设定显著性水平

显著性水平，也称为检验水平或检验水准（size of test），通常用 α 表示。显著性水平表示在原假设为真时，错误地拒绝原假设的风险，即第一类错误风险。一般来说，α 的常用取值为 0.05 或 0.01。这意味着，当样本数据与原假设存在显著差异时，我们有 95%或 99%的把握认为这种差异不是由随机误差引起的，而是由总体真实的效应引起的。

需要注意的是，在设定显著性水平时，我们实际上是在权衡两种错误的风险：第一类错误风险（即错误地拒绝原假设的风险）和第二类错误风险（即错误地接受原假设的风险）。α 值的选择取决于我们对这两种错误的容忍度和研究的具体需求。在实际应用中，需要根据研究背景和目的选择合适的 α 值（见表 11－3）。

表 11－3　关于有关假设检验错误的总结

基于样本数据的推断	实际情况	
	H_0 为真	H_0 为假
H_0 为真	正确的决策，置信水平＝$1-\alpha$	第二类错误，概率 $p=\beta$
H_0 为假	第一类错误，显著性水平等于 α^*	正确的决策，功效＝$1-\beta$

* 表示犯第一类错误的最大概率。

（三）计算统计检验量和 *p* 值

在假设检验的第三步中，我们需要计算统计检验量和 p 值以做出推断。以之前的职工培训案例为例，我们关心的是样本均值与总体均值之间的差异是否显著。然而，直接比较这两个均值并不可行，因此我们可以采用公式 $\frac{\overline{x}-\mu}{s/\sqrt{n}}$ 进行标准化处理。

例如，在比较小白兔和大象的体重差异时，不能仅凭绝对值来判断差异的大小，因为对于不同体重的动物来说，这种比较是不公平的。为了消除这种量纲带来的差异，我们需要进行标准化处理，也叫无量纲化处理，这样处理后的数据才具有可比性。同样，当我们比较样本均值与总体均值时，也需要进行类似的标准化处理。

经过标准化处理后，我们得到的统计量通常符合特定的分布（如 t 分布）。根据所使用的检验方法和样本特征（如样本量、自由度等），我们可以计算出相应的 t 值或其他统计量。为了得出推断结论，我们需要将这个统计量与临界值进行比较。临界值是根据显著性水平（如 0.05）和分布类型从相应的分布表中查得的。

然而，逐一计算不同分布下的统计量并查找临界值可能会很复杂，因为不同的检验方法对应不同的分布。为了简化这一过程，我们可以直接计算 p 值。p 值表示在原假设（即总体均值等于某个特定值）为真的情况下，观察到当前样本或更极端样本的概率。如果 p 值小于显著性水平（如 0.05），则我们拒绝零假设，认为样本均值与总体均值之间的差异不是由随机误差引起的，而是具有统计学意义。相反，如果 p 值大于显著性水平，我们则没有足够的证据拒绝零假设。

总之，通过计算统计检验量和 p 值，我们可以对样本均值与总体均值之间的差异进行推断，并据此做出决策。这一推断过程基于小概率原理，即在一次随机抽样中观察到极端事件的可能性很小。因此，当样本数据表明发生了小概率事件时，我们有理由怀疑原假设的真实性并拒绝它。

（四）得出推断结论

基于计算出的统计量和设定的显著性水平得出推断结论。如果统计量的值超过临界值（由显著性水平和样本量决定），则拒绝原假设，接受备择假设；否则，不能拒绝原假设。这个推断结论是基于样本数据对总体假设的推断，具有一定的概率保证。

三、常用的假设检验方法

市场调查分析方法中，常用的假设检验方法主要包括以下四种。

（一）t 检验

1. 简介

t 检验（也称为学生 t 检验）是统计学中广泛使用的假设检验方法，其核心目的是判断一个样本的均值是否与已知的总体均值存在显著差异。t 检验基于正态分布假设，且通常假定方差未知。t 检验通过计算 t 统计量，评估样本均值与总体均值或两个样本均值之间的差异是否显著。

2. 适用场景

t 检验适用于总体正态分布、总体方差未知或独立小样本的平均数显著性检验，及平均数差异显著性检验，等等。

3. 类型与应用

根据适用场景的不同，t 检验可分为三种类型：

（1）单样本 t 检验。当我们有一个样本数据，并希望检验其均值是否与已知的某个总体均值存在差异时，可以选择单样本 t 检验。

（2）双样本 t 检验。当有两个独立的样本数据时，若我们想要比较它们的均值是否存在差异，可以使用双样本 t 检验。

（3）配对样本 t 检验。在某些研究中，我们可能需要对同一组对象进行两次或多次观测，并希望比较这些观测值之间的均值差异。此时，配对样本 t 检验是合适的选择。通过配对样本 t 检验，我们可以更准确地评估同一组对象在不同条件下的差异。

（二）卡方检验

1. 简介

卡方检验（χ^2 检验）是一种常用的统计工具，用于比较实际观察到的频数与根据某种假设或理论预期的频数之间的差异。该方法特别适用于分类数据，例如调查问卷中的选项选择或实验中的分类结果。

2. 适用场景

在实际应用中，卡方检验广泛用于检验不同分类的实际观察频数是否与预期的理论频数分布相符。例如，在市场调查中，我们可能会收集消费者对某个产品的偏好数据，并使用卡方检验来判断这些数据是否符合预期或某个特定的理论模型。

（三）方差分析

1. 简介

方差分析（ANOVA）是一种常用的统计方法，主要用于研究两个或两个以上样本均值之间的差异是否显著。这种方法的核心思想是通过比较不同来源的变异（即组内变异和组间变异）来判断样本之间是否存在显著的均值差异。

2. 适用场景

在实际应用中，方差分析常用于多种场景。例如，在科学实验中，可能会收集多个实验组的数据，并希望了解这些实验组之间的均值是否存在显著差异。此时，可以使用方差分析进行检验。同样，在市场调查中，方差分析也常用于比较不同组别（如不同年龄段、不同地区、不同教育水平等）之间的均值差异。

3. 特点

方差分析的一个重要特点是它要求各实验组内的总体方差齐性。在进行方差分析之前，通常需要对各实验组内的方差进行齐性检验。如果检验结果表明各组内的方差相同，则可以进行后续的方差分析；如果检验结果表明各组内的方差不同，则需要采取措施（如数据转换或选择其他统计方法）来解决问题。

（四）非参数检验

1. 简介

在统计分析中，当数据不满足参数检验的假设条件，如正态分布或方差齐性等时，非参数检验显得尤为重要。非参数检验不依赖于总体的参数分布，而是基于数据的顺序或等级进行推断。

2. 类型与应用

非参数检验具有广泛的适用性和灵活性，可以在各种实际情境中应用。以下是几种常见的非参数检验方法及其应用场景：

（1）Wilcoxon 符号秩检验：主要用于比较两个相关样本的中位数是否有显著差异。例如，在研究同一组病人在接受不同治疗方法后的疗效时，可以使用 Wilcoxon 符号秩检验来评估两种治疗方法对病人中位疗效的影响是否相同。

（2）Mann-Whitney U 检验：用于比较两个独立样本的中位数是否有显著差异。当两个样本相互独立且来自未知分布时，Mann-Whitney U 检验能够有效比较两个样本中位数的差异。

（3）Kruskal-Wallis H 检验：用于比较多个独立样本的中位数是否有显著差异。在市场调查、医学研究和教育评估等领域，当需要评估多个不同组别（如不同品牌、不同治疗方法、不同教育水平等）的中位数差异时，Kruskal-Wallis H 检验是一种常用的方法。

（4）比例检验：用于比较两个或多个样本中的比例是否有显著差异。例如，在选举结果分析中，可以使用比例检验来比较不同选区或不同选民群体的投票比例是否存在差异。比例检验不受总体分布的限制，因此在各种实际情境中都有广泛应用。

营销洞察

银行市场策略调整

在银行业务运营中，对于客户利润性的判断往往基于一些简单直观的假设。据说，银行家们普遍认为高收入的客户比低收入的客户更有利可图，因为他们的存款余额和手续费通常较高。另外，那些每月仔细平衡支票簿以减少透支费用的客户往往被视为无利可图的客户。这些传言是不是真的？

为了检验上述传言，A 银行的调查人员首先构建了一个利润与收入的交叉列联表，并进行了统计分析。然而，检验结果表明，高收入客户与低收入客户在利润性方面并没有显著的相关性。这意味着我们不能简单地将高收入等同于高利润性。接下来，调查人员又针对每月仔细平衡支票簿的客户进行了类似的假设检验。原本预期这类客户的利润性较低，但检验结果同样显示，这类客户与利润性之间不存在显著的关联。这一发现让调查人员意识到，可能还有其他更复杂的因素在影响客户的利润性。

为了寻找这些潜在因素，调查人员开始探索更多的变量，并构建了包括年龄、职业、投资偏好等多个维度的交叉列联表。在这个过程中，调查人员发现了一个有趣的现象：年纪较大的客户（与年纪较小的客户相比）更有可能减少持有大额存单。这与之前的直觉和传统观点相悖，因为通常认为年纪较大的客户会拥有更多的资产组合，并倾向于风险较小的投资。

为了深入探究这一现象背后的原因，调查人员进行了一次小规模的定性市场调查。通过与客户进行深入交流，调查人员了解到年纪较大的客户可能因为退休、子女教育支出或其他原因，需要调整自己的资产配置，减少大额存单的持有。这一发现为调查人员提供了新的市场洞察。

基于上述发现，银行经理对银行的市场策略进行了调整，决定不再简单地将客户按照收入或支票簿平衡行为进行分类，而是综合考虑多个维度，包括年龄、资产组合和投资偏好等。针对年纪较大且持有大额存单的客户，该银行推出了一系列更加灵活和个性化的投资理财产品，以满足他们调整资产配置的需求。

思考：调查人员采用了什么数据分析方法来检验传言？

第 3 节　SPSS 操作

本节将详细介绍 SPSS 软件的具体使用方法和实例分析，包含数据录入、假设检验以及方差分析这三部分。

一、数据录入

打开 SPSS 软件之后，可以看到它的主界面，类似一张电子表格，最上边是菜单栏，其下面一行是快捷键，再往下是单元格编辑器。SPSS 软件的数据视图菜单栏共有 11 个选项：

（1）文件：文件管理菜单，可用于有关文件的调入、存储、显示和打印等。

（2）编辑：编辑菜单，可用于有关文本内容的选择、拷贝、剪贴、寻找和替换等。

（3）查看：视图菜单，可对视窗的外观及字体等进行设计。

（4）数据：数据管理菜单，功能包括有关数据变量定义，数据格式选定，观察对象的选择、排序、加权，数据文件的转换、连接、汇总，等等。

（5）转换：数据转换处理菜单，可用于有关数值的计算、重新赋值、缺省值替代等。

（6）分析：统计分析菜单，包括描述性分析、均值比较、显著性检验、聚类分析、因子分析、相关分析等。

（7）图形：作图菜单，可用来制作有关统计图。

（8）实用程序：用户选项菜单，包括有关命令解释、字体选择、文件信息、定义输出标题、窗口设计等功能。

（9）扩展：用于拓展安装程序。

（10）窗口：窗口管理菜单，可用于有关窗口的排列、选择、显示等。

（11）帮助：求助菜单，可帮助文件的调用、查寻、显示等。

点击菜单选项即可激活菜单，这时弹出下拉式子菜单，用户可根据自己的需求再点击子菜单的选项，完成特定的功能。

在电子表格的左下角，可以发现有两个视图是可以切换的，一个是数据视图，一个是变量视图。数据视图和变量视图是相互关联的两个视图（见图 11－12）。

图 11－12　SPSS 数据视图菜单栏

下面用一个实例来演示如何在 SPSS 软件中录入数据。实例是一份关于影响消费者对于移动支付使用意愿的因素的调查问卷。首先看一下问卷的结构，这个问卷的第 1～7 题是消费者个人创新性的 7 个问项，它们采用的是典型的李克特 7 级量表（见图 11－13）。

首先需要对变量的名称进行命名，建议采用英文加数字组合的方式来进行命名，一般用 V1 代表第一个变量。变量的类型有多种选项，有数字型的、逗号型的、科学记数法型的等等，一般系统默认的是数字型的（见图 11－14）。在数字型变量类型旁边，可以手动输入宽度和小数位数。

第一部分：消费者个人创新性调查。对于下列每一个描述，请在最符合您意愿的选项中打√

题目序号	问项	非常不同意	比较不同意	有点不同意	不能确定	有点同意	比较同意	非常同意
1	我很乐意尝试新的事物	1	2	3	4	5	6	7
2	我觉得我是一个富有革新精神的人	1	2	3	4	5	6	7
3	我认为新的生活方式和做事方式相对于过去是一种进步	1	2	3	4	5	6	7
4	我乐于接受新事物的挑战，即使它需要花费很多时间和精力	1	2	3	4	5	6	7
5	我会收集很多相关信息去了解并接受一项新观念或事物	1	2	3	4	5	6	7
6	在同龄人当中，我通常是率先尝试新的信息科技产品	1	2	3	4	5	6	7
7	总的来说，我比较乐意接受新的观点和事物	1	2	3	4	5	6	7

图 11－13　移动支付问卷部分题目

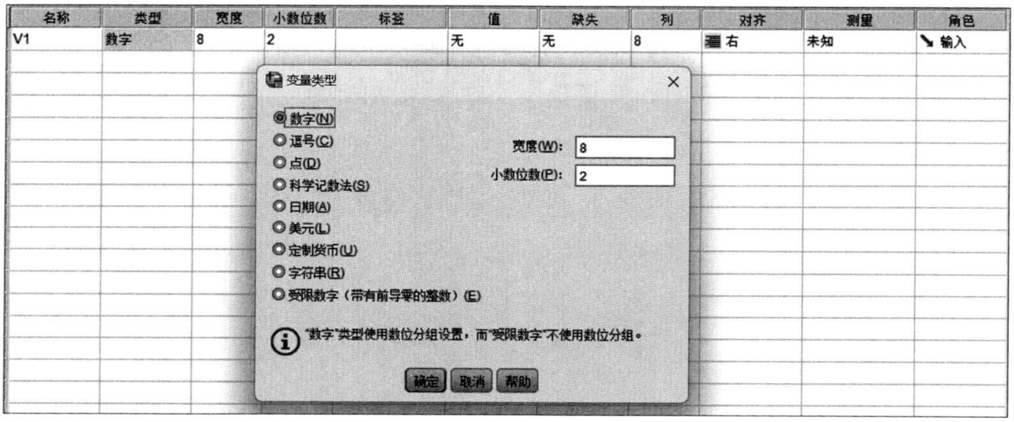

图 11－14　"变量类型"操作框

在进行变量命名的时候，通常会尽量用比较简洁的名称，但是过于简洁可能会导致不知道到底是什么变量。而标签可对变量名称做进一步的解释，可以把题项，例如"我很乐意尝试新的事物"直接粘贴到"标签"部分。

变量的取值对应着题项中的取值，需要手动录入。例如本题项有 7 个值，这 7 个值从"非常不同意"到"非常同意"。点击"值"这一列的"无"，接着点击"无"右侧出现的"..."。

在出现的"值标签"操作框中，在"值"列表框中输入"2"，在"标签"列表框中输入"比较不同意"，点击"添加"，以此类推，全部输入完成后，点击"确定"（见图 11－15）。

后面一列是缺失值，一般可能要做缺失值的处理。SPSS 软件里有三种方式：一是无缺失值。二是离散缺失值，可以放入一些离散值，例如一般会设置

图 11－15　“值标签”操作框

为 9、99、999 等等，代表的是只要出现缺失值，就用这个值代替。三是范围加上一个可选的离散缺失值。点击“缺失”这一列的“无”，接着点击“无”右侧出现的“...”。

在出现的“缺失值”操作框中，勾选对应的实际缺失情况，例如勾选“离散缺失值”，填入“999”，点击“确定”（见图 11－16）。

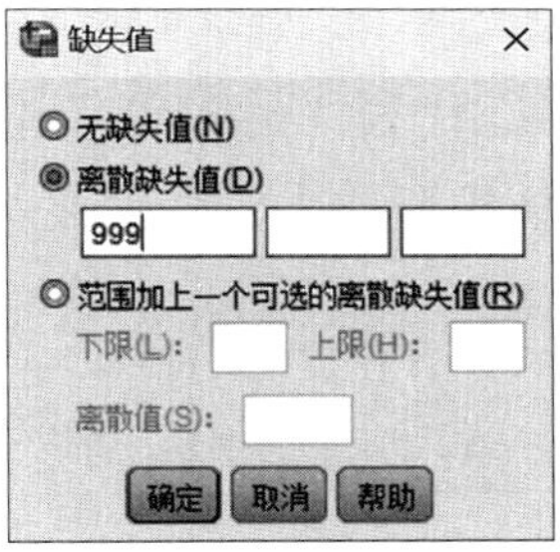

图 11－16　“缺失值”操作框

度量标准系统默认的是未知，在 SPSS 软件里给出了三种尺度，分别是“标度”“有序”“名义”（见图 11－17）。名义尺度就是分类不排序的；有序尺度就是顺序尺度，它既能分类又能排序；而标度尺度实际上就是等距尺度加等比尺度，不管是等距尺度还是等比尺度都用标度尺度。在进行数据的录入变量的定义时，要严格选择正确的度量标准。

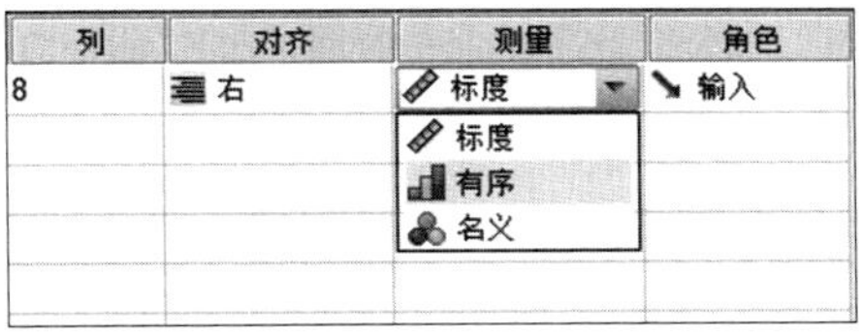

图 11－17　“测量”操作框

图 11-18 移动支付问卷数据展示了录入的部分移动支付问卷数据，其中问卷的 38 题是一个典型的多选题，而且在该题的部分没有规定只能选几项，也就是说所有的题项都有可能被选中，也有可能不被选中。对于每一个题项，只有两种结果，就是被选择了或者没有被选择，总共 8 个题项，因此在录入 38 题时，是把它的每一个选项当作一个变量来录入的。

名称	类型	宽度	小数	标签	值	缺失	列	对齐	度量标准
UA1	数值(N)	8	2	V27我对采用移动支付方式进行交易非常感兴趣	{1.00, 非常…	9.00	8	右	度量(S)
UA2	数值(N)	8	2	V28我觉得使用移动方式支付是一个明智的决定	{1.00, 非常…	9.00	8	右	度量(S)
UA3	数值(N)	8	2	V29总的来说,我对使用移动支付的评价是正面的	{1.00, 非常…	9.00	8	右	度量(S)
UA4	数值(N)	8	2	V30我有意愿使用移动支付服务	{1.00, 非常…	9.00	8	右	度量(S)
BI1	数值(N)	8	2	V31未来如果环境许可,我会选择移动支付作为交易方式	{1.00, 非常…	9.00	8	右	度量(S)
BI2	数值(N)	8	2	V32我会向身边的亲朋好友推荐使用移动支付服务	{1.00, 非常…	9.00	8	右	度量(S)
V33	数值(N)	8	2	V33性别	{.00, 男}…	无	8	右	名义(N)
V34	数值(N)	8	2	V34年龄	{1.00, 18岁…	无	8	右	序号(O)
V35	数值(N)	8	2	V35学历	{1.00, 1000…	无	8	右	序号(O)
V36	数值(N)	8	2	V36可自由支配收入	{1.00, 1000…	无	8	右	序号(O)
V37	数值(N)	8	2	V37月手机话费	{1.00, 50元…	无	8	右	序号(O)
V38.1	数值(N)	8	2	V38.1是否使用过手机网上购物业务	{.00, 否}…	无	8	右	名义(N)
V38.2	数值(N)	8	2	V38.2是否是使用过手机话费银行卡自动划账业务	{.00, 否}…	无	8	右	名义(N)
V38.3	数值(N)	8	2	V38.3是否使用过手机购买彩票业务	{.00, 否}…	无	8	右	名义(N)
V38.4	数值(N)	8	2	V38.4是否使用过手机在线炒股业务	{.00, 否}…	无	8	右	名义(N)
V38.5	数值(N)	8	2	V38.5是否使用过公共事业收费业务	{.00, 否}…	无	8	右	名义(N)
V38.6	数值(N)	8	2	V38.6是否使用过网上下载铃声、图片、游戏等从手机话费中扣费…	{.00, 否}…	无	8	右	名义(N)
V38.7	数值(N)	8	2	V38.7是否使用过近距离移动支付,如公交收费、停车收费、超市购…	{.00, 否}…	无	8	右	名义(N)
V38.8	数值(N)	8	2	V38.8是否使用过移动银行包括手机钱包和手机银行等业务	{.00, 否}…	无	8	右	名义(N)
V39	数值(N)	8	2	V39交易金额	{1.00, 小于1…	无	8	右	序号(O)
V40	数值(N)	8	2	V40支付类型	{1.00, 基于…	无	8	右	名义(N)

图 11-18　移动支付问卷数据

所以数据录入的变量部分是 V38.1 到 V38.8，V38.1 就是“是否使用过手机网上购物业务”，它的值“1”代表“是”，“0”代表“否”（见图 11-19），当把与这个变量相关的问卷中的所有题项都录入后，就可以进行数据的录入了。

38. 请问您使用过下列哪些移动支付业务？（可以多选）

业　务	是	否
手机网上购物	1	0
手机话费银行卡自动划账	1	0
手机购买彩票	1	0
手机在线炒股	1	0
公共事业收费（水费、煤气费等）	1	0
网上下载铃声、图片、游戏等从手机话费中扣费	1	0
近距离移动支付，如公交收费、停车收费、超市购物等	1	0
移动银行（将手机号码与银行卡账户绑定后基于银行卡转账、查询、缴费等）包括手机钱包和手机银行等	1	0

图 11-19　多选题题项

二、假设检验

（一）配对样本 t 检验

配对样本之前通常是存在一定关联的，例如医药方面，同一批患者服药前和服药后，测量患者的血压、心率。再例如某工厂生产产品，同一批的 16 名工人在技能培训前和培训后，生产产品数量如图 11－20 所示。number 表示工人的序号，production1 为该工人在培训前生产的产品数，production2 为该工人在培训后生产的产品数。

	number	production1	production2
1	1	1530	1920
2	2	1450	1780
3	3	1970	2010
4	4	2010	2020
5	5	1790	1800
6	6	1600	1600
7	7	1930	1870
8	8	1520	1590
9	9	1560	1700
10	10	2200	2000
11	11	1550	1630
12	12	1990	1890
13	13	1560	1720
14	14	1640	1670
15	15	1400	1500
16	16	1500	1600

图 11－20　生产产品数量

要研究的是培训前的产量和培训后的产量是否存在显著差别，到底是增加了还是减少了？如果培训后的样本所对应的总体均值和培训前总体均值没有区别，就表明培训是没有效果的。在 SPSS 中，点击“分析”，点击“比较均值”，选择“配对样本 T 检验”（见图 11－21）。

图 11－21　“比较均值”操作框

将“production1”拖动到“成对变量”列表框中第一行第一列的位置，将“production2”拖动到“成对变量”列表框中第一行第二列的位置，点击“确定”（见图 11－22）。

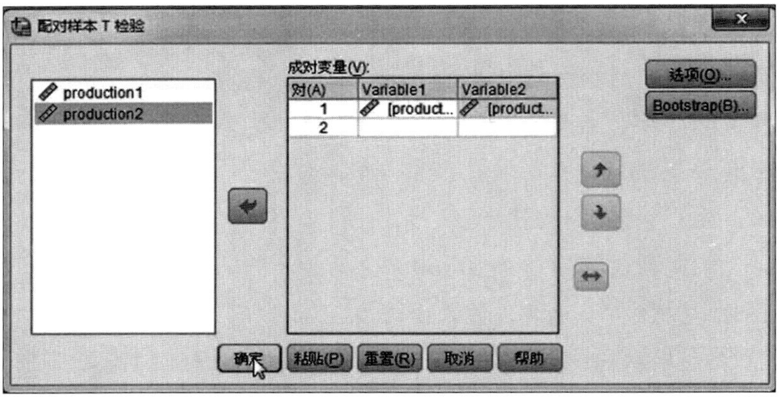

图 11－22　“配对样本 T 检验”操作框

由图 11－23 可知，培训前产品产量的平均值是 1 700，培训后的平均值是 1 768.75。从平均值来看，培训后产量略有提高。

成对样本统计量

		均值	N	标准差	均值的标准误
对 1	production1	1 700.00	16	244.022	61.005
	production2	1 768.75	16	167.526	41.882

图 11－23　成对样本基本统计量

显著性水平是 0.078＞0.05（见图 11－24），拒绝原假设。这表明培训后，虽然产量的样本均值有所提升，但是实际上对应的总体均值和培训前的总体均值是没有明显差别的，或者说这样的差别是没有统计意义的，所以培训是没有效果的。

成对样本检验

		成对差分					t	df	$Sig.$（双值）
		均值	标准差	均值的标准误	差分的 95%置信区间 下限	差分的 95%置信区间 上限			
对 1	production1・production2	－68.750	145.642	36.411	－146.357	8.857	－1.888	15	0.078

图 11－24　成对样本检验结果

（二）列联表-卡方检验

列联表分析（crosstabs）是通过分析多个变量在不同取值情况下的数据分布情况，从而进一步分析多个变量之间相互关系的一种描述性分析方法。通过列联表分析，不仅可以得到交叉分组下的频数分布，还可以通过分析得到变量之间的相关关系。

例如，某企业生产三种类型的酒：淡啤酒、白酒、果茶酒。根据下列资料检验不同性别饮酒者的偏好存在什么样的区别（见表 11 - 4）。

表 11 - 4　饮酒者性别与偏好类型分析　　单位：人

	淡啤酒	白酒	果茶酒	合计
男性	28	55	18	101
女性	35	32	48	115
合计	63	87	66	216

首先在 SPSS 内输入数据（见图 11 - 25）。

图 11 - 25　输入数据

对数据进行预处理，以“酒的数量”变量对“酒的类型”变量进行加权。点击“数据”，选择“个案加权”（见图 11 - 26）。

点击“个案加权系数”，将“酒的数量”移入“频率变量”列表框，点击“确定”，完成数据预处理（见图 11 - 27）。

点击“分析”，点击“描述统计”，选择“交叉表”（见图 11 - 28）。

在“交叉表”操作框中，将“性别”移动到“行”列表框中，将“酒的类型”移动到“列”列表框中，点击“确定”（见图 11 - 29）。

点击“统计”，进入“交叉表：统计”操作框，勾选“卡方”（见图 11 - 30）。

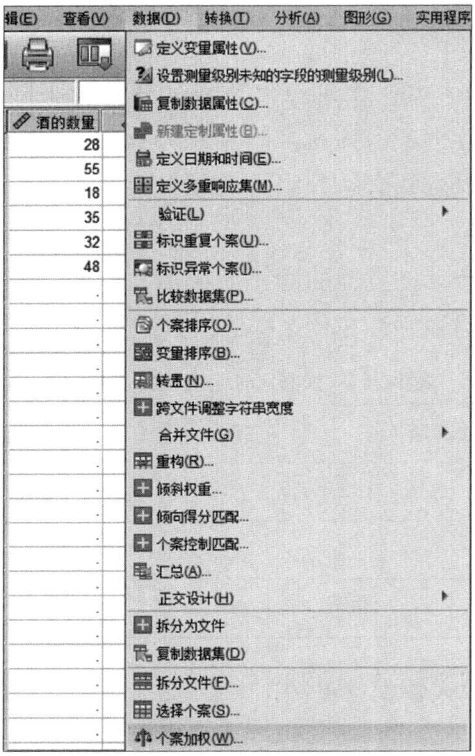

图 11－26　“数据”操作框

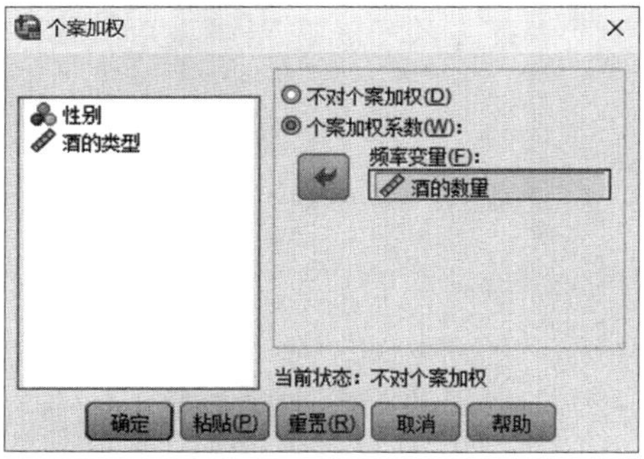

图 11－27　“个案加权”操作框

图 11－28　“分析”操作框

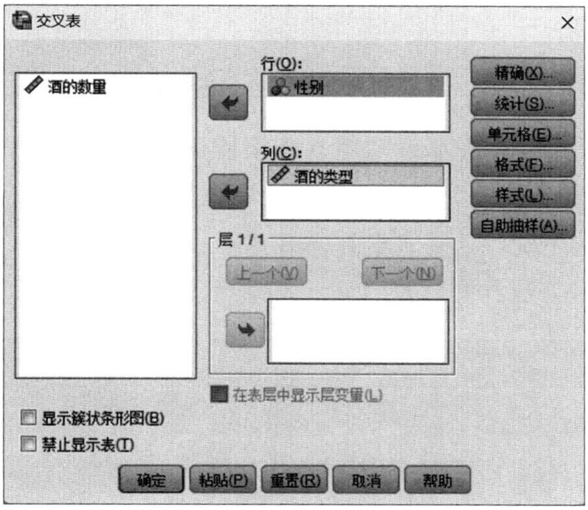

图 11-29　“交叉表”操作框

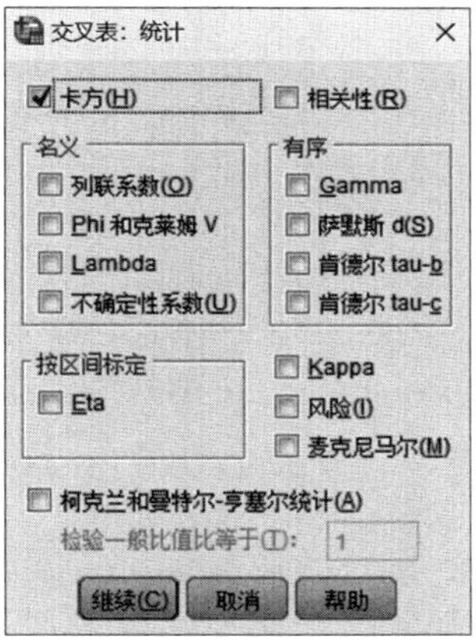

图 11-30　“交叉表：统计”操作框

皮尔逊（Pearson）卡方值为 19.670，对应的显著性值为 0.000<0.05（见图 11-31）。说明本次实验中男性与女性饮酒者的饮酒偏好存在显著的差别。

	值	自由度	渐进显著性（双侧）
皮尔逊卡方	19.670[a]	2	0.000
似然比	20.174	2	0.000
线性关联	4.031	1	0.045
有效个案数	216		

a. 0 个单元格（0.0%）的期望计数小于 5。最小期望计数为 29.46。

图 11-31　卡方检验结果

三、方差分析

方差分析适用于比较同一个因变量的均值的组间差别，当分组数达到三个或三个以上时，t 检验方法不再适用，必须使用方差分析。下面将详细介绍在SPSS软件中，运用方差分析，以“雇员工资数据”来分析当雇员们的受教育程度不同时，他们的工资收入是否会有显著差异。具体步骤如下：

首先导入雇员工资数据，如图 11－32 所示。

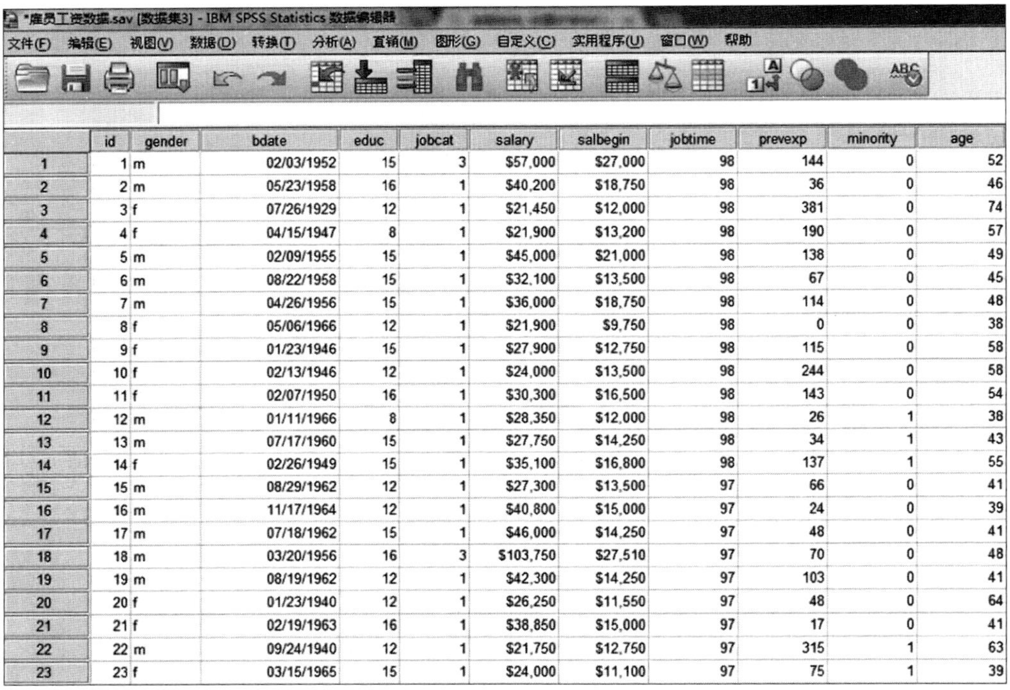

	id	gender	bdate	educ	jobcat	salary	salbegin	jobtime	prevexp	minority	age
1	1	m	02/03/1952	15	3	$57,000	$27,000	98	144	0	52
2	2	m	05/23/1958	16	1	$40,200	$18,750	98	36	0	46
3	3	f	07/26/1929	12	1	$21,450	$12,000	98	381	0	74
4	4	f	04/15/1947	8	1	$21,900	$13,200	98	190	0	57
5	5	m	02/09/1955	15	1	$45,000	$21,000	98	138	0	49
6	6	m	08/22/1958	15	1	$32,100	$13,500	98	67	0	45
7	7	m	04/26/1956	15	1	$36,000	$18,750	98	114	0	48
8	8	f	05/06/1966	12	1	$21,900	$9,750	98	0	0	38
9	9	f	01/23/1946	15	1	$27,900	$12,750	98	115	0	58
10	10	f	02/13/1946	12	1	$24,000	$13,500	98	244	0	58
11	11	f	02/07/1950	16	1	$30,300	$16,500	98	143	0	54
12	12	m	01/11/1966	8	1	$28,350	$12,000	98	26	1	38
13	13	m	07/17/1960	15	1	$27,750	$14,250	98	34	1	43
14	14	f	02/26/1949	15	1	$35,100	$16,800	98	137	1	55
15	15	m	08/29/1962	12	1	$27,300	$13,500	97	66	0	41
16	16	m	11/17/1964	12	1	$40,800	$15,000	97	24	0	39
17	17	m	07/18/1962	15	1	$46,000	$14,250	97	48	0	41
18	18	m	03/20/1956	16	3	$103,750	$27,510	97	70	0	48
19	19	m	08/19/1962	12	1	$42,300	$14,250	97	103	0	41
20	20	f	01/23/1940	12	1	$26,250	$11,550	97	48	0	64
21	21	f	02/19/1963	16	1	$38,850	$15,000	97	17	0	41
22	22	m	09/24/1940	12	1	$21,750	$12,750	97	315	1	63
23	23	f	03/15/1965	15	1	$24,000	$11,100	97	75	1	39

图 11－32　导入雇员工资数据

可以看到“educ”这一列是间断的整数，记录了雇员的受教育程度。“salary”这一列是连续数值变量，记录了当前的工资收入。我们需要对“educ”先进行分组处理。点击“分析”，选择“描述统计”，选择“频率”（见图 11－33）。

通过观察图 11－34，对“educ”进行分组，将受教育程度为 8 年的雇员，划分到高中及以下学历；受教育程度为 8～12 年（不包括 8 年）的雇员，划分到大专学历；受教育程度在 14～16 年的雇员，划分到本科学历；受教育程度在 16 年以上的雇员，划分到硕士及以上学历。

图 11－33　受教育程度频率分析

	受教育程度（年）	频数	百分比	有效百分比	累积百分比
有效	8	53	11.2	11.2	11.2
	12	190	40.1	40.1	51.3
	14	6	1.3	1.3	52.5
	15	116	24.5	24.5	77.0
	16	59	12.4	12.4	89.5
	17	11	2.3	2.3	91.8
	18	9	1.9	1.9	93.7
	19	27	5.7	5.7	99.4
	20	2	0.4	0.4	99.8
	21	1	0.2	0.2	100.0
		474	100.0	100.0	

图 11－34　受教育程度相关统计

接着，通过定义新变量，根据上述的学历分组情况，把“educ”列离散的数值转换成对应的组。点击“转换”，选择“计算变量”，如图 11－35 所示。

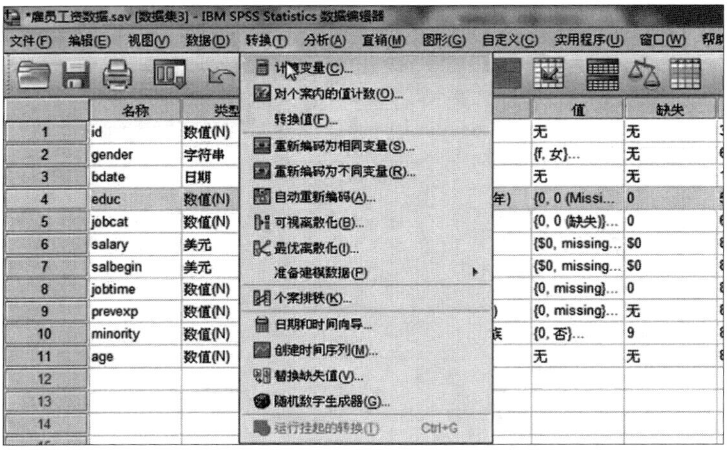

图 11 - 35　“转换”操作框

在“目标变量”列表框中，输入新的变量名为“edutype”，在“数字表达式”列表框中，先统一把“edutype”赋值为 1（见图 11 - 36）。

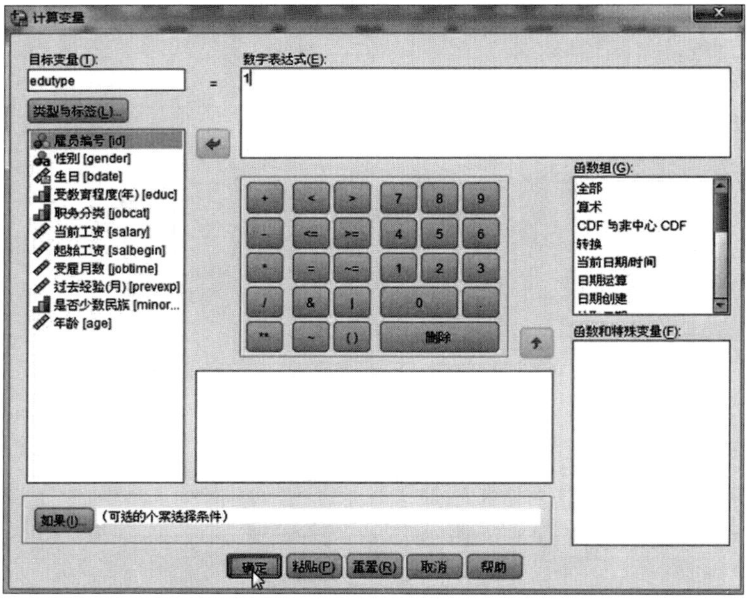

图 11 - 36　“计算变量”操作框

接着，根据分组情况，依次将高中及以下学历、大专学历、本科学历和硕士及以上学历，分别赋值为 1、2、3、4。以对大专学历赋值为例，点击“转换”，选择“计算变量”，在“目标变量”列表框中输入“edutype”，在“数字表达式”列表框中输入数字 2。点击“计算变量”操作框中的“如果”，进入“计算变量：If 个案”操作框。

选择“如果个案满足条件则包括”，根据上述的分组，大专学历对应受教育程度为 8～12 年（不包括 8 年），在列表框中输入“educ>8 & educ<=12”，点击“继续”，返回到“计算变量”操作框（见图 11-37）。点击“确定”，则将大专学历分组转换成数字 2。

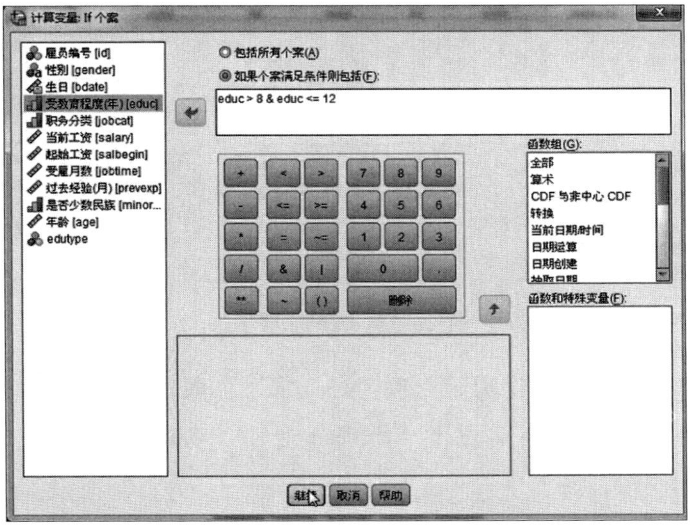

图 11-37　“计算变量：If 个案”操作框

重复转换赋值操作，依次在“edutype”列中，将高中及以下学历、大专学历、本科学历和硕士及以上学历，分别赋值为 1、2、3、4，如图 11-38 所示。

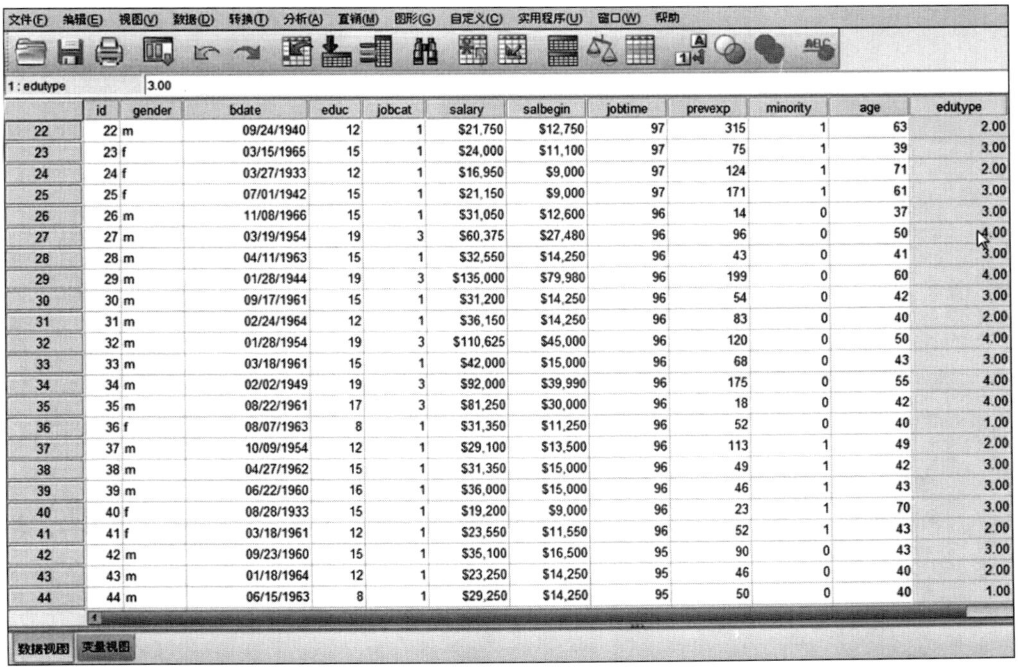

	id	gender	bdate	educ	jobcat	salary	salbegin	jobtime	prevexp	minority	age	edutype
22	22	m	09/24/1940	12	1	$21,750	$12,750	97	315	1	63	2.00
23	23	f	03/15/1965	15	1	$24,000	$11,100	97	75	1	39	3.00
24	24	f	03/27/1933	12	1	$16,950	$9,000	97	124	1	71	2.00
25	25	f	07/01/1942	15	1	$21,150	$9,000	97	171	1	61	3.00
26	26	m	11/08/1966	15	1	$31,050	$12,600	96	14	0	37	3.00
27	27	m	03/19/1954	19	3	$60,375	$27,480	96	96	0	50	4.00
28	28	m	04/11/1963	15	1	$32,550	$14,250	96	43	0	41	3.00
29	29	m	01/28/1944	19	3	$135,000	$79,980	96	199	0	60	4.00
30	30	m	09/17/1961	15	1	$31,200	$14,250	96	54	0	42	3.00
31	31	m	02/24/1964	12	1	$36,150	$14,250	96	83	0	40	2.00
32	32	m	01/28/1954	19	3	$110,625	$45,000	96	120	0	50	4.00
33	33	m	03/18/1961	15	1	$42,000	$15,000	96	68	0	43	3.00
34	34	m	02/02/1949	19	3	$92,000	$39,990	96	175	0	55	4.00
35	35	m	08/22/1961	17	3	$81,250	$30,000	96	18	0	42	4.00
36	36	f	08/07/1963	8	1	$31,350	$11,250	96	52	0	40	1.00
37	37	m	10/09/1954	12	1	$29,100	$13,500	96	113	1	49	2.00
38	38	m	04/27/1962	15	1	$31,350	$15,000	96	49	1	42	3.00
39	39	m	06/22/1960	16	1	$36,000	$15,000	96	46	1	43	3.00
40	40	f	08/28/1933	15	1	$19,200	$9,000	96	23	1	70	3.00
41	41	f	03/18/1961	12	1	$23,550	$11,550	96	52	1	43	2.00
42	42	m	09/23/1960	15	1	$35,100	$16,500	95	90	0	43	3.00
43	43	m	01/18/1964	12	1	$23,250	$14,250	95	46	0	40	2.00
44	44	m	06/15/1963	8	1	$29,250	$14,250	95	50	0	40	1.00

图 11-38　edutype 变量

点击左下角“变量视图”，进行变量值标签的定义。选择“无”，点击“...”（见图 11－39）。调整小数点为“0”，调整度量标准为“序号”，输入标签为“受教育类型”。

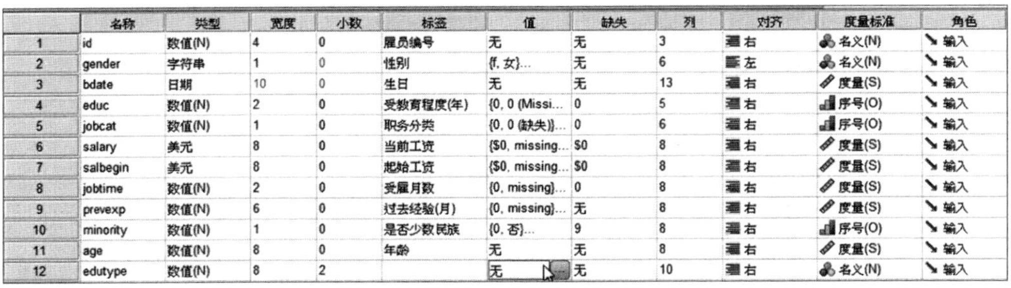

	名称	类型	宽度	小数	标签	值	缺失	列	对齐	度量标准	角色
1	id	数值(N)	4	0	雇员编号	无	无	3	右	名义(N)	输入
2	gender	字符串	1	0	性别	{f, 女}...	无	6	左	名义(N)	输入
3	bdate	日期	10	0	生日	无	无	13	右	度量(S)	输入
4	educ	数值(N)	2	0	受教育程度(年)	{0, 0 (Missi...	0	5	右	序号(O)	输入
5	jobcat	数值(N)	1	0	职务分类	{0, 0 (缺失)}...	0	6	右	序号(O)	输入
6	salary	美元	8	0	当前工资	{$0, missing...	$0	8	右	度量(S)	输入
7	salbegin	美元	8	0	起始工资	{$0, missing...	$0	8	右	度量(S)	输入
8	jobtime	数值(N)	2	0	受雇月数	{0, missing}...	0	8	右	度量(S)	输入
9	prevexp	数值(N)	6	0	过去经验(月)	{0, missing}...	无	8	右	度量(S)	输入
10	minority	数值(N)	1	0	是否少数民族	{0, 否}...	9	8	右	序号(O)	输入
11	age	数值(N)	8	0	年龄	无	无	8	右	度量(S)	输入
12	edutype	数值(N)	8	2		无	无	10	右	名义(N)	输入

图 11－39　“值”操作框

以添加“硕士及以上学历”为例，在“值”列表框中输入 4，在“标签”列表框中输入“硕士及以上”，点击“添加”。全部添加值标签完成后，点击“确定”（见图 11－40）。

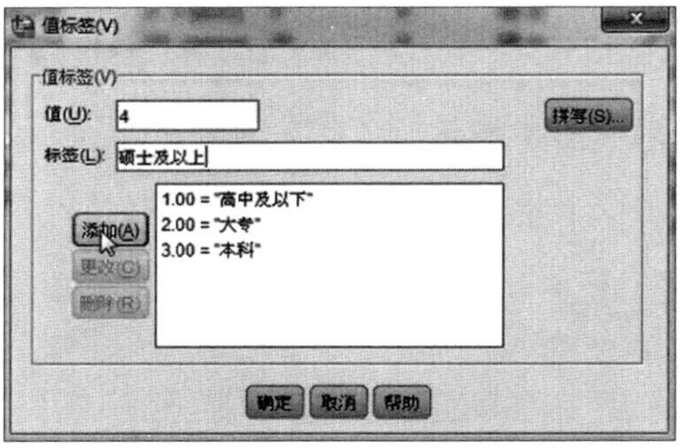

图 11－40　“值标签”操作框

下面，对当前工资“salary”和受教育类型“edutype”进行方差分析（见图 11－41）。点击“分析”，选择“比较均值”，选择“单因素 ANOVA”，进入“单因素方差分析”操作框（见图 11－42）。

在“单因素方差分析”操作框中，选择“当前工资［salary］”，进入“因变量列表”列表框，选择“受教育类型［edutype］”，进入“因子”操作框，点击“确定”。

接下来看分析结果（见图 11－43）。若显著性水平大于 0.05，则说明各组之间不存在显著差异。若显著性水平小于 0.05，则说明至少有两组的均值是不等的，也就是受教育程度不同的雇员的当前工资存在显著差异，需要进一步进行两两比较。

图 11 - 41　方差分析

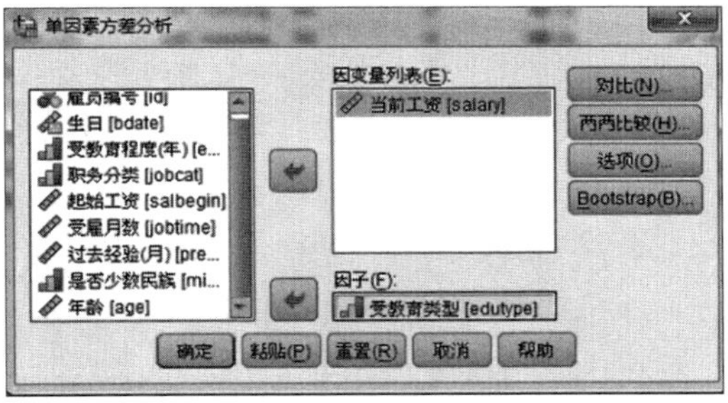

图 11 - 42　"单因素方差分析"操作框

当前工资

	平方和	*df*	均方	*F*	显著性
组间	76 318 298 588	3	25 439 432 863	194.105	0.000
组内	61 598 196 849	470	131 059 993.3		
总数	1.379E+11	473			

图 11 - 43　单因素方差分析结果

再次打开"单因素方差分析"操作框，点击"两两比较"，在"单因素 ANOVA：两两比较"操作框中勾选"LSD"，点击"继续"，默认显著性水平为"0.05"（见图 11 - 44）。

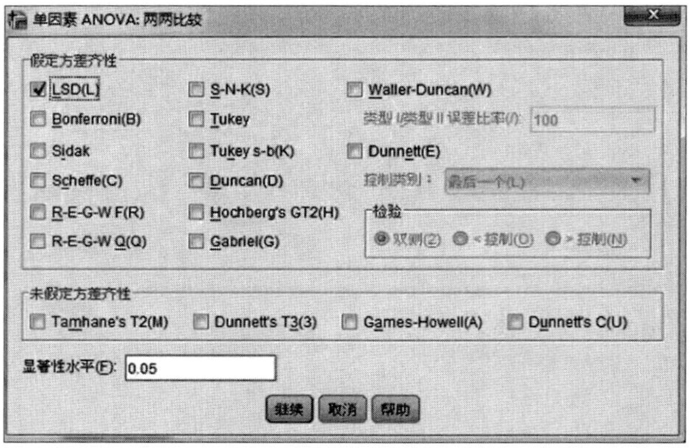

图 11－44　“单因素 ANOVA：两两比较”操作框

观察图 11－45，显著性值 0.403>0.05，这表明高中及以下学历和大专学历的雇员们的当前工资其实是没有区别的，而本科学历和其他三个类别都有区别，硕士及以上学历也是如此。

多重比较

因变量：当前工资

LSD

(I) 受教育类型	(J) 受教育类型	均值差 (I－J)	标准误	显著性	95%置信区间	
					下限	上限
高中及以下	大专	－$ 1 488.101	$ 1 778.376	0.403	－$ 4 982.65	$ 2 006.45
	本科	－$ 12 675.750*	$ 1 787.993	0.000	－$ 16 189.20	－$ 9 162.30
	硕士及以上	－$ 43 453.443*	$ 2 256.996	0.000	－$ 47 888.49	－$ 39 018.39
大专	高中及以下	$ 1 488.101	$ 1 778.376	0.403	－$ 2 006.45	$ 4 982.65
	本科	－$ 11 187.649*	$ 1 189.066	0.000	－$ 13 524.19	－$ 8 851.11
	硕士及以上	－$ 41 965.342*	$ 1 819.612	0.000	－$ 45 540.92	－$ 38 389.76
本科	高中及以下	$ 12 675.750*	$ 1 787.993	0.000	$ 9 162.30	$ 16 189.20
	大专	$ 11 187.649*	$ 1 189.066	0.000	$ 8 851.11	$ 13 524.19
	硕士及以上	－$ 30 777.693*	$ 1 829.013	0.000	－$ 34 371.75	－$ 27 183.64
硕士及以上	高中及以下	$ 43 453.443*	$ 2 256.996	0.000	$ 39 018.39	$ 47 888.49
	大专	$ 41 965.342*	$ 1 819.612	0.000	$ 38 389.76	$ 45 540.92
	本科	$ 30 777.693*	$ 1 829.013	0.000	$ 27 183.64	$ 34 371.75

* 均值差的显著性水平为 0.05。

图 11－45　两两比较结果

// 基本概念 //

1. 分类变量（categorical variable）
2. 连续变量（continuous variable）
3. 显著性水平（significance level）
4. 列联表（contingency table）
5. 方差分析（analysis of variance）
6. 配对样本 t 检验（paired-samples t-test）

// 思考题 //

1. 在关于消费者购买行为的调查中，你收集到了来自不同城市的消费者购买数据。你发现这些数据并不完全符合正态分布，并且你希望比较不同城市之间消费者的平均购买量是否存在显著差异。在这种情况下，你应该选择哪种统计方法来进行假设检验？请解释原因。

2. A 企业想推出新款冰淇淋产品，思考如何通过单变量描述性分析帮助该企业了解目标市场的特征。

（提示：单变量描述性分析通过关注一个变量的集中趋势、离散程度和分布形态，能够帮助企业了解目标市场的特征。）

案例分析

鸿星尔克的升级之路

中国运动品牌，正在打响“升维”之战。根据市场调查机构易观智库的数据，截至 2022 年底，国产运动品牌在中国市场的份额已经达到 50.5%，超过国际品牌，成为市场的主导者。

随着国民运动热情的高涨，各大运动品牌的新增长点也逐渐清晰起来。而在这个品牌卷颜值、卷科技、卷营销的时代，国货品牌鸿星尔克坚定选择了聚焦新质生产力，与国民站到一起。2024 年 3 月 3 日，在一年一度的鸿星尔克“303 运动科技日”上，鸿星尔克发布“为国民运动而生”的全新战略，对品牌、产品和服务进行全面升级。

一家公司的战略，不仅是产品支柱，更是支撑品牌持续向外探索的底气。“国民品牌”鸿星尔克，这次离全国人民更近了！鸿星尔克的关键抉择，其实并不意外，鸿星尔克“为国民运动而生”战略背后有合理的逻辑作支撑。2022 年，根据艾瑞咨询发布的《中国年轻人群运动发展白皮书》，当代年轻人在运动方面的消费呈稳步增长的态势，平均年消费已经达到 7 237.6 元，其中 18.1%的人年消费达到 1 万元以上。中国体育产业规模到 2025 年有望超过 5 万亿元，这势必带来运动鞋服的需求上升，因此鸿星尔克“为国民运动而生”战略也应运而生。

鸿星尔克始终与国民一起，为满足国民需求不断发力，在国民日常运动的需求和洞察中研发产品，并将鸿星尔克品牌战略从“科技新国货”正式升级为“为国民运动而生”。鸿星尔克实体店销售火爆。过去几年，鸿星尔克在国民共创下实现了产品的全线升级。比如经过调查鸿星尔克发现，作为大多数跑步者的基础跑步场景的公园的跑步路况较为复杂，常常不只有塑胶跑道，还有水泥路面，以及自行车道、步道、石砖道、碎石路等多种类型的路面。此外，很多跑者除了跑步外，还有轻度健身、跳健身操、跳绳、快走等多样化的运动需求。为此，鸿星尔克新推出的公园跑鞋，针对公园场景地形多样的特点，满足了消费者多种运动切换的需求，解决了消费者的选鞋难题，收获好评无数。

资料来源：婉清．鸿星尔克，又赢下了一个国民风口．商业文化，2024（8）：44－47．有改动。

问题：可以选用哪种图来分析消费者对于公园跑鞋适应地形的需求情况？

// 即测即评 //

扫描二维码可在线自测并查看答案。

// 第 12 章 //

市场调查报告撰写

知识目标

- 理解市场调查报告的基本概念、结构和写作要求。——重点
- 掌握市场调查报告的撰写流程。——难点
- 理解调查报告口头汇报的重点。

能力目标

- 能够根据调查目标和委托方需求，独立撰写一份结构完整、逻辑清晰的市场调查报告。——提升点
- 能够运用智能化辅助写作工具提高市场调查报告的撰写效率和质量，并有效处理数据和分析结果。

素养与价值目标

- 培养问题导向的写作能力，在实际工作中灵活运用市场调查报告撰写技能，为企业决策提供有价值的参考。
- 增强数据分析能力和解决问题的能力，培养批判性思维和创新能力，以适应复杂多变的市场环境。

思维导图

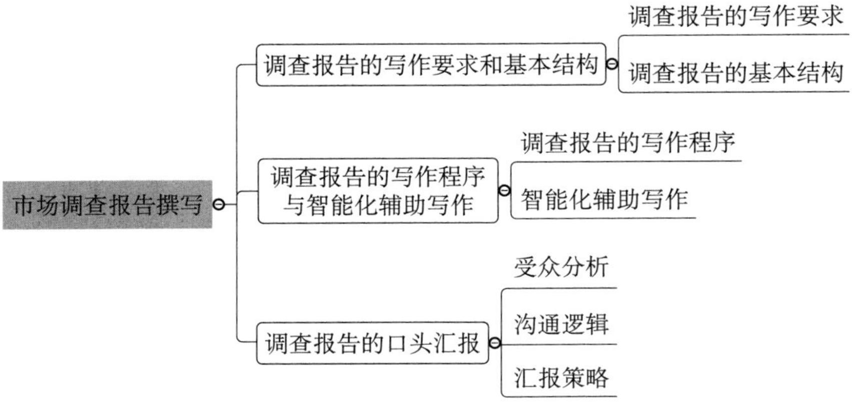

引例

一份专业的调查报告

前言：随着中国人口老龄化趋势的加剧，商业养老服务市场正逐渐成为社会关注的焦点。为了深入探讨这一市场的现状、发展趋势及面临的挑战，艾瑞咨询发布了《2022年中国商业养老服务市场发展研究报告》。本报告旨在通过全面、深入的数据分析和市场洞察，为政府、企业、投资者等相关方提供有价值的决策参考。

调查说明：本次调查采用定量研究与定性研究相结合的方法，广泛收集了商业养老服务市场的相关数据和信息。定量研究主要通过问卷调查和数据分析，获取市场规模、用户行为、竞争格局等方面的量化数据；定性研究则通过深度访谈、专家咨询等方式，获取行业趋势、发展瓶颈、企业策略等方面的洞见。调查范围覆盖了中国内地的主要商业养老服务市场，包括机构养老、居家养老、社区养老等多个细分领域。

主要内容：本报告首先定义了商业养老服务市场的概念与范畴，分析了其发展的社会基础与市场需求。随后，报告深入探讨了制约市场发展的核心因素，包括用户付费能力弱、付费意愿不足以及服务供应商客单价高企、盈利空间有限等。针对这些问题，报告提出了政策与金融双轮驱动的市场破局之道，并详细阐述了“金融＋服务”模式的探索与实践。报告也对市场规模与增长趋势进行了量化分析，预测了未来几年的市场发展前景。同时，通过对成功商业模式的案例研究，报告总结了市场内已有的两大类成功商业模式，并探讨了不同诉求下模式选择的考量重点。此外，报告还关注了智慧养老体系的发展，分析了其对养老服务商模式创新、降本增效的重要性。

主要结论：

1. 当前市场规模持续扩大：预计未来几年，中国商业养老服务市场将保持快速增长态势，到 2026 年市场规模有望突破 2 000 亿元。

2. 政策支持力度加大：随着政府对养老问题的日益重视，相关政策将持续出台，为商业养老服务市场的发展提供有力保障。

3. 金融助力市场破局：金融资本的介入将有效缓解市场供需矛盾，推动商业养老服务市场的快速发展。特别是保险资金，因其与养老产业高度契合，将成为市场发展的重要推手。

4. 智慧养老成为趋势：随着技术的不断进步，智慧养老体系将逐步完善，为养老服务商提供高效、便捷的服务手段，同时也将提升消费者的服务体验。

5. 市场竞争加剧：随着市场规模的扩大，越来越多的企业将涌入商业养老服务市场，竞争将日益激烈。因此，企业需不断创新服务模式，提升服务质量，以在市场中脱颖而出。

资料来源：2022 年中国商业养老服务市场发展研究报告．(2022－10－21)［2025－03－27］. https://report.iresearch.cn/report/202210/4083.shtml.

思考：上述报告的结构是否规范？

第 1 节　调查报告的写作要求和基本结构

调查报告作为市场调查的重要输出，不仅是决策的重要参考，更是展示调查团队专业能力的重要载体。撰写市场调查报告时，需遵循一定的写作要求，并构建合理的基本结构，以确保报告的专业性、可读性和说服力。

一、调查报告的写作要求

1. 逻辑清晰

逻辑性是调查报告的核心。报告应按照调查活动的展开顺序进行撰写，确保前后衔接、环环相扣，使报告结构合理、逻辑清晰。设置标题、副标题、小标题，并标明项目等级编号，可以有效增强报告的逻辑性。

2. 解析充分，结论切实

撰写调查报告时分析要充分，结论要准确、切合实际。报告中的图表是为了增强可读性和可视性而设计的，但不能过于依赖图表，而是要辅以相应的文字说明，确保读者能够充分理解图表的内容和含义。同时，报告中应避免堆砌与调查目标和主题无关的资料和解释，要确保结论切合实际，提出有针对性的调查建议。

3. 重视质量，篇幅适当

要重视调查报告质量，控制篇幅。有些调查工作者可能认为报告越长越好，试图将所有信息都纳入其中，导致信息冗余、重点不突出。实际上，高质量的调查报告应强调简洁有效、重点突出，避免篇幅过长。

4. 定量研究与定性研究相结合

撰写调查报告时要注意将定性研究与定量研究相结合。运用先进的统计分析手段处理数据，使报告具有技术优势，确保调查结果经得起推导。同时，定性研究与定量研究的结合是调查的重点，需要我们在分析过程中予以关注。

5. 避免虚假的准确性

撰写调查报告时要避免虚假的准确性。人们对于保留到两位小数以上的统计数字容易产生认知错觉，认为这些数据非常准确。然而，在实际写作中，并非所有情况下都需要保留多余的小数位，而是需要根据具体情况来决定。

综上所述，撰写市场调查报告时，我们应注重逻辑清晰，解析充分，结论切实，重视质量，篇幅适当，定性研究与定量研究相结合，以及避免虚假的准确性等方面。只有遵循这些原则，我们才能编写出高质量、有说服力的市场调查报告。

二、调查报告的基本结构

一般来说，调查报告的内容大体包括标题、导语、正文、结尾、落款和附录这些元素。

1. 标题

标题是市场调查报告的门户，应简洁明了、准确反映报告的主题和内容。一个好的标题能够吸引读者的注意力，激发其阅读兴趣。调查报告的标题可分为单标题和双标题两类。单标题即只有一个标题，如“新能源汽车市场调查报告”。双标题则包括一个正标题和一个副标题。正标题通常概括了调查的核心主题或主要关注点，是标题的“灵魂”，能够吸引读者的注意力并引导其了解调查的大致方向。副标题则更加具体地描述了调查的内容、方法、对象或范围，为正标题提供了详细的补充和说明，使调查主题更加明确和具体，如“新能源汽车市场现状与发展趋势调查——以消费者接受度及偏好为例”。

营销洞察

全国大学生市场调查与分析大赛本科组总决赛获奖作品的标题

表 12－1 摘录了第十三届全国大学生市场调查与分析大赛本科组总决赛获奖作品的标题。这些作品全部采用了双标题，其中正标题是调查主题，副标题阐述了具体的调查内容，二者结合起来有助于快速、清晰地传达调查的核心内容和具体调查方向，比单标题更具层次感，更容易吸引读者，并引导读者逐步深入了解调查的内容。

表 12－1 第十三届全国大学生市场调查与分析大赛本科组总决赛获奖作品

学校名称	作品名称
南京邮电大学	茶余酒后，“果”关斩将——基于低度果茶酒市场调研的新品营销策略
四川师范大学	“彝针又彝线”绘就乡村振兴五彩画卷——凉山州彝族绣娘的非遗传承与实践赋能研究
东北财经大学	莓问题——丹东九九草莓消费者需求调查及市场机会挖掘
山西财经大学	数字化潮下虚拟游，价值共生社区融——虚拟品牌社区用户参与价值共创行为调查研究
浙江工商大学	同心共济，带富一方：共富工坊何以架起强村富民桥——基于杭台温 212 家共富工坊提低路径的调研
天津财经大学	新生活，心生活——A 品牌高端养老社区客户体验调查

资料来源：关于第十三届全国大学生市场调查与分析大赛 本科组总决赛获奖名单的公告．http://www.china-cssc.org/show-260-1239-1.html.

2. 导语

导语，又称引言，是调查报告的前言部分。它简洁明了地介绍了调查的相关情况或提出全文的主题，为正文的写作做好铺垫。常见的导语类型包括简介式导语、概括式导语和交代式导语。（1）简介式导语。对调查的课题、对象、时间、地点、方式、经过等做简明的介绍。（2）概括式导语。对调查报告的内容（包括课题、对象、调查内容、调查结果和分析的结论等）做概括的说明。（3）交代式导语。对课题产生的由来做简明的介绍和说明。例如，在撰写新能源汽车市场调查报告时，可以采用简介式导语介绍调查的背景、目的和意义；也可以采用概括式导语对报告的主要内容和结论进行简要说明；还可以采用交代式导语对新能源汽车市场的发展历程和课题进行简要介绍。

3. 正文

正文是调查报告的核心部分，它详细叙述和分析调查所得的事实和资料，并得出综合结论。正文的结构可根据逻辑关系或内容表达的层次进行安排。根据逻辑关系安排材料的框架有纵式结构、横式结构、纵横式结构三种。其中，纵横式结构最常为人们所用。例如，在撰写新能源汽车市场调查报告时，可以采用纵式结构按照“市场概况—消费者需求—竞争格局—发展趋势”的逻辑顺序展开；也可以采用横式结构分别分析新能源汽车市场的不同方面；还可以将纵式和横式结构结合起来使用。

4. 结尾

结尾部分是调查报告对问题的看法和建议的总结。结尾方式多种多样，包括补充式、深入式、建议式、激发式等。例如，在撰写新能源汽车市场调查报告时，可以采用建议式结尾提出针对新能源汽车市场的具体建议和发展策略；也可以采用激发式结尾强调新能源汽车市场的重要性和发展前景，引发读者的思考和关注。

5. 落款

在落款部分，需要写明调查者的单位和个人基本信息，以及调查报告的完成时间。这有助于读者了解报告的背景和来源，从而增强报告的可信度。例如，在撰写新能源汽车市场调查报告时可以在落款部分注明“调查单位：××公司；调查时间：××××年××月”等信息。

6. 附录

附录部分通常包含调查问卷、访谈提纲、详细数据表格、参考文献等补充材料。这些材料对于验证调查过程和结果的完整性、透明度至关重要，也为读者提供了深入研究或复核报告内容的可能。

第 2 节　调查报告的写作程序与智能化辅助写作

市场调查报告的撰写是一项复杂且细致的工作，它不仅要求调查者具备扎实的市场分析能力，还需要调查者掌握高效的写作技巧。随着人工智能技术的不断进步，智能化辅助写作工具在市场调查报告撰写中的应用越来越广泛。这些工具不仅提高了写作效率，还提升了报告的质量和可读性。以下将详细介绍市场调查报告的写作程序以及智能化辅助写作工具的具体应用。

一、调查报告的写作程序

接下来，我们将深入探讨调查报告的写作程序，也就是撰写报告所涉及的一系列步骤或过程。

1. 明确调查目标与委托方需求

调查目标是调查报告的灵魂，它不仅指导整个调查过程，也是撰写报告的前提。在确定调查目标时，首先要与调查委托方深入沟通，明确其具体的业务需求和期望成果。例如，对于某家电品牌希望进行的智能空气净化器市场调查，除了识别基本的疑问（如消费者对产品的需求和偏好）和难题（如市场竞争状况）外，还需细化委托方的目标，比如了解特定消费群体（如年轻家庭、过敏体质者）对智能空气净化器的特殊需求，分析主要竞争对手的产品创新点和市场占有率，评估不同区域或渠道的市场潜力及增长机会，等等。这样的目标设定既确保了调查的针对性，也增强了报告对委托方决策的实际支持作用。

2. 收集资料与数据

在撰写调查报告前，要充分收集与调查主题相关的资料和数据。这些资料包括政策法规、行业报告、企业案例等。数据则可以通过问卷调查、深度访谈、观察研究、数据分析等多种方式获取。收集到的资料和数据将为调查报告提供有力支撑。

3. 数据整理与分析

通过对收集到的数据进行整理和分析，可以找出关键疑惑点。在分析数据时，可运用智能化辅助写作工具的图表生成功能直观地展示数据变化。例如，使用柱状图展示不同竞争对手的市场份额，使用折线图展示某产品销售额的时间序列变化等。

4. 撰写报告

在撰写调查报告的过程中，布局和拟定提纲也是关键的步骤。布局，即报告的表现形式，反映在提纲上就是文章的骨架。拟定提纲的过程，实际上就是对报告进行分类和构架的过程。构架应围绕主题，层层深入，环环相扣。提纲或骨架的内在逻辑性至关重要，要求纲目分明，层次分明。在此基础上可以开始撰写报告。

5. 审核与修改

初稿完成后，需要进行审核与修改。审核时，要检查报告的内容是否准确无误，逻辑是否清晰连贯，语言是否通顺流畅。修改时，可根据审核反馈和实际需求对报告进行调整和完善。此外，还可以请一些与受众具有相似背景的人员进行预读，收集他们的意见和建议，进一步完善报告。

二、智能化辅助写作

随着人工智能技术的不断发展，智能化辅助写作已经成为市场调查报告撰写过程中的重要工具。智能化辅助写作工具可以帮助撰写者提高写作效率和质量，减少重复劳动和人为错误。以下是几种常见的智能化辅助写作工具及其在市场调查报告撰写中的应用方法。

1. 数据分析与可视化软件

数据分析与可视化软件是市场调查报告中常用的智能化辅助写作工具之一。通过数据分析与可视化软件，可以对收集到的数据进行处理和分析，生成直观的图表和报告。常见的数据分析软件包括 Excel、SPSS、SAS 等。这些软件具有强大的数据处理和分析功能，能够帮助用户快速地进行数据清洗、统计分析和结果可视化等工作。

在应用数据分析软件时，需要熟悉软件的基本操作和常用功能，并根据调查的具体需求进行参数设置和结果分析。同时，还需要注意数据的准确性和可靠性，以及结果的合理性和可信度。

2. 自然语言处理工具

自然语言处理工具是另一种常用的智能化辅助写作工具。通过自然语言处理工具，可以对文本进行分词、词性标注、情感分析等操作，提取关键信息和观点。这些工具可以帮助用户快速地从大量的文本数据中获取有价值的信息和洞见。

在应用自然语言处理工具时，需要选择适合的工具和算法，并根据具体的文本内容进行参数设置和结果分析。同时，还需要注意文本数据的准确性和可靠性，以及结果的合理性和可信度。此外，还需要结合人工判断和解读，以确保分析结果的可靠性。

3. 文档编辑和排版软件

文档编辑和排版软件是市场调查报告撰写过程中不可或缺的工具。通过文档编辑和排版软件，可以对报告进行格式化处理，包括字体、字号、段落、页眉页脚等设置。这些软件还可以帮助用户快速地进行文本的插入、删除、修改和排版等操作。

在应用文档编辑和排版软件时，需要熟悉软件的基本操作和常用功能，并根据报告的具体要求进行格式化和排版处理。同时，还需要注意文本的准确性和可读性，以及格式的规范性和统一性。此外，还可以利用软件的模板和样式等功能，提高报告的撰写效率和质量。

4. 智能写作助手

智能写作助手是近年来兴起的一种智能化辅助写作工具。通过智能写作助手，可以根据输入的关键词和主题，自动生成相应的文本内容。这些助手通常基于自然语言生成技术和机器学习算法，能够根据用户的要求和语境生成符合要求的文本。

在应用智能写作助手时，需要选择适合的工具和算法，并根据具体的写作需求进行参数设置和结果分析。同时，还需要注意生成的文本内容的准确性和可读性，以及是否符合报告的撰写要求和风格。此外，需要结合人工修改和完善，以确保文本的质量。

5. 在线协作平台

在线协作平台是市场调查报告撰写过程中常用的工具之一。通过在线协作平台，可以实现多人在线编辑和共享文档，提高团队协作的效率和便捷性。这些平台还提供了版本控制、评论和批注等功能，方便团队成员之间的沟通和交流。

在应用在线协作平台时，需要选择合适的平台和工具，并根据团队的具体需求进行配置。同时，要注意文档的安全性和隐私保护，以及团队成员之间的协作和分工等。

6. 避免智能化辅助写作的潜在问题

在利用智能化辅助写作工具撰写市场调查报告时，也要警惕其潜在问题。首先，关于创作的本质与知识产权，应明确 AI 生成内容的法律地位，确保不侵犯原创作者的权益。其次，责任归属问题不容忽视。使用者需对 AI 产出的内容负责，尤其是当出现虚假信息或偏见时。应加强对 AI 生成过程的监管，确保数据准确、算法公正。最后，社会文化影响及教育问题也需关注。应避免过度依赖 AI 导致的写作退化，尤其是在教育领域，应平衡技术使用与基础技能培养，鼓励学生发展批判性思维和创作能力。

营销洞察

低度果茶酒行业调查报告目录

1. 引言
1.1 调查背景与目的
1.2 调查范围与方法
1.3 报告概述
2. 行业概述
2.1 低度果茶酒的定义与分类
2.2 行业发展历程
2.3 当前行业状况与发展趋势
3. 市场需求与消费者行为分析
3.1 市场容量与潜在增长空间
3.2 消费者画像分析

3.3　消费者购买决策因素分析
3.4　消费者购买渠道与偏好
4. 产品与市场分析
4.1　主要品牌与产品特点
4.2　市场细分与定位
4.3　市场竞争格局
4.4　市场趋势与预测
5. 产业链分析
5.1　原材料供应情况
5.2　生产加工技术与设备
5.3　分销与销售渠道
5.4　产业链整合与协同发展
6. 政策环境分析
6.1　国家与行业政策法规
6.2　政策对行业发展的影响
6.3　政策趋势与预测
7. 行业挑战与机遇
7.1　行业面临的挑战
7.2　行业发展的机遇
7.3　行业创新点与增长点
8. 成功案例分析
8.1　成功品牌与产品案例
8.2　营销策略与市场推广案例
8.3　产业链协同与整合案例
9. 市场策略建议
9.1　产品定位与差异化策略
9.2　市场营销与推广策略
9.3　产业链合作与资源整合策略
9.4　风险控制与可持续发展策略
10. 结论与展望
10.1　调查结论
10.2　行业发展前景预测
10.3　未来研究方向与建议

附录
A. 调查问卷与数据分析报告
B. 相关政策法规与文件
C. 行业专家访谈记录
D. 调查过程图片与资料

请注意，这只是一个调查报告的基本目录框架，具体内容需要根据实际调查情况和需求进行填充和调整。在撰写报告时，应注重数据的准确性和分析的深入性，同时结合行业特点和市场趋势，提出具有针对性和可操作性的策略建议。

第 3 节　调查报告的口头汇报

市场调查报告的口头汇报是市场调查工作的最后一个环节，也是将调查成果传递给受众的重要途径。口头汇报的成功与否，直接关系到受众对调查结果的理解和接受程度。因此，在进行口头汇报时，需要注重对受众的分析，强调报告的展示逻辑，并根据受众需求灵活调整汇报内容和策略等。

一、受众分析

在进行市场调查报告的口头汇报之前首先需要对受众进行分析以了解他们的需求、偏好和期望，从而制定合适的汇报内容和策略。以下是几个常见的受众类型及其特点。

1. 企业高层管理者

企业高层管理者通常关注企业的战略方向和市场竞争情况，他们希望从市场调查报告中了解市场的总体趋势、竞争格局和消费者需求等方面的信息，以便为企业制定战略决策提供依据。因此，在向他们汇报时应该重点突出市场的总体趋势和竞争格局等方面的信息，同时结合企业的实际情况提出具体的战略建议和发展方向。

2. 市场营销人员

市场营销人员通常关注市场的具体情况和消费者需求，他们希望从市场调查报告中了解市场的细分情况、消费者偏好和购买行为等方面的信息，以便为制定市场营销策略提供依据。因此，在向他们汇报时应该重点突出市场的细分情况和消费者需求等方面的信息，同时结合企业的产品特点和竞争情况提出具体的营销策略和推广计划。

3. 研发人员

研发人员通常关注产品的技术特点和创新趋势，他们希望从市场调查报告中了解产品的技术需求、创新趋势和竞争对手的技术情况等方面的信息，以便为产品研发和创新提供依据。因此，在向他们汇报时应该重点突出产品的技术特点和创新趋势等方面的信息，同时结合竞争对手的技术情况提出具体的产品研发和创新建议。

4. 投资者和金融机构

投资者和金融机构通常关注企业的财务状况和市场前景，他们希望从市场调查报告中了解企业的市场规模、增长潜力和盈利情况等方面的信息，以便为投资决策提供依据。因此，在向他们汇报时应该重点突出企业的市场规模和增长潜力等方面的信息，同时结合财务状况和盈利情况给出具体的投资建议和风险分析。

二、沟通逻辑

在进行市场调查报告的口头汇报时可以采用“问题导向＋讲故事”的逻辑来增强汇报的吸引力和说服力。这种逻辑的核心思想是先提出一个或几个问题引起听众的兴趣和思考，然后通过讲述一个或几个相关的故事来解答这些问题，并借助可视化的形式展示调查的结果和发现，增强报告的生动性和可理解性。

1. 提出问题

在汇报的开头部分可以先提出一个或几个问题，这些问题应该与调查的主题和受众的需求密切相关，能够引起听众的兴趣和思考。例如，在汇报新能源汽车市场调查报告时可以先提出以下问题：“新能源汽车市场的现状如何?”“消费者对新能源汽车的接受度如何?”“新能源汽车市场的竞争格局如何?”

2. 讲述故事

在提出问题之后可以通过讲述一个或几个相关的故事来解答这些问题，并展示调查的结果和发现。这些故事应该生动、形象、具有说服力，能够让听众更好地理解调查的主题和结果。例如，在汇报新能源汽车市场调查报告时可以通过讲述一个消费者购买新能源汽车的故事来展示消费者对新能源汽车的接受度和偏好；同时可以通过讲述一个新能源汽车企业竞争的故事来展示新能源汽车市场的竞争格局和发展趋势。

3. 善用数据

数据是市场调查报告的核心内容之一。在口头汇报中，要充分利用数据来支持自己的观点和结论。例如，可以使用具体的数字来展示不同竞争对手的市场份额、产品销售额等。同时，还可以通过对比不同时间段的数据变化，来揭示市场趋势和消费者行为的变化。

4. 可视化展示

可视化展示是口头汇报中不可或缺的一部分。“一图值万言”，通过图表、柱状图、折线图等可视化工具，将复杂的数据和信息直观地呈现给受众。例如，可以使用柱状图展示不同竞争对手的市场份额，使用折线图展示某产品销售额的时间序列变化，等等。这些可视化工具不仅能够帮助受众更好地理解数据和信息，还能够增强汇报的说服力和感染力。

5. 总结发现

在讲述完故事之后需要对调查的结果和发现进行总结和概括，强调其中的重点和亮点，让听众对调查的主题和结果有更深刻的认识和理解。例如，在汇报新能源汽车市场调查报告时可以对消费者接受度、竞争格局和发展趋势等方面的发现进行总结和概括，强调其中的重点和亮点，如“消费者对新能源汽车的接受度逐渐提高”“新能源汽车市场的竞争日益激烈”“新能源汽车市场的发展趋势向好”等。

6. 提出建议

在总结发现之后可以根据调查的结果和受众的需求提出具体的建议和发展策略，为受众提供有价值的参考和依据。例如，在汇报新能源汽车市场调查报告时可以根据调查结果提出针对新能源汽车市场的营销策略、产品研发和创新以及投资等方面的建议，为受众提供有价值的参考和依据。

三、汇报策略

在口头汇报中，根据受众需求灵活调整汇报内容和策略是提高汇报效果的关键。汇报策略包括以下几点：

（1）突出重点。根据受众的需求和关注点，将汇报内容中的重点信息进行突出强调，可以通过加粗字体、使用不同颜色、调整汇报顺序等方法来实现。

（2）简化复杂信息。对于受众可能难以理解的复杂信息，可以通过简化语言、举例说明、使用类比等方法来降低理解难度。

（3）增加互动环节。在汇报过程中，可以增加互动环节，如提问、讨论等，以激发受众的参与感和兴趣。这有助于更好地了解受众的需求和关注点，并根据反馈进行实时调整。

（4）调整汇报节奏。根据受众的注意力集中程度和兴趣点，适时调整汇报节奏。可以在重要信息或关键点处适当放慢节奏，以便受众更好地理解和吸收；在相对次要的信息处适当加快节奏，以保持汇报的连贯性和吸引力。

// 基本概念 //

1. 市场调查报告（marketing research report）
2. 写作程序（writing procedure）
3. 受众分析（audience analysis）
4. 可视化展示（visualization）

// 思考题 //

1. 市场调查报告的基本结构通常包括哪些部分？
2. 在撰写市场调查报告时，为什么需要重视定量研究与定性研究的结合？
3. 调查报告的写作要求中，“逻辑清晰”具体指的是什么？如何实现这一要求？
4. 在市场调查报告的口头汇报中，如何有效地利用数据和图表来支持论点？
5. 在撰写市场调查报告时，如何确保所选材料的真实性和可靠性？

案例分析

华为智能手机市场洞察与策略建议
——基于消费者偏好与市场竞争格局的深度分析

在当今全球智能手机市场竞争日益激烈的背景下，华为作为全球领先的通信设备供应商和智能手机制造商，其市场表现与未来发展战略备受关注。本报告旨在通过全面调查华为智能手机的市场现状，深入分析消费者需求变化及市场竞争态势，为华为制定更加精准有效的市场策略提供数据支持与决策依据。

报告首先概述了全球及中国智能手机市场的整体规模与增长趋势，为华为智能手机市场的分析提供了宏观背景。随后，通过问卷调查、深度访谈等方式，详细分析了消费者对华为智能手机的认知度、购买意愿、品牌忠诚度以及使用反馈等方面的信息。报告发现，华为智能手机在技术创新、品质保证、售后服务等方面表现出色，深受消费者青睐。

在市场竞争态势方面，报告对华为与苹果、三星等国际品牌以及小米、OPPO、vivo 等国内品牌的竞争情况进行了深入剖析。通过市场份额、产品定位、营销策略等方面的对比分析，揭示了华为智能手机在市场竞争中的优势与劣势。

基于以上分析，报告最后提出了华为智能手机市场的未来发展策略建议。针对消费者需求的变化，建议华为继续加大研发投入，推出更多符合市场需求的创新产品；同时，加强品牌建设和市场推广，提升品牌影响力和市场份额。此外，面对激烈的市场竞争，华为还需优化供应链管理，降低成本，提高盈利能力，以实现可持续发展。

1. 引言

1.1　调查背景与目的

1.2　调查范围与方法

1.3　报告概述

2. 全球及中国智能手机市场概况

2.1　市场规模与增长趋势

2.2　市场竞争格局分析

3. 华为智能手机市场现状分析

3.1　品牌认知度与市场份额

3.2　消费者需求与购买行为分析

3.3　产品特性与技术创新

3.4　售后服务与消费者反馈

4. 华为智能手机市场竞争态势分析

4.1　国际市场竞争分析

4.2　国内市场竞争分析

4.3　竞争优势与劣势分析

5. 华为智能手机市场未来发展策略建议

5.1　产品创新与市场定位

5.2　品牌建设与市场推广

5.3　供应链管理与成本控制

5.4　可持续发展策略

6. 结论与展望

6.1　调查结论总结

6.2　市场发展前景预测

6.3　未来研究方向与建议

附录

A. 调查问卷样本与数据分析报告

B. 相关政策法规与行业标准

C. 行业专家访谈记录

D. 调查过程图片与资料

资料来源：作者根据网络资源整理。

问题：如何将上述报告进行口头汇报？

// 即测即评 //

扫描二维码可在线自测并查看答案。

参考文献

[1] 托夫勒．第三次浪潮．黄明坚，译．北京：中信出版社，2018.

[2] 董伊人．美国的市场调研行业．外国经济与管理，1995（7）.

[3] HAUSER W J. Marketing analytics：the evolution of marketing research in the twenty-first century. Direct marketing：an international journal，2007（1）.

[4] 石峻驿．大数据背景下平台类企业开展抽样调查的应用研究．系统科学与数学，2022，42（1）.

[5] 陈凯．营销调研．2 版．北京：中国人民大学出版社，2017.

[6] 丘吉尔，拉柯布奇．营销调研：方法论基础：第 9 版．王桂林，赵春艳，译. 北京：北京大学出版社，2010.

[7] 曾伏娥，池韵佳．市场营销调研．北京：高等教育出版社，2021.

[8] 总书记“公开课”｜调查研究是我们做好工作的基本功．（2023－07－22）[2025－03－21]．https://news. cctv. com/2023/07/22/ARTICkUgBezTYDySRdbWydw4230703. shtml.

[9] 胡浩．焦点小组访谈理论及其应用．现代商业，2010（26）.

[10] 秦雪冰，郭博．智能广告文案的消费者参与度研究：基于汽车之家 APP 的实证检验．新闻与传播研究，2022（6）.

[11] 陈向明．质的研究方法与社会科学研究．北京：教育科学出版社，2000.

[12] 许志炜，黄静．“不要给谨慎的消费者糖果，他会把钱包抓更紧”：消费者血糖变化和购物自控力．营销科学学报，2016，12（3）.

[13] 林升栋．市场实验与决策．北京：北京大学出版社，2011.

[14] 杨晨，王海忠，王静一．树木还是森林：消费者思维模式对新兴国家负面原产国效应的影响机制研究．南开管理评论，2016，19（2）.

[15] 王新珠．态度多属性模型与消费者态度测量及改变．市场论坛，2009（12）.

[16] ROSENBERG M J，HOVLAND C I. Cognitive，affective，and behavioral components of attitudes//ROSENBERG M J，HOVLAND C I. Attitude organization and change. New Haven：Yale University Press，1960.

[17] 刘学元，孙敏，Wujin Chu. 我国新能源汽车产业创新发展对策研究：基于中德日韩美五国的问卷调查．科技进步与对策，2015，32（21）.

[18] 福勒．调查问卷的设计与评估．蒋逸民，等译．重庆：重庆大学出版社，

2010.

［19］李惠璠，罗海成，姚唐．企业形象对顾客态度忠诚与行为忠诚的影响模型：来自零售银行业的证据．管理评论，2012，24（6）．

［20］吕萍．抽样信息在复杂调查数据中的应用研究．统计研究，2017，34（1）．

［21］张维群，杨澜泳，杨善学．抽样框总体容量变动下的复合抽样设计．系统工程学报，2021，36（4）．

［22］艾小青，胡丹丹．PPS 适应性整群抽样设计及估计．统计与信息论坛，2017，32（9）．

［23］帕拉苏拉曼，格留沃，克里希南．市场调研：第 2 版．王佳芥，应斌，译．北京：中国市场出版社，2009.

［24］婉清．鸿星尔克，又赢下了一个国民风口．商业文化，2024（8）．

［25］张文彤．SPSS 统计分析基础教程．3 版．北京：高等教育出版社，2017.

［26］宋捷．金融科技助力信用卡实现自动化审批．中国信用卡，2020（6）．

图书在版编目（CIP）数据

市场调查与分析 ：大数据融合的视角 ：数字教材版 / 雷晶，孙建敏，刘影主编 ；张静，谭萍，刘振坤副主编. 北京 ：中国人民大学出版社，2025. 6. --（高等学校新文科教材）. -- ISBN 978-7-300-34214-6

Ⅰ. F713.52

中国国家版本馆 CIP 数据核字第 2025WJ3350 号

高等学校新文科教材·数字化管理系列

市场调查与分析：大数据融合的视角（数字教材版）

主　编　雷晶　孙建敏　刘影

副主编　张静　谭萍　刘振坤

Shichang Diaocha yu Fenxi：Dashuju Ronghe de Shijiao

出版发行	中国人民大学出版社		
社　　址	北京中关村大街 31 号	**邮政编码**	100080
电　　话	010－62511242（总编室）		010－62511770（质管部）
	010－82501766（邮购部）		010－62514148（门市部）
	010－62511173（发行公司）		010－62515275（盗版举报）
网　　址	http://www.crup.com.cn		
经　　销	新华书店		
印　　刷	北京溢漾印刷有限公司		
开　　本	787 mm×1092 mm　1/16	**版　　次**	2025 年 6 月第 1 版
印　　张	15.75 插页 1	**印　　次**	2025 年 6 月第 1 次印刷
字　　数	288 000	**定　　价**	49.00 元

中国人民大学出版社　管理分社

教师教学服务说明

中国人民大学出版社管理分社以出版工商管理和公共管理类精品图书为宗旨。为更好地服务一线教师，我们着力建设了一批数字化、立体化的网络教学资源。教师可以通过以下方式获得免费下载教学资源的权限：

★ 在中国人民大学出版社网站 www.crup.com.cn 进行注册，注册后进入“会员中心”，在左侧点击“我的教师认证”，填写相关信息，提交后等待审核。我们将在一个工作日内为您开通相关资源的下载权限。

★ 如您急需教学资源或需要其他帮助，请加入教师 QQ 群或在工作时间与我们联络。

中国人民大学出版社　管理分社

教师 QQ 群： 648333426(工商管理)　114970332(财会)　648117133(公共管理)

教师群仅限教师加入，入群请备注（学校＋姓名）

联系电话： 010-62515782，82501868，82501048，62514760

电子邮箱： glcbfs@crup.com.cn

通讯地址： 北京市海淀区中关村大街甲 59 号文化大厦 1501 室（100872）

管理书社　　人大社财会　　公共管理与政治学悦读坊